嶺重　慎 |編
広瀬浩二郎|

京都大学|協力
障害学生支援ルーム|

知のバリアフリー

「障害」で学びを拡げる

京都大学学術出版会

本書は、平成26年度京都大学総長裁量経費による
出版助成を受けています。

「さわる口絵」について

　触図とは「さわりたくなる図」である。触地図（さわる地図）は触知図（さわって知る図）なり！　ここでは、視覚障害者用に考案された代表的な触図の技法として、点図（１枚目）とサーモフォーム（２枚目）の２種を紹介する。

　点図は、点線や点のパターンによる触図である。さまざまな大きさの点を点字用紙に配置する。浮き出しの凸状だけでなく、いわゆる裏点を用いて、凹状の表現を工夫することもできる。点字教科書では、この形式の触図が使われるのが一般的である。亜鉛板や塩化ビニール板に手作業で点を打ち込んだ原版に紙を挟み、ローラーで１枚ずつ点図をプレス印刷する。近年はパソコンソフト、点字プリンタを使用して点図を作成するケースも増えている。

　サーモフォーム（真空熱処理成形機）は、点字の複写装置として米国で開発された。まず、高温でも変質しにくい厚紙や紐などを貼り合わせて、凸状の原版を作る。その上にプラスチックシートを置き、熱を加える。シートを軟化させて、下からコンプレッサーで空気を抜くと、原版の形状を精密に凸版複製することができる。わかりやすくて耐久性に優れた原版を制作するためには時間と労力が必要だが、高低の変化をつけられること、凸部の縁を明示できることなどがサーモフォームの利点である。社会科の地図や理科教材など、面情報を詳細かつ的確に提供したい触図では、サーモフォームが威力を発揮する。

　点図は、この世のあらゆる事象、森羅万象を"点"で表す「単純にして複雑な設計・解剖図」といえる。多彩な視覚情報を取捨選択し、"点"に集約する鋭敏な洞察力（理知）。逆に、一つの"点"から長短自在の線を描き、図形を創造する柔軟な思考力（機知）。点図の触察とは、理知と機知に富んだ知的探検なのである。

　サーモフォームは、世界の広さと深さを2.5次元でとらえる「立体的な断面図」といえる。世界の多面的な感触を指先と手のひらでじっくり味わ

う行為は、人間の大胆な想像力を刺激する。2次元から3次元、さらには4次元へと、時間と空間を自由に行き来する知的冒険が、サーモフォーム触察の醍醐味だろう。

　伝えたい熱情と知りたい意欲。素材の特性、目的に応じて多様な触図が作られ、使われる。作る人と使う人の双方向コミュニケーションにより、「さわりたくなる図」が生まれる。「知のバリアフリー」を宣揚する本書のシンボルとして、巻頭に「さわる口絵」を掲げることにした。さあ、本書を読む前に手と頭のウォーミングアップをしよう。鋭敏な洞察力、柔軟な思考力、大胆な想像力。あなたの「力」を総動員して、繰り返し、ゆっくりと2種類の「触地図＝触知図」にさわっていただきたい。

はじめに

　本書の主題は「障害学習〜障害を通じて学びあう」です。「障害」という切り口で、大学における教育や研究をとらえ直し、はては学びそのものを拡げてしまおうという壮大な試みの端緒(たんちょ)を開こうとするものです。
　それにしてもなぜ「障害」を切り口に？　そう怪訝に思われる読者が大多数と思います。障害を切り口にして何か新しいものが生まれるのか？　これももっともな疑問です。その疑問もまるまる含めたまま「障害学習」という概念を社会に発信していきたい、またその疑問への答えを読者のみなさんとも一緒になって考えていきたい。これが本書を発刊する強い動機になっています。
　本書は、2013年6月29〜30日に開催された「京都大学バリアフリーシンポジウム」の内容を整理し、一般読者にも親しみやすい形で編集した書籍です。全国から延べ400人余が参加したシンポジウムの知的興奮を、たくさんの方に共有していただきたい。こんな切実な思いから、編者の二人は京都大学学術出版会との打ち合わせを重ね、講演者、各パネリスト、コメンテーターに、当日の報告をベースとする原稿作成を依頼しました。
　集まった原稿は、各自がシンポジウムでは語りきれなかった話題、当日の議論に刺激されて新たに考察したテーマなどを意欲的に盛り込んだ力作ばかりです。執筆者たちの誠意と熱意が、本書の充実につながったことは間違いないでしょう。また、シンポジウムの発表者以外に、関連分野の専門家にもコラムを寄稿していただきました。編者としては自信を持って、オリジナリティ満載の本書を読者のみなさんにお届けします。
　ここで、バリアフリーシンポジウムの趣旨説明から、編者の願いを端的に述べた文章を抜粋・引用しましょう。

バリアフリーとは、単なる障壁除去ではありません。互いの違いを認識・尊重し、バリアのあちらとこちらを自由に行き来するのが真のバリアフリーです。このシンポジウムでは、真のバリアフリーに立脚する「障害学習＝障害を通じて学びあうこと」を提案します。21世紀の「障害学習」にとって重要なのは、バリアを乗り越える柔軟性（しなやかさ）と能動性（したたかさ）なのではないでしょうか。京大の伝統である「自由」「自主」を活かした新たな知的探究の手法、「障害学習」のシステム作りを広く社会に発信できれば幸いです。

　各章の記述に入る前に「『障害』で学びを拡げる」ということについて少し考えておきましょう。
　フランスの数学者・天文学者のポアンカレは、「研究に値する数学的事実とは……久しい以前から知られてはいるが、しかも誤って互に関係なしと見られていた他の事実間の思いもよらぬ脈絡を、吾々に掲示するごとき事実をいう」と言っています（吉田洋一　訳『科学と方法』岩波文庫、1953年）。これは数学に限った話ではないでしょう。「思いもよらぬ脈絡」を見いだすには、何らかのきっかけが必要です。健常者とは違う発想でものごとをとらえることが、そのきっかけになることは十分にあり得ることで、それが元となり、学問の新しい潮流が生み出されることもあるでしょう。いや、そんな難しいことを言わなくても、せっかちに先を急ぐのでなく、ゆっくり歩いて周りを観察したり、じっくりものに触ったりすることにより、それまで見えていなかったことが見えてくることは、日常しばしば経験するところです。まさに、人生が豊かになる瞬間です。本書に寄稿してくださった方々も同様に感じているのではないかと想像しています。
　人が生きていくうえで避けられない問いかけの一つは、「人は何のために生きるのか」でしょう。これは、「人は何のために学ぶのか」という「障害学習」のつきつける究極の問いにも通じます。

はじめに

　忘れられない本の一フレーズをここに記しておきます。

　　ある小児科医の先生に興味深い話を聞いたことがあります。……『二十歳で亡くなった女の子がいました。亡くなる間際に運悪くお父さんが駆けつけることもできないタイミングになった。なんとか電話で話ができるようにしたのです。その時、彼女は自分がいかに楽しい人生を送ってきたかを述べ、笑ってさよならの言葉を伝えて死んでいきました。もっと小さいために、何も言えずに亡くなったこどももいます。しかし、その子の命とその死が、両親や兄弟や周囲の人たちに大きな影響を与えていることを思えば、その子の人生はやはりとても意義深いものだったと思うのです。』……自分自身を最大限に活かしきったがゆえに、充実感にあふれた人生。その姿にやはり私は感動し、敬意の感情をいだきます。（江口克彦『ほんとうの生き方』PHP研究所、2008年）

　ひるがえって今の社会をみると、効率や評価が大きくものを言うことは事実であり、その動きがますます加速しているようにも思えます。それがいき過ぎると、人はみかけを追いかけるようになってしまいます。その反動でしょうか、「私たち人間は、何ものなのだ」という根本的な問いかけの重要性が、今までにも増してクローズアップされてきているような気がします。私には、「人は、生きていることの確かさをお互いに確認しながら生きている」と思えてなりません。その確認作業の大事な部分が「学び」であるならば、「学び」は「生きること」の根幹に関わることがらと言えます。そこに「障害学習」はダイレクトに関わります。それは、みかけではなく、深い人間理解に基づく学びです。
　しかし現在の学問体系は、ほとんど障害者の存在を前提にしないところで成り立っています。「障害学習」という新しい視座で学問の再構築を行い、その成果を社会に発信することが、21世紀における大学の役割

ではないでしょうか。

　本書は二部構成になっています。第1部「障害学生支援の理論と実践」では、大学における学生支援の現状やそれをとりまく社会の状況がテーマです。日本の動きを見ますと、2013年に障害者差別解消法が成立し、2014年に国連の障害者権利条約の締約国になって、公の機関で「合理的配慮」が義務づけられるようになりました。しかし、「義務だから」ではなく、「学びを拡げるために」という発想が大事で、実際、そのような取り組みがなされています。第2部「障害学習発信の課題と展望」では、さまざまな学問・教育分野に関わる人と障害との接点がテーマです。「障害学習」はまだ生まれたばかりの理念で、今後の日本社会でどう展開できるのか、暗中模索状態です。とはいうものの、実践事例の中には、「障害学習」を具体化するためのヒントが随所にちりばめられています。本書の読者のみなさんが、それぞれの立場で「障害学習」の確立・普及に向けて、斬新かつユニークな取り組みを始めてくださる「手探りと手応えの連鎖」に期待します。

　本書が、障害に関する既成概念を崩し、したたかに、あるいはしなやかに障害学習を進めていく一助になれば幸いです。

嶺重　慎

目　次

「さわる口絵」について　v
はじめに［嶺重　慎］　vii

第 1 部　障害学生支援の理論と実践

序——障害学生支援から始まる「知のバリアフリー」［広瀬浩二郎］　3
　　　来る者は拒まず／不代替物になれ／「たいへんでしたね」／大学とは自分で勉強する所／しかたなしの極楽

第 1 章　高等教育のユニバーサルデザイン化を目指して
　　　　　　　　　　　　　　　　　　　　［佐野（藤田）眞理子］　17
　1．誰もが疎外されない高等教育とは何か？　17
　2．多様なニーズとアクセシビリティ　19
　　　　多様化する大学生／障害学生支援の変化
　3．「合理的配慮」とユニバーサルデザイン　24
　　　　授業における「合理的配慮」／閉じられたケア／開かれたケア
　4．持続可能な全学的支援システムの構築　28
　　　　規則の制定／組織の整備／学生の視点に立った点検評価／支援の拠点の設置
　5．教育の一環としての人材育成　32
　6．共に学び、競いあうためのユニバーサルデザイン　36
Column 1　疎外から共生へ
　　　　——障害者ソーシャルワークの現場から［植戸貴子］　40

第 2 章　支援の場から学びのコミュニティへ
　　　　　　——京都大学の障害学生支援［村田　淳］　45
　1．京都大学における障害学生支援　46

専門窓口の設置／二つの特徴／支援ニーズの拡大と変化
2．学生たちのキャンパスライフ
[岡森祐太、橋詰健太、桑原暢弘、安井絢子] 52
3．発達障害のある学生への支援　62
支援が必要な学生の顕在化／必要に応じた修学支援／社会を見据えた支援の必要性
4．支援と学び　67
Column 2　大学の相談室から［山本　斎］　69

第3章　障害学生支援と障害者政策 ［石川　准］　73
1．障害学生支援の理念と現状　74
障害学生支援に関する政策提言と政府の基本計画／お願いから権利へ
2．障害者差別解消法と障害者の権利条約──障害者支援の未来　81
障害者差別解消法（2013）の意義／障害者の権利条約──障害当事者による政策の監視
3．障害学生支援の環境整備としての情報アクセシビリティ　89
アクセシビリティとは／情報アクセシビリティ整備を支えたアメリカ国内法／読みたい本を読む自由
4．アクセシビリティは人をエンパワーする　95
Column 3　「思いやり」から「常識」へ
──DO-IT Japan の挑戦［近藤武夫］　98
DO-IT Japan の取り組み／今なおバリアは残る／法改正がもたらすもの／新しい価値観を目指して

第4章　聴覚障害学生支援の最先端
──音声認識による字幕付与技術［河原達也］　109
1．話し言葉の音声認識　110
関連する研究開発の動向／音声認識の原理
2．講演・講義映像への字幕付与──オフライン字幕付与　113

　　　　字幕付与の現状／私たちの取り組み

　3．講義におけるノートテイク支援——リアルタイム字幕付与　117
　　　　ノートテイクの現状／私たちの取り組み／音声認識を用いたノートテイク実験

　4．実用化にむけた展望　121

Column 4　障害という「資本」を活かす［岩隈美穂］　123
　　　　2014年年始——夢ノート／障害という「資本」を意識する／「人と違うレンズを持つ」／「固有文化」の発見／これから——だからこそできること

第 2 部　障害学習発信の課題と展望

序——障害の学びあいを目指して［嶺重　慎］　133
　　　　障害を切り口にした学びの実例／障害学習を発信する

第 5 章　学びあいと支えあいの原点
　　　　——京大点訳サークルの誕生［新納　泉］　143

　1．京大点訳サークルの結成　144
　　　　初期の点訳サークル／関西スチューデントライブラリー

　2．点訳サークルの活動　149
　　　　11月祭の取り組み／仏和辞典の点訳／京都大学附属図書館の新営

　3．理想と現実　153
　　　　当時、心がけていたこと／学生ボランティアの「生き方」／歩み続けよう、点訳サークル

Column 5　点訳サークルの今［橋本雄馬］　159

第 6 章　盲学校における視覚障害者の学習
　　　　——感光器、点字プリンタ、ポリドロン［遠藤利三］　163

　1．新しい技術と素晴らしい人たちとの出会い　163
　　　　アマチュア無線にのめりこむ——1960年代／盲学校での出会い

　2．学習支援の技術史と私——感光器からパソコン点訳まで　165

感光器を作る——1963年／電子計算機と点字プリンタの衝撃——1964年／盲学校における電子計算機の利用——1973年～1975年／プログラム電卓の指導から点字 BASIC の実験——1978年／ブレールマスターからパソコン点訳へ

3．学びあいが学びを変える　176

和光小学校での教育実習／視覚障害教育の重要性／短期記憶の重要性／ポリドロン／触図について／見取り図について／目的が明確になれば消えるバリア／入学試験問題の点訳／盲教育を支える力

Column 6　サークル活動がライフワークに！［岡田　弥］　188

第7章　博物館とバリアフリー［大野照文］　191

1．つながりでバリアを超える　192

『京大日食展』でのバリア克服記／つながりでバリアを超える

2．教材が拓く学びあい　197

視覚に障害をもつ人たち向けの学習教材作り／博物館で学びの起こるとき／触察プログラムの開発——ヒントは盲学校の生徒さんから／ぬいぐるみ模型を作る／「サワッテ　ミル　カイ」誌上体験／バリアを超えると共有できるもの

3．対話を通じてバリアを超える　206

Column 7　バリアフリーからユニバーサルデザインへ［尾関　育三］　207

教育・研究のバリアを取り除く／点訳と対面朗読／漢字のバリア／障害者と健常者のためのユニバーサルデザインを目指して

第8章　触って楽しむ天文学
　　　　——宇宙を感じる試み［嶺重　慎］　213

1．眼で見えないものを探究する　214

現代天文学の課題／きっかけ？／プロジェクトの始動／天文学習教材——3つのプロジェクト／盲学校で出前授業

2．点図と手話がひらく宇宙の姿　224

宇宙点図の実例／点図の難しさとおもしろさ／手話をベースにした教材づくり

3．プロジェクトの今後　230

目次

終　章　共活社会を創る［広瀬浩二郎］　233
　1．「共活」とは何か　233
　2．現在の教科書と視覚障害者　235
　3．戦前の教科書との比較　237
　4．障害者史＝情報保障の追求　240
　5．盲人史＝情報変換の可能性　244
　6．21世紀型「共活」理論の実践に向けて　251

おわりに——"知"のバリアフリーが始まる！　257
読書案内　259
索引　260
執筆者一覧　263

第1部
障害学生支援の理論と実践

序——障害学生支援から始まる「知のバリアフリー」

広瀬浩二郎

●来る者は拒まず

〈来る者は拒まず〉。これが僕の京都大学に対する印象です。1987年、僕は初めての全盲（点字使用）学生として京大に入学しました。「古都・京都で日本の歴史を勉強したい」「親元を離れて一人暮らししてみたい」「京都弁を喋る女性とお付き合いできれば……」など、純粋かつ不純な動機はいくつかありましたが、とにかく第一志望の大学に合格し、有頂天だったことを鮮明に憶えています。受験勉強では家族、そしてたくさんの点訳ボランティアにお世話になりました。大学合格の達成感、感激を倍加させたのは、ボランティアたちの「よかったね」「おめでとう」の言葉でした。京大入学は、僕が「他人を喜ばせることの大切さ」を自覚した最初の経験だったといえるでしょう。

余談になりますが、受験生当時、もちろんボランティアといえば僕よりも年上で、母親世代の主婦が大半でした。現在でも、子育てが一段落した主婦層が点訳・音訳などのボランティア活動に熱心に取り組む姿がよく見られます。学生時代は第二、第三のお母さんだったボランティアが、いつの間にかお姉さん、妹となりました。昨今では、点字講習会で自分よりも年下のボランティアに接する機会が増えています。ボランティアとの交流を通じて、僕の大学入学から30年近くの年月が過ぎたことを再認識させられるのは、嬉しいような悲しいような、ちょっと複雑な心境です。

残念ながら僕の後、京大（学部）を点字受験して入学した視覚障害者はいません。どうも最近は、視覚障害者間でも東京志向が強いようです。

今のところ、僕は京大における「最初で最後の」全盲学生ということになります。そろそろ「最後」は引退し、「最強」か「最愛」に鞍替えしたいのですが、いかがなものでしょうか。以下、30年前の思い出を振り返ってみることにします。

　京大を受験するに当たって、たしか10月ごろに、高校生の僕に呼び出しがかかりました。大学としては、初めての全盲学生受け入れ（になるかもしれない）ということで、さまざまな準備が必要です。合格決定後の３月に慌てて準備を始めるのでは遅いので、秋の段階で面談の場が設定されました。まずは本人の希望を確認しておこう。これが大学側の基本スタンスでした。当事者のニーズを確かめるのは当たり前のことですが、障害者福祉の現場では、この大原則が軽視されるケースがしばしばあります。1980年代の京大は、「視覚障害者に対し何をすればいいのかよくわからないけど、とりあえず本人の意見をしっかり聞こう」という態度を示してくれました。

　ちなみに、東京の自宅から京大までの往復の交通費は個人負担でしたが、「入学したいのなら、あなたがこちらに来なさい」「来る者は拒みません」という姿勢に「京都らしさ」を感じたものです。当時、点字受験に際して、事前交渉が行われるのは珍しいことではありませんでした。入試問題の点訳を手配するだけでも、担当者間での打ち合わせ等で時間がかかるので、点字受験の希望があれば、卒業（見込み）高校を介して、なるべく早く大学側に申し出るのが暗黙のルールとされていました。

　僕は京大以外にも複数の大学を受験しましたが、試験前の面談（顔合わせ）があったのは京大だけです。中には、事前交渉（書類のやり取り）のみで門前払いされる例もありました。さすがに21世紀の今日、点字受験を拒否する大学はほとんどなくなりましたが、1980年代にはまだ「全盲者が大学に行くこと」が世間の常識とはされていなかったのです。

　もっとも、そのおかげで僕が京大に入った時には多種多様なメディアで取り上げていただきました。おそらく今、京大に全盲学生が合格して

も、テレビや新聞で紹介されることはないでしょう。障害者の大学進学が日常茶飯事となった日本社会の成熟を喜ぶ一方で、「京大に入るだけで新聞に大々的に載せてもらえた僕はラッキーかも」などと、懐かしく過去に思いを馳せたりもします。大学入学前後の体験を通して、過大評価（マスコミ報道）と過小評価（受験拒否）は、障害者に対する理解不足という点では表裏一体であることを知りました。

　それはさておき、京大での事前交渉の話に戻りましょう。大きな会議室に20人ほどの教員・事務職員が集まっており、次々に質問が浴びせられます。最初は緊張でガチガチ状態だった僕は、そのうちなんだか可笑しくなってきました。先生方の質問のほぼすべては、入学後の学習環境、施設整備の話題に集中しています。学内のどこに点字ブロックを敷設すればいいのか、どんなパソコン機器・ソフトウェアが必要なのか……。中には「第二外国語は何にしますか」という質問もありました。「ちょっと待ってくれよ、僕はまだ合格したわけじゃないし、これから難しい入学試験を受けないといけないんだけど」「入学後の話ばかりするのなら、内緒で入試問題の中身を教えてくれませんか」。こんな僕の心の叫びは別にして、面談は和やかな雰囲気で進みました。

　「これだけ待たれているのなら、ぜひとも京大に入学しなければ」と、いい意味でのプレッシャーを与えられ東京に戻ったのが10月。気合いを入れて受験勉強に取り組みましたが、どうやらちょっと手遅れだったようです。第二外国語の履修はどこへやら、現役時の受験は不合格。京大当局に、視覚障害学生を受け入れるための物理的・精神的準備時間を十分確保してもらおうと思ったわけではありませんが、僕は一浪を経て1987年に京大の門をくぐりました。ああ、昭和は遠くなりにけり。80年代後半から90年代にかけて、「来る者は拒まず」の京大で学生時代を過ごすことができてよかったと、僕は心から思っています（居心地がよくて10年以上も大学にいることになるとは、入学当初は予想していませんでしたが）。

● **不代替物になれ**

　〈不代替物になれ〉。これは京大入学直後、体育の授業担当だった熊本
水頼(みなより)先生がおっしゃった言葉です。熊本先生を中心とする「身体障害学
生相談室」の教職員の協力により、僕の京大での学生生活はそれなりに
快適にスタートしました。学内に障害学生支援を受け持つ専門の部署は
ありませんでしたが、先述の「まず、本人の意見・希望を確認する」と
いう原則が徹底されていたような気がします。

　僕が受講する授業の担当教員とは、4月に相談の場が設けられ、必要
な資料は学外の視覚障害関係施設に点訳・音訳を依頼しました。点訳・
音訳を頼めるのは教科書、もしくは最重要の参考文献に限られていまし
たが、教科書を使わない先生も多く、一般教養科目の授業で困ったとい
う記憶はほとんどありません。当時の大学の講義、とくに文系科目では、
あまり板書もせず、自分の得意分野について、滔々と語る一方向の形式
が一般的でした。「聴きたいやつは勝手に聴けよ。べつに俺の授業に出
席しなくたっていいんだ」。こんな先生方の「来る者は拒まず」的な講
義スタイルは、僕にとって心地よいものでした。

　各授業の担当教員との相談には感謝しつつも、じつは同時にそれは、
ちょっと気が重くなる場でもありました。できれば時々授業をサボりた
いし、大勢の中の一人としてさりげなく出席したい。これが僕の正直な
気持ちです。でも、担当教員からすると、そういうわけにもいきません。
どんな配慮をすればいいのか、事前に把握する必要があります。必然的
に、僕は目立つ（＝サボりにくい）学生にならざるを得ないわけです。
各先生に自分のニーズ、何ができて何ができないのかをきちんと伝える
のは、学生の僕にとって楽なことではありません。受講に関連する種々
の相談は、「本人が発言しないと、マイノリティの状況はわかってもら
えない」ことを知る貴重な社会勉強の機会ともなりました。

　もちろん、親切な先生ばかりではなく、何度お願いしても、板書内容
を読み上げてくれない方もおられました。そんな場合はこちらも遠慮な

く授業をサボることができたので、まあ結果オーライだったかもしれません。最近の大学はサービス業化し、高校との区別がなくなったといわれます。半期15回の授業が義務付けられ、学生はお客さん扱いされる一方で、出席率のみに汲々としているようです。そんな現状からすると、四半世紀前の京大はのんびりしていてよかったなあと、つくづく感じます。

体育の授業は、障害者や怪我人の学生を対象とする「養護体育」を履修していました。1回生の時は、僕と軽度肢体不自由の学生の2名のみが受講生で、担当は前述の熊本先生。ほぼ毎回、熊本先生の研究室でコーヒーを飲みながら雑談するのが授業でした。熊本先生は身体障害学生相談室の委員長を長年引き受けておられる方で、僕のキャンパスライフ全般について、いろいろと心配してくださいました。養護体育の授業は、リラックスして先生と本音で語り合うことができる楽しいコミュニケーションの場だったといえるでしょう。毎週、コーヒーを飲んでいただけで、前期も後期も90点をもらえたのだから、やはり京大はいい大学だと思います（成績評価の基準はコーヒー豆の消費量だったのでしょうか）。

養護体育の授業では、時には「遠征」と称して四条河原町のビアホールに出かけることもありました。「遠征」が実現するきっかけは、お調子者の僕の「コーヒーもいいけど、たまには違うものも飲みましょう」という建設的な（？）提案でした。とりあえず体育の授業なので、ビアホールまでは歩いて行きましたが、歩いて使ったカロリーを取り戻すべく、しっかり飲み食いし、文字どおり「体育＝体を育てる」の実践に励んだものです。

京大勤務が長い熊本先生は、いわゆる京大愛が強い方で、いつも「京大は野党でいいんだ」と力説しておられました。いうまでもなく、これは「中央」である東大を意識した発言だったでしょう。僕流に解釈すると、野党とは「反骨精神を持つこと」となります。大学に入り、さまざまな場面でマジョリティ（健常者）とマイノリティ（障害者）の違いを

味わっていた僕にとって、「野党」という語は新鮮に響きました。

　もう一つ、熊本先生のお話で忘れられないのが「不代替物」です。京大に在籍する障害学生の支援に携わってきた熊本先生は、多種多様なエピソードを聞かせてくれました。車いす使用の重度障害者が一般企業に就職し、社内の人間関係で悩んでいた時の話が印象に残っています。その障害者を励ます上司の言葉が「不代替物になれ」でした。

　障害者は程度の差はあるものの、周囲の人からの手助けを日々受けています。「してもらう」と「してあげる」のバランスを考えると、明らかに「してもらう」方が量的に勝っているでしょう。しかし、大切なのは量でなく、その人が何を成し遂げるのか、つまり仕事の質だというのが上司の主張でした。他の人にはできないことを探せ、置き換え不可能な不代替物になれという上司の激励に後押しされ、その車いす使用者は社内での地位を確固たるものにしていったそうです。

　当時の僕には「不代替物」の意味がよくわからず、先生の話をなんとなく聞き流しているだけでした。一人暮らしを始めた僕は、不規則な食生活とラーメンの食べ過ぎで少し太っていたので、「ふだいたいぶつ」とは、大きな体になるな、つまり「不大体物」ということかなと、勝手に当て字を想像し喜んでいました。でも今になって、この「不代替物」の真意が心にしみます。客観的に、僕は大学卒業後、たいした研究をしていませんが、「自分にしかできない、自分だからできる」オリジナリティにはこだわってきたつもりです。日に日に重くなる「大体」を抱えながら、これからも不代替物をめざし研究を続けていきたいと願っています。

● 「たいへんでしたね」

　僕が大学生時代の昔話をすると、若い世代の視覚障害者は「たいへんでしたね」と、素直な感想を口にします。大学の障害学生支援室に勤務する事務職員からも「最初の全盲学生ということで、苦労されたのでしょうね」とよく言われます。たしかに、各大学に障害学生支援室のような

専門部署が置かれ、パソコンなどの技術革新により視覚障害者の学習環境が劇的に改善された現在は、僕にとっては夢のような時代です。

とはいえ、1980〜90年代に学生生活を送った僕は、やせ我慢するわけではなく、そんなに「たいへん」じゃなかったと思っています。卒論執筆のため、本格的に研究を始めたころ、点訳・音訳資料を入手するには時間がかかり、「読みたい本がすぐには読めない」状態が日常化していました。パソコンはまだ文字を書くための道具というレベルで、Eメールやインターネットを活用することもできませんでした。もちろん、メールやインターネットは健常者にも多大な恩恵をもたらしましたが、障害者のライフスタイルを根本から変える革命的な発明だったことは確かです。

では、なぜ僕は自分の学生時代を振り返って、「たいへん」ではなかったといえるのでしょうか。それは、視覚障害の有無、あるいは現在と過去を単純に比べることができないからです。僕には過去と未来を自由に行き来するテクニックはないし、目が見える学生にはなれないので、彼らの便利さを体感することもできません。大学・大学院生時代の僕にとって、読みたい本はボランティアに頼んで点訳・音訳してもらうのが当たり前で、とくにそれが苦労だとは感じませんでした。

たとえば、ここに3か月後に読めればいい本があるとしましょう。僕はボランティアに電話し、「すみません、できれば1か月後に読みたいのですが……」と交渉を持ちかけます。「1か月はとても無理です」→「それでは、3か月でどうでしょう」。こういった人間臭い駆け引きをけっこう楽しみながら、僕は各地のボランティアの協力を得て、博士論文を完成させることができたのです。時にはボランティアのおばさまのご自宅にお邪魔し、晩ごはんをご馳走になることもありました。10年余の長い学生時代を通じて、フェイス・トゥ・フェイスの人間的なつながり、視覚障害者ならではの出会いを多数経験できたことは、今の僕の大きな財産になっています。

僕は学部・大学院で、盲目の宗教・芸能者である琵琶法師・イタコ・瞽女(ごぜ)の研究をしていました。職業的選択の幅が極端に限られていた前近代は、視覚障害者にとって過酷な時代だったといえます。「中世の盲人は琵琶法師になっていたというけれど、僕のように音痴だったら、どうすればいいのか」「史料には残っていないが、声が悪く歌も下手な弟子は師匠から破門され、野垂れ死にするしかなかったのだろうか」。こんな素朴な疑問を抱きつつ、僕は盲人史の研究を続けました。

　「最後の琵琶法師」と称される永田法順さん（1935～2010）にインタビューしたこともあります。永田さんは多くの檀家の信仰に支えられ、宮崎県延岡市を中心に、地神盲僧として活躍した方です。彼の最大の悩みは、後継者がいないことでした。永田さんが亡くなってしまった今、もしも20年前にインタビューした際に弟子入りしていれば……、などと考えることがよくあります。どうも、京大では「最後」になりたくないのになってしまう、琵琶法師では「最後」になりたくてもなれない。人生とはままならないものです。

　実際に琵琶法師やイタコの話を直接聞いてみると、「これしか選択肢がない」という極限状況は、かならずしも「たいへん」ではなかったことがわかりました。これしかないという真剣さから研ぎ澄まされた感覚が育ち、優れた芸能者、宗教者が生まれるという面があります。まさに、琵琶法師・イタコ・瞽女たちは不代替物だったのです。

　また、「来る者は拒まず」の姿勢、すなわち自分たちを必要としてくれるなら、どんな人でも受け入れる柔軟性が、盲人たちの芸能・宗教をより広く、より深く発展させたともいえるでしょう。与えられた環境の中でしたたかに、しなやかに生きる琵琶法師・イタコ・瞽女の歴史に、僕は強く引き付けられました。「たいへん」かどうかは他人が判断すべきでなく、本人の受け止め方で決まるもの。そんなことを自身の学生生活、および琵琶法師などの研究を通じて、あらためて実感しています。

序——障害学生支援から始まる「知のバリアフリー」

●**大学とは自分で勉強する所**

〈大学とは自分で勉強する所〉。これは3回生に進学する際、国史学科（現在は日本史学科）のオリエンテーションにおいて、主任教授が学生の奮起を促した言葉です。1980〜90年代、たぶん京大文学部は全国でいちばん授業時間が少ない学部だったのではないでしょうか。授業が行われるのは5月〜6月、10月〜11月のみで、12月の第1週に学年末試験。年明けは「慣例」により授業はしないという教員が大半でした。休講も多いので（もちろん、補講はありません！）、年間トータルの授業数は15回程度です。

国史学科のガイダンス時に、ある女子学生が「どうして京大文学部はこんなに休みが多いのですか」と、真面目な質問をしました。主任教授は即座に、「大学とは自分で勉強する所や」と、これまた大真面目に答えたのです。さすがに今日では京大の授業時間数も増えているようですし、教員が上記のような発言をすれば、職務怠慢で問題になるでしょう。でも、主任教授の痛快な一言は、僕にとって、まさしく我が意を得たりというものでした。

「自分で勉強する」レベルに関しては、主任教授と僕の間にずいぶん差があったものの、とにかくテーマを自由に選び、僕なりの方法で研究に取り組むことができました。視覚障害者にとって日本史はハードルの高い学問分野です。点字使用者が自力で古文書を解読するのは不可能ですし、ボランティアも専門知識がなければ、史料を正確に点訳・音訳できません。古文書については、大学院の先輩に「チューター」という形で音読、パソコン入力していただき、どうにかこうにか論文を読み書きしました。チューターには大学から謝金が支払われますが、わずかな時給にもかかわらず、わがままな全盲学生を長年サポートしてくださった先輩の持久力のおかげで、なんとか僕は「自給自足」できる一人前の研究者になれたといえるでしょう。

僕は専攻を中世史から近代史に変えて、民俗学や人類学の手法も取り

入れ、修士課程から博士課程へ進学しました。このような自由が認められたのは京大の懐の深さといえますし、京大以外の日本史学科にいたら、僕は研究者の道をあきらめていたかもしれません。京大の自由放任主義が、僕の研究スタイルに合っていたというわけです。

　ありがたいことに、僕は3回生になった直後に、点字図書や音声パソコンを置いて「自分で勉強する」個人研究室をもらいました。友人には「部屋だけ教授待遇」と揶揄されたものです。この部屋を24時間、いつでも気兼ねなく使えたのは、修士論文・博士論文執筆時にはたいへん役立ちました。研究室がある建物内の廊下で、たまに指導教授とすれ違うと、「どうですか？」「はあ、まあぼちぼちやっております」と、禅問答のような会話を交わしていたことを懐かしく思い出します。

　自由放任といえば、一般教養科目の定期試験で次のようなケースがありました。「あなたは点字の教科書もなかったから、試験は口頭試問にしましょう」「私の講義から何を感じたか、自由にレポートを書いて提出してください」。こういった教員は少数派で、9割以上の定期試験は点字出題・点字解答で受験していました。障害者と健常者の「平等」にこだわっていた当時の僕は、「同じ授業を受けているのに、僕だけ試験の形式が違うなんておかしい」と、反発を覚えたものです。今日の障害学生支援の原則にのっとるなら、同じ試験が受けられるように、授業における情報保障の拡充を求めるということになるでしょう。

　でも、四半世紀を経て自分が大学の教壇に立つようになった現在、僕は「あんな試験もありかな」と思うようになりました。障害者と健常者を同一の物差しで測るのは、大学入試までで十分。高等教育では、もっと多様な尺度で人間の能力を評価する仕組みが構築されるべきでしょう。じつは、すべての受講生に口頭試問、もしくは自由レポートを課すのが大学教育の理想なのかもしれません。といっても、受講者数が多い一般教養科目では、現実的にそれは不可能です。マイノリティゆえに特別な（不代替の）試験を受けることができた僕は、ちょっと得したのか

なと、今では感謝しています。

　念のため追加しておきますが、自由放任主義で僕を見守ってくれた日本史学科の先生方も、博士論文提出前には厳しく指導してくださいました。もちろん、論文審査は「どうですか？」「はあ、まあぼちぼち」では終わりません。「自分で勉強した」成果に対する評価に障害・健常の区別はなく、論文審査のプロセスで繰り広げられたのは研究者としての真剣勝負です。そこには障害の有無を超越する「対等」な人間関係がありました。

　やる時はやる。学生個々の自由と自主性を最大限尊重しつつも、同時に「自分で勉強した」ことについては、厳格に自己責任を求める。これが京大の古き良き伝統でしょうか。　あのちょっと滑稽な入試前の面談から約30年。初めての全盲学生も中年オヤジになりました。僕は今、京大に学生として10年以上も籍を置くことができた幸せをしみじみ嚙みしめています。

● **しかたなしの極楽**

　〈しかたなしの極楽〉。これは瞽女として活躍した伊平(いひら)タケさん（1886〜1977）が、自身の人生について述べた言葉です。伊平さんは5歳の時に麻疹のため失明後、刈羽瞽女の師匠に弟子入りし、「一度聴いて、二度目には一緒に歌って、三度目には一人で歌う」という稽古を積み重ねます。明治期から大正期にかけて新潟県下を中心に各地を旅し、民謡や流行歌など、聴き手のニーズに応じて多彩な三味線芸を門付で披露しました。結婚後は旅に出なくなりましたが、1970年に国の無形文化財保持者に選定されます。80歳を過ぎた晩年には東京などで瞽女唄のリサイタルを行い、テレビ番組でもたびたび取り上げられました。

　江戸時代には京都を含む西日本、関東にも瞽女の組織が分布していましたが、明治以後は新潟・長野などで活動するのみとなります。瞽女唄は文字を媒介としない語り物、口承文芸です。文字（視覚）に頼る健常

者の記憶術とは異なり、耳から口へ、口から耳へと伝承される瞽女唄は、音と声による盲女の命がけの自己表現として幅広い支持を集めました。

　伊平さんは演奏会で「しかたなしの極楽」という語を多用しています。彼女の定義によると、極楽とは「ごく楽なこと」です。伊平さんの人生は以下のように総括できます。目が見えない生活は苦労も多かったが、それは「しかたない」ことだ。瞽女の修業をし、瞽女唄を体得する過程で、たくさんの人との出会いがあり、それらの人々に支えられて生きてきた。黄綬褒章も受け、「ごく楽に」日々暮らしている。「しかたなしの極楽」は、瞽女の生き方を象徴する金言だといえるでしょう。そこには障害の受容・克服という近代的な概念では説明できない奥深い境地があります。

　伊平さんが生まれる8年前、日本で最初の盲学校、京都盲唖院が設立されました。19〜20世紀の盲教育の眼目は、視覚障害者が職業的に自立し、社会参加できるための知識を身につけることです。1890年の日本点字制定により、目が見えない者も文字を獲得します。「一度聴いて……」という伊平さんのような学習法は過去のものとなりました。第二次大戦後には徐々に大学の点字受験が一般化し、視覚障害者の職域も拡大していきます。京都盲唖院創立から100年余の視覚障害教育の蓄積が、僕の京大合格につながったともいえるかもしれません。

　近代盲教育は、視覚障害者と健常者の「平等」を追求してきました。それに対し瞽女は、目が見えないことの独自性、晴眼者との「差異」に立脚する生業です。近年の技術革新は、視覚障害者がパソコンを駆使して文字を自由に読み書きすることを可能としました。各種支援機器の開発が、「平等」の実現に向かう前進であるのは紛れもない事実です。一方、福祉制度が確立・定着し、瞽女の後継者が消滅した21世紀の日本において、はたしてどれくらいの視覚障害者が「しかたなしの極楽」を享受できているのでしょうか。目が見えない現実を運命として受け入れ、その上で視覚障害者ならではのユニークなライフスタイルを切り開く。近代的な価値観、教育システムとはまったく別の形で自立と社会参加を達成

した彊女の生き方は、今こそ再評価されるべきだと思います。

　さて、本書第1部の主題は、障害学生支援の回顧と展望です。第1部の各章は、障害学生支援の現状と課題を多角的に分析・概説する内容となっています。障害学生支援の単なる教科書、ノウハウ本は、すでにいくつか刊行されていますが、本書の最大の特徴は、大学から社会へバリアフリー理論を発信することをめざしている点にあるといえるでしょう。第1部では、これまでの「障害」「支援」を取り巻くバリアフリー思想・運動の意義を再確認し、未来を拓く理論を導き出すために、国際的な動向、国内の法律・政策の最新情報にも注目します。

　第1章～第3章の記述からもわかるように、日本の大学における障害学生支援が試行錯誤を繰り返しながら、点から線、面へと展開し、高等教育の現場に根付いてきたのは喜ばしいことです。前世紀の障害学生だった僕は、関係者の粘り強い努力に敬意を表します。また、第4章で詳述されるように、障害学生支援とは、常に最先端の研究成果を社会に還元する「知的共同作業」であることも忘れてはならないでしょう。

　しかし、「支援」という従来の一方向の発想には限界を感じます。障害者支援が、障害者の「たいへん」さを取り除くことに主眼を置かざるを得ない部分を含むのは当然です。とはいうものの、それだけでは障害者が不代替物になる可能性を阻害する恐れがあります。障害者（野党）を健常者（与党）に組み込むのでなく、一方向から双方向へのパラダイム変換を図ること（政界再編）はできないものでしょうか。障害学生支援とは、「政界再編」を模索・具現する実験場、「大きな学び＝大学」を鍛え育むフィールドであると僕は考えています。

　「大学が社会を先導・改変する」が、本書執筆者の共通認識です。大学の障害学生支援の延長線上に、障害者と健常者が真の意味で「バリアフリー」な関係を築く社会があります。京大方式というのは大げさですが、本章で強調してきたような自由・自主性を重んじる伝統、「来る者は拒まず」の学風に根ざすバリアフリー理論が提唱されれば、「政界再編」

の起爆剤となるのは間違いないでしょう。逆説的な言い方になりますが、障害学生支援の最終目標とは、じつは「支援」を充実させることではなく、「支援」を乗り越える「知のバリアフリー」への飽くなき挑戦なのです。

　近代的な「支援」の枠組みを問い直すヒントを与えてくれるのは、瞽女の「しかたなしの極楽」だけではありません。障害学生支援の「知的共同作業」に関与するすべての人の研究と実践から、新たな共生社会の具体像が提示されることを期待しています。最後に、学生時代の恩師にあやかって僕も一言。バリアフリーとは自分で創造するものや！

2014年6月18日
京都大学の創立記念日に

1

高等教育のユニバーサルデザイン化を目指して

佐野（藤田）眞理子
広島大学大学院総合科学研究科教授、アクセシビリティセンター長。東京都出身。専門は、文化人類学、特に、解釈人類学。アクセシビリティセンター長として障害学生修学支援に携わっている。

1 誰もが疎外されない高等教育とは何か？

　少子高齢化、高度情報化、グローバル化が急速に進行する中、情報、サービス、製品や環境がもたらす利便性が向上しています。その一方で、医療費の高騰、介護の人材不足、デジタル・ディバイド（情報格差）といったさまざまな課題が指摘されています。また、人々の経済的・社会的格差も広がっています。このような時代であるからこそ、個々の多様性をつつみこむ、人に優しい社会の創生が希求され、ケアや支援といったことに対する関心が高まっているといえるでしょう。

　昨今の大学環境も、以前と比べて、大きく様変わりをしています。大学進学率が50％を超え、また、障害のある学生（以下、障害学生）、留学生、社会人学生、高齢学生の数が増加し、学生のニーズも多様化しています。長い間、障害学生は周縁部に押しやられ、点訳受験など、障害に即した受験方法が認められ、大学入学後も必要な支援が受けられるようになるまでには、多大な時間を要しました（この経緯については第１部序

やコラム 7 を参照のこと)。しかし、身体等に障害があることによって、入り口の階段がバリアになって教室に行けない、講義が聞こえない、板書やビデオが見えないといった状況は、一部の学生にとって不利益になるだけでなく、学ぶ権利が疎外されたままの人たちと一緒に学ぶ大多数の学生にとっても、健全な姿とはいえません。これでは、望ましい大学環境には程遠いでしょう。人は、その能力に応じて、教育を受ける権利を有するという立場に立てば、障害の有無や身体特性、性別、年齢や言語・文化の違いにかかわらず、大学が提供する教育、授業、情報やサービスの利便性を誰もが享受できることが必須です。そのためには、アクセシビリティ(「利用しやすさ・参加しやすさ」、詳しくは第 3 章参照) を高める仕組みをつくることが必要です。大学教育という文脈においては、まず、授業や修学環境のアクセシビリティの向上を図ることが大事です。しかし、ニーズのある学生に対して支援を行っても、彼らを「支援を受ける側」という役割に固定してしまうようなやり方では、彼らの周縁的な位置づけは変わりません。学生が、大学卒業後、社会へ巣立っていくということを念頭におけば、障害学生を含めた皆が「支援をする側」の役割を担えるように、さらに社会を変えていくリーダーになれるように、「育てる支援」をすることが必要です。

　このように、多様化する学生のニーズに応え得る大学支援のあり方が問われています。その課題は、以下の 3 点に集約することができるでしょう。大学は、①障害の有無にかかわらず、すべての学生が学びやすい修学環境、すなわち、「高等教育のユニバーサルデザイン化 (UD 化)」[*1] をどのようにつくりだせるでしょうか。②高等教育の UD 化、さらには、

---

*1　ユニバーサルデザインとは、ロナルド・メイス (Ronald Mace) 氏により提唱された概念とされ、もともと建築物や製品などが誰にでも使いやすいようにつくられたものをいいました。しかし、近年では建築や製品の枠を超えて、環境や情報についても包含するようになりました。バリアフリーが既存のバリアを除去するという考え方であるのに対して、ユニバーサルデザインという考え方は、誰にでも利用しやすい状態を、あらかじめ、整えておくことを基本とする考え方です。

社会のUD化を推進できる人材を育成する教育プログラムとはどのようなものでしょうか。そして、③大学がどのようにして社会の変革の担い手になることができるのでしょうか？　以下、広島大学の取り組みを事例として、これらの問いかけを検討していきます。

2　多様なニーズとアクセシビリティ

(1)　多様化する大学生

　従来、大学は20歳前後の若者が学ぶ所というのが一般的なイメージでした。ところがここ10～20年で、大学は大きく様変わりしています。一番顕著な変化は、学生層の多様化でしょう。文部科学省の平成24年度学校基本調査（速報値）によれば、大学・短大進学率（現役）は、53.6％ということです[*2]。「大学全入時代」といわれ、大学は、多様な学生の受け入れに対する対応に迫られています。また、高校卒業後の大学生が増加しただけではなく、社会人学生、高齢の学生、障害学生、留学生などの割合も増加しています。

　日本学生支援機構の平成24年度の『大学、短期大学及び高等専門学校における障害のある学生の修学支援に関する実態調査結果報告書』（以下、調査報告書）によれば、日本の大学等（大学、短期大学及び高等専門学校）に在籍する障害学生数は、11,768人で、全学生数に対する割合は、0.37％です[*3]。障害学生のうち、支援の申し立てがあり、大学等で何らかの支援を行っている支援障害学生数は、6,451人で、在籍する障害学

[*2]　文部科学省：平成24年度学校基本調査（速報値）http://www.mext.go.jp/component/b_menu/houdou/_icsFiles/afieldfile/2012/08/30/1324976_01.pdf
[*3]　独立行政法人日本学生支援機構（2013）『平成24年度（2012年度）大学、短期大学及び高等専門学校における障害のある学生の修学支援に関する実態調査結果報告書』。

生の54.8％にあたります。

　大学生の多様化に伴い、既存の教材や教授法では、受講に困難を伴う学生の存在が多く知られるようになってきています。また、情報伝達や、心理・精神面などでさまざまな要因が障壁となり得ます。彼らの修学ニーズに応え得る修学支援体制の構築が高等教育の課題となっているといえるでしょう。

（2）　障害学生支援の変化

　このような状況の中にあって、近年目覚ましい発展を遂げているのが大学における障害学生に対する支援です[*4]。前述の日本学生支援機構が、1,200校近い全国の大学・短期大学・高等専門学校に対して調査票を送り、障害のある学生の状況及びその支援状況のアンケート調査を始めたのは平成17年度のことでした。この調査報告書を使って、全国の障害学生に対する支援状況の変化をもう少し詳しく見てみましょう。

　平成17年度には、大学等に在籍する障害学生数は5,444人で、全体の学生数の0.16％でした[*5]。8年間でほぼ2倍になったわけです。図1は、平成17年度と平成24年度の障害学生の障害種を比較したものです。平成17年度には、視覚・聴覚・肢体不自由といった身体障害が約3分の2を占めていたのに対し、平成24年度には、約3分の1に減少し、代わりに、病弱・虚弱、発達障害、その他[*6]が約3分の2を占めるようになりまし

＊4　巻末の関連読書案内を参照してください。
＊5　独立行政法人日本学生支援機構（2006）『平成17年度（2005年度）大学、短期大学及び高等専門学校における障害のある学生の修学支援に関する実態調査結果報告書』。
＊6　「その他」とは、視覚障害、聴覚・言語障害、肢体不自由、病弱・虚弱、重複及び発達障害に該当しない障害があり、医師の診断書がある者です。または、健康診断等において上記の障害があることが明らかになった者。精神疾患・精神障害、慢性疾患・機能障害、知的障害を含みます。

図1　障害種別の割合

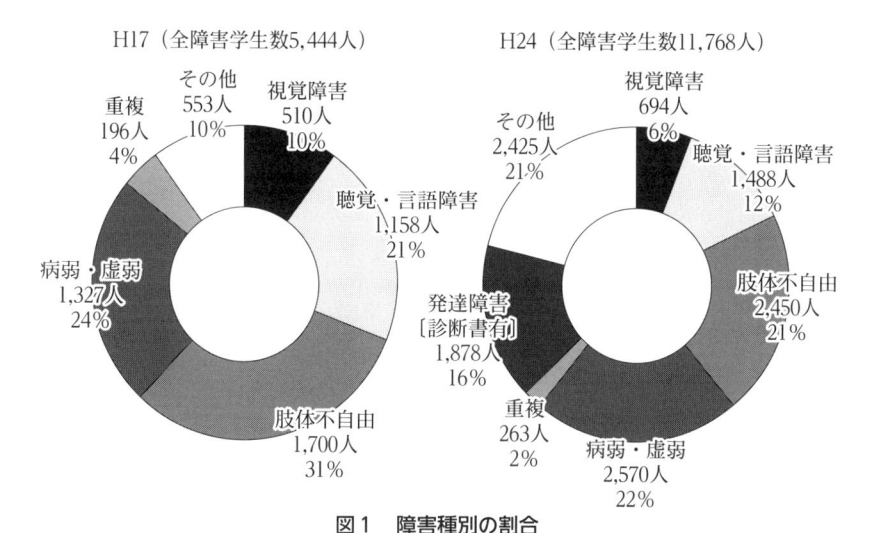

H17（全障害学生数5,444人）
- 視覚障害 510人 10%
- 聴覚・言語障害 1,158人 21%
- 肢体不自由 1,700人 31%
- 病弱・虚弱 1,327人 24%
- 重複 196人 4%
- その他 553人 10%

H24（全障害学生数11,768人）
- 視覚障害 694人 6%
- 聴覚・言語障害 1,488人 12%
- 肢体不自由 2,450人 21%
- 病弱・虚弱 2,570人 22%
- 重複 263人 2%
- 発達障害［診断書有］ 1,878人 16%
- その他 2,425人 21%

日本学生支援機構『大学、短期大学及び高等専門学校における障害のある学生の修学支援に関する実態調査結果報告書』平成17・24年度をもとに作成。

た。本書は主に身体障害、特に視覚障害に重点が置かれていますが、発達障害については第2章に一部記述があります。

　図2は、修学支援を実施している学校数を、平成18・19・24年度の状況を比較しながら、グラフにしたものです。これを見ると、平成24年度には、60〜70％の学校が授業の情報保障（ノートテイク、手話通訳、点訳等）や、研修・啓発活動を行っていることがわかります。また、兼任の支援担当者を配置している大学等が平成19年度に比べ、飛躍的に伸びていることもわかります。しかし一方で、規定を整備したり、委員会や専門部署を設置したり、専任の支援担当者を配置したりしている大学等の割合は、平成18・19年度と比べさほど伸びておらず、全体として1割程度にとどまっている状況です。このことから、全学的で恒常的な支援体制が整っている大学はまだまだ少ないことがうかがえます。

　支援に関わる人数が飛躍的に伸びたとはいえ、全学的な体制がつくられないことはやはり問題です。このことは、他大学からの相談にも顕著

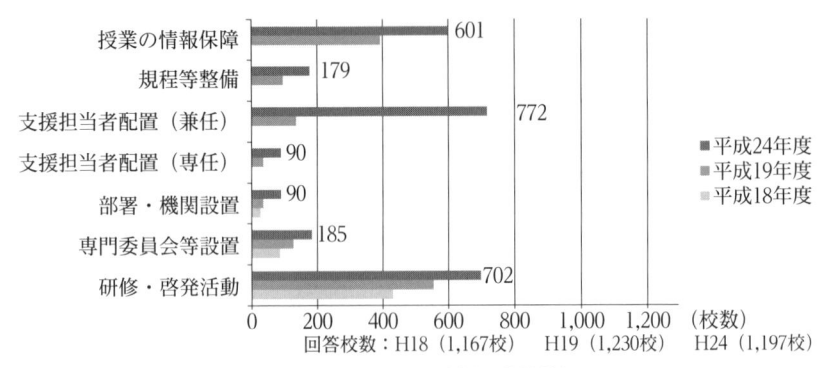

図2　障害学生修学支援の実施状況

授業の情報保障　601
規程等整備　179
支援担当者配置（兼任）　772
支援担当者配置（専任）　90
部署・機関設置　90
専門委員会等設置　185
研修・啓発活動　702

■平成24年度
■平成19年度
■平成18年度

回答校数：H18（1,167校）　H19（1,230校）　H24（1,197校）

日本学生支援機構『大学、短期大学及び高等専門学校における障害のある学生の修学支援に関する実態調査結果報告書』平成18・19・24年度をもとに作成。なお、授業の情報保障とはノートテイク、手話通訳、点訳などを指す。

に表れています。広島大学は、日本学生支援機構の障害学生修学支援ネットワーク事業[*7]の拠点校になっていることもあって、他大学からいろいろな相談を受けます。相談内容で一番多いのは、たとえば、新学期に車いすを利用している学生が入学するがどのような支援者が必要か、そしてどのようにして集めたらよいのかといった、直接支援に関わるものです。しかし次に多いのが、委員会を組織したがうまくいかないので、どうしたらよいのかという、学内組織の運営に関するものです。

電話による相談だけでなく、視察にくる人も多いです。話を聞いてみると、事務職員、学生、授業担当の先生など大学によって異なるものの、一部の人が支援の担い手になって負担を丸抱えする一方で、周囲は無関

＊7　日本学生支援機構の取り組みで、全国を8つの地域ブロックに区分し、各地域ブロックで積極的な取り組みを行っている大学などを「拠点校」として、大学等の教職員に対して障害学生の修学支援に関する相談に応じるものです。平成26年1月現在、札幌学院大学、宮城教育大学、筑波大学、富山大学、日本福祉大学、同志社大学、関西学院大学、広島大学、福岡教育大学が拠点校で、筑波技術大学、国立特別支援教育総合研究所、国立障害者リハビリテーションセンターが協力機関となっています。

心であるといった状況が見られます。また、せっかく支援体制をつくっても、その障害学生が卒業してしまうと何もなくなってしまい、持続的な全学システムが構築できないということもよく聞くことです。そして何より、話をしてくれる人たちから、負担感と疲労感が伝わってきます。それは、広島大学で支援体制を立ち上げた当時もよく経験したことなので、共感を覚えます。多様な学生のニーズに応えることの最重要課題は、持続可能な全学的な支援体制をどのようにデザインできるのかということといっても過言ではないでしょう。

では、なぜ、そのような全学体制をつくるのが困難なのでしょうか。主に、3つの要因が考えられると思います。

① 障害学生の在学者数が少ないこと

まず、障害学生の数が少ないということがあげられるでしょう。広島大学に在籍し、支援を受けている障害学生は約20人で、日本の大学としては多い方です。しかし、全学生11,000人の中では、全体の0.18％に過ぎません。日本学生支援機構の平成24年度の調査によると、全国の大学・短大・高専で、障害学生の在籍数が1～5人である大学・短大・高専は、全体の約32％にのぼるといいます。このように在籍者数が少ないと、大学の執行部とすれば、支援体制をつくるよりも、個別に対応すればよいのではないかと考える場合が多いというのは容易に想像できるでしょう。

② 障害学生のニーズが多様であること

次に、障害学生のニーズが非常に多様であるという点があげられます。ある障害学生のために支援方法や支援機器を整備しても、次に入学する異なる障害をもつ学生に対して有効とは限りません。同じ障害をもつ人同士でもニーズは異なるので、別の支援方法を考え出さなければならないかもしれません。したがって、支援体制を構築するときは、多様なニーズにどのように対応するかという点を考慮に入れる必要があります。

③ 縦割りの社会構造

　日本の行政組織など、さまざまな組織を見てみると、縦割りに組織されていて、横の連携が図られていないと感じる場面が多く見受けられます。チームワークが大事といわれながら、横の連絡や分野間、組織間の連携が欠如している現象は頻繁に見受けられます。大学も同様で、学部間や分野間の協力を得にくいという事情があります。ある学部が主体になって障害学生の支援を行うと、すべての負担をその学部で抱えてしまうということはよくあることです。チームワークが図れる新しい支援のあり方が問われています。

3　「合理的配慮」とユニバーサルデザイン

(1)　授業における「合理的配慮」

　我が国では、現在、国連の「障害者の権利に関する条約」（以下、障害者権利条約）の批准に伴い、国内法が整備されてきていますが、その中に、「合理的配慮」に関するものがあります。障害者権利条約第2条では、「合理的配慮」は次のように定義されています。

> 障害者が他の者との平等を基礎として全ての人権及び基本的自由を享有し、又は行使することを確保するための必要かつ適当な変更及び調整であって、特定の場合において必要とされるものであり、かつ、均衡を失した又は過度の負担を課さないものをいう。[8]

　この概念を大学教育に当てはめてみると、どのようなことが考えられ

---

[8]　外務省ホームページ http://www.mofa.go.jp/mofaj/fp/hr_ha/page22_000899.html

るでしょうか？　大学教育の根幹を成すのは授業です。そこには、数え切れないほどの文字情報、音声情報、視覚情報、触覚情報が含まれています。学生層の多様化に伴い、授業そのものも工夫を要するようになります。たとえば、学生の理解を助けるために、教員は、講義に加えて、板書を多用したり、ビデオ、OHP や、プレゼンテーションソフトを活用したりします。しかし、もし、この授業に全盲や強度の弱視の学生や、重度難聴の学生が受講していたとしたらどうでしょうか。このように、視覚や聴覚に障害のある学生が受講するとき、通常の授業方法では、授業内容を十分に伝えることはできません。たとえば、視覚に障害のある学生には、教科書やプリント類の配布物の点字訳や拡大コピー、板書や講義内容を筆記する支援者が必要です。図書館を利用する際も、文献を探す補助者や、内容を読んで伝える対面朗読者が必要です。聴覚障害学生には、教員の講義内容を伝える、ノートテイカー（要約筆記者）や手話通訳者の配置が必要です。皮肉なことに、本来、学生の理解を助ける手段である視聴覚教材を使用することが、障害学生に対する情報伝達をより複雑なものにしています。たとえば、ビデオを使用する場合、聴覚障害学生には、字幕の付与や内容の解説文が必要になります。

　このような授業支援を行うためには、多くの支援者が必要です。ノートテイカーや対面朗読者のような直接の支援者のみならず、ビデオの字幕づけや点訳作業といった作業を行うためにも支援者は必要です。そこで、障害学生支援に携わる支援者をいかに確保できるかという現実的な問題に直面します。しかし、そもそも「支援」とは何をすることなのでしょうか。たとえば、視覚障害者のためにノートを代わりに取る。これも重要な支援ですが、本当にこれで十分でしょうか。もしそうならば、組織的な支援は必要なく、個別な支援で十分ということになるかもしれません。「支援者育成」という前に、まず、大学における望ましい支援のあり方を一歩立ち止まって考えてみましょう。この点について「閉じられたケア」と「開かれたケア」[*9]という概念を用いて検討します。

(2) 閉じられたケア

　障害学生の受講に際して、支援の仕方を考えるとき、まず、その学生の「障害」（disability、できないこと）に焦点を合わせ、それを補うことができる支援者を配置しようとしがちです。たとえば、聴覚に障害のある学生が受講する授業にノートテイカーを配置するといったものです。もちろん、ノートテイカーを配置すること自体は有効な支援方法ですが、それで聴覚障害学生に対する授業支援が完結すると考えられてしまうことが往々にしてあります。

　このように特定の学生のニーズにのみに応えるような、いわば、対症療法的な「閉じられたケア」では、支援者の負担も大きいし、費用や時間もかかります。さらに、教育という観点から考えると、対症療法的支援にとどめておくのは惜しいことではないでしょうか。「閉じられたケア」では、授業という枠組みにおいて、いくつかの問題が生じます。まず、障害学生に対する情報保障がノートテイカーによって十分に補われていると見なされがちなので、①授業担当教員は、従来どおりの教授法を続けますし、②他の受講者は聴覚障害について「知らない」、あるいは「わからない」ままです。場合によっては、障害学生が一緒に受講していること自体気がつかないかもしれません。③障害学生に限らず、他の学生にとっても、座っている場所や周りの環境によって、見えにくい、聞こえにくい状況は生じ、授業内容を把握するのに支障をきたす場合が多々あります。特に、階段教室のような環境では、情報伝達に格差が生じやすいです。これらのニーズは、見過ごされたままになりがちです。そして何よりも、④健常の学生は「支援する側」、障害学生は「支援される側」というステレオタイプ的な役割分担も定着したままです。このような「閉じられたケア」では、結果として、障害学生が共に学ぶとい

＊9　佐野（藤田）眞理子・山本幹雄・吉原正治（2010）「多様化する学生層と支援者育成」『Campus Health』47(2)：7–12。

う環境にありながら、障害学生と支援者は、全体から孤立し、また、教員や他の学生たちが持つ障害や障害者に対する心理的バリアは解消されるどころか、助長されることさえも起こり得ます。

（3） 開かれたケア

では、支援者をノートテイカーといった特定の人に限らず、「皆が支援者」であるという前提に立ち、授業全体のアクセシビリティの向上に着目して支援を行うと、どのような変化が生じるのでしょうか。教室には、障害学生と支援者だけでなく、教員がいるし、他の受講者もいます。何よりも教員が一番重要な支援者になり得ます。たとえば、講義を補足するレジュメや、テキストがあらかじめ配布されていると、耳で聞く情報を視覚情報で補うことができます。レジュメは講義全体の構造を示し、今、どの段階を行っているかということを示すことができるので、授業自体がわかりやすくなります。学生の研究発表が含まれるような授業では、発表者が、発表原稿やプレゼンテーション資料を印刷して全員に配布すると、ノートテイカーが筆記しなければならない量が少なくなり、負担が軽くなります。また、発表をする学生にとっても、あらかじめ準備をすることで、よりまとまった発表ができます。さらに、このようなレジュメや発表資料の配布というのは、聴覚障害の学生が助かるだけでなく、受講者全員にとっても、授業や発表内容を理解するのに役立つことがわかるでしょう。

「開かれたケア」とは、特定のニーズがある学生だけを対象に、特別な支援者をつけたり教材を配布したりすれば十分という考え方ではなく、その学生も含め、すべての学生にとって学びやすい環境をつくり、授業全体が今までよりよいものに、わかりやすいものになっていくことを目指すものなのです。

4 持続可能な全学的支援システムの構築

　しかし、前述の「開かれたケア」は、自然発生的に生まれるものではありません。支援が一過性に終わらず、持続可能な全学的修学支援体制をどのようにデザインするかということが重要課題です。

　障害学生の支援は、当該学生の周辺にいる学生・教職員の個人的な努力で行われる場合が多いですが、それでは限界があることは先に述べたとおりです。授業、試験、修学は、大学が保障するべきものであり、個人的な努力で支援の質・量が変わったり、規準が異なるべきではありません。また、学部間でこれらに差があっても困ります。均一的な支援が受けられるように、大学全体で、一貫性を持った公平な支援を保障するということが必要です。全学的に統一されたシステムで均一な支援を図るためには、大学の規則の制定と、支援の組織体制を整備し、一貫した支援の流れを企画することが大事です。

（1） 規則の制定

　まず、大学の規則の制定です。我が国には、アメリカの「障害を持つアメリカ人法（ADA法）」[10]のような、障害者への差別を包括的に禁止した法律は現時点ではありません。アメリカでは、大学は公共施設の一つなので、ADA法の適用を受けます。したがって、障害学生が大学の設備、授業やその他のサービスを受けるときに不利益を蒙らないように、支援をすることが義務づけられます。しかし、日本では、支援をするかどう

---

*10　Americans with Disabilities Act（障害を持つアメリカ人法）。1990年に制定された連邦法です。この法律は障害による差別を禁止する適用範囲の広い公民権法の一つです。適用範囲は、雇用や交通機関、公共的施設の利用、言語・聴覚障害者の電話利用など、広範囲にわたり、あらゆる分野で障害者への差別を禁じ機会の平等を保障しています。

かは、個々の大学の裁量に任されています。そうなると、全学的な一貫性を持った公平な支援を保障するためには、大学独自で基本方針を制定し、支援の組織体制を整備することが有効かつ必要になります。

まず、全体の修学支援に関わる基本方針を明確にすることが大事でしょう。広島大学の例を見てみましょう。すべての学生に質の高い同一の教育を保障することと、成績評価の基準は変えない、つまり、ダブルスタンダードをつくらないことを明確にしています。しかしそれだけでは、視覚や聴覚に障害があって、必要な授業の情報が伝わらないという不平等は解消されません。そこで、情報の伝達方法を障害に合わせて工夫します。つまり評価基準を変えないことと、情報保障をすること、その両者のせめぎ合いの中に修学支援があると考えられます。

広島大学では、支援体制の基盤として、まず「広島大学障害学生の就学等の支援に関する規則」を定めています。その趣旨は、広島大学が障害学生の受け入れと修学支援を積極的に行うという理念に基づき、入学試験時から卒業に至るまで支援体制を整備し、円滑に支援を行うために制定されました。

（2） 組織の整備

規則の制定に加えて、アクセシビリティ支援を行うための組織を整備することが大事です。まず、意思決定機関として、各学部からの代表者で構成される、アクセシビリティセンター会議が設置されています。各学部から代表を出すというのが、重要なポイントです。広島大学には、11学部12研究科あって、その中には、障害学生が過去にも、現在も、在籍していない学部もあります。そのような学部の代表者も必ず出席しなければならない仕組みになっています。障害学生がおり、直接接する機会も多い学部に比べ、在籍していない学部ではどうしても温度差が生じがちです。しかし、センター会議を、直接関わっている人たちだけの会

議にせず、現在、在籍している、いないにかかわらず、学部の代表として、支援担当委員を送るということは、大学全体で支援をしていくという姿勢の表れであり、また、情報が周知されるためにも必要なことです。学部代表は、支援担当委員として、その学部の中で、学生と教職員のとりまとめをする役割を担います。

　具体的な支援内容を立案するのに、アクセシビリティセンター会議には企画部会という小さな委員会があり、そこで企画立案したものを全体の会議の中で決定していきます。決定事項は、支援担当者教員を通じて各学部に伝えられ、大学の構成員全員に周知徹底されていきます。また、逆に学部で生じた問題を全体の会議で吸収していくといった双方向の制度になっています。

（3）　学生の視点に立った点検評価

　どのようなシステムも、常に点検評価を行い、改善をしていくことが大事です。その際、学生の視点に立った点検評価を行うことが肝要でしょう。ここに紹介するのは、広島大学で採用している支援の流れで、Plan-Do-Check-Action のステップから成り立つ PDCA サイクル型の評価システム[*11]を組み込んでいます（図3参照）。

　まず、障害学生の受験に際しては、どの学部の入試要項にも事前に相談できることが書かれています。申請に基づいて、入学試験に関する相談を行います。入試の特別措置は概ね大学入試センター試験の特別措置に準じて行っています。しかし、昨今の大学入試は形態が非常に多様化しています。従来の筆記試験に加えて、AO 入試が増え、そこでは、面接、グループディスカッションや、講義を受けてレポートを提出するといっ

---

*11　PDCA サイクル型評価制度というのは、最初に企画（Plan）したものを実行（Do）し、成果を評価（Check）し、その結果を次の計画に反映（Action）するという評価制度をあらかじめ組み込んだ循環型の実施計画のことです。

第1章 高等教育のユニバーサルデザイン化を目指して

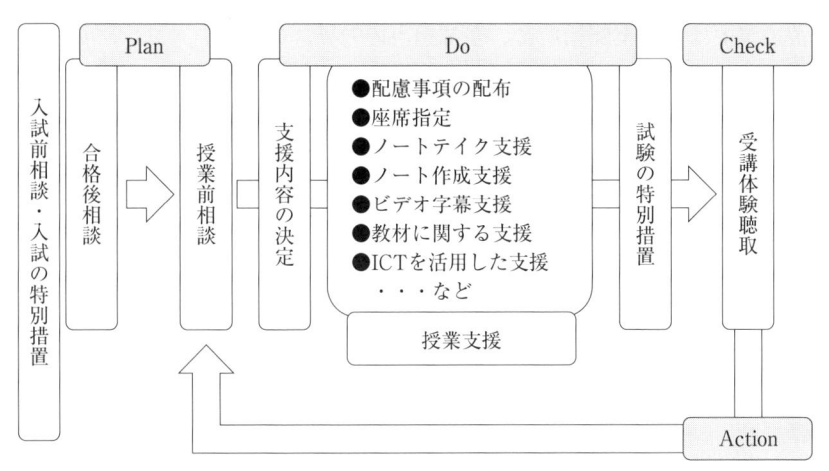

```
┌─────┐  ┌ Plan ┐        ┌──── Do ────┐              ┌ Check ┐
│入試前│  │合格後│ │授業前│ │支援内容 │ ●配慮事項の配布 │試験の│ │受講体験│
│相談・│→│相談 │→│相談 │→│の決定  │ ●座席指定      │特別 │→│聴取  │
│入試の│  │   │ │   │ │     │ ●ノートテイク支援│措置 │ │    │
│特別措│  │   │ │   │ │     │ ●ノート作成支援 │   │ │    │
│置  │  │   │ │   │ │     │ ●ビデオ字幕支援 │   │ │    │
│   │  │   │ │   │ │     │ ●教材に関する支援│   │ │    │
│   │  │   │ │   │ │     │ ●ICTを活用した支援│   │ │    │
│   │  │   │ │   │ │     │ ・・・など     │   │ │    │
│   │  │   │ │   │ │     │  授業支援     │   │ │Action│
└─────┘  └───┘ └───┘ └─────┘                 └───┘ └────┘
```

図3　PDCA サイクル型修学支援

た試験もあります。センター試験の特別措置は、筆記試験を想定して企画されています。しかし、このような入試の多様化に伴い、従来の特別措置では十分ではない場合も出てきます。たとえば聴覚障害の受験生は、筆記試験で特別な措置があまり必要なくとも、面接やグループディスカッションでは、手話通訳、要約筆記者が必要となる場合もあるでしょう。入試が多様化している現状で、より適切な支援方法を選択するために、事前相談がますます大事になってきます。

　次に、合格が決まったら直ちに「合格後相談」の場を設け、学生、保護者、関係する教職員、アクセシビリティセンターの職員も加わって、具体的な修学上の支援内容を決めていきます。教材について、どのような支援をするか（例：テキストの点訳、ビデオの字幕づけなど）や、どのような支援者を配置するか、また、授業中に担当教員に留意してもらう事柄などを、本人と相談しながら具体的に決めていきます。

　「合格後相談」で、当該学部の支援担当教員、教務担当の教職員やアクセシビリティセンターの教員など、関係者が一堂に会して細かく相談していくので、意思の疎通が図られます。合格後相談で決めた授業中の

留意事項は、授業開始前に、授業担当の教員に伝えられます。このようにして、4月の授業が始まる時点では、障害学生のニーズに即した支援者や支援方法が用意できます。障害学生は、中間試験や、期末試験についても、本学の規程に基づいた特別措置を申請できます。

このシステムの一番の要として、各学期の終わりに、受講体験聴取を行います。障害学生と当該学部の支援担当教員、アクセシビリティセンターの教職員が参加し、1つ1つの授業について、どのような支援が役に立ち、また、役に立たなかったのかを細かく聞いて、次の学期の支援に役立てます。この受講体験聴取は、当該学生に対する支援の見直しだけでなく、全体の支援体制の見直しにも役立っています。

(4) 支援の拠点の設置

大学の規則や組織を整備することとともに、支援の拠点を設置することも重要です。障害学生支援には、支援を必要とする学生に対する相談、支援内容の決定、支援者の派遣、情報機器を利用した情報支援など、多岐にわたって、連絡・調整を行うことが求められます。このようなコーディネートを円滑に、また、効率良く行うためには、担当部署を明確にしておくことが肝要です。本学でもアクセシビリティセンターが設置され、①支援の連絡・調整、②支援方法の開発、③相談・交流、④障害学生の自習室、そして、次節で詳述する⑤アクセシビリティ教育と支援者育成の拠点として機能しています。

5 教育の一環としての人材育成

これまで見てきたように、教育のユニバーサルデザイン化の取り組みをしていく中では、大学全体の体制を整え、支援を行っていくこともも

ちろん大切ですが、それでも、障害学生の周りにいる多くの人々にとって障害について、「知らない」「わからない」という状況は依然としてあります。このことが、障害学生にとっては、大きな心理的障壁になるということが顕著になってきました。直接支援に携わる教職員や学生はわかっていることでも、2万人近い人たちで構成される大学のコミュニティとなると、全体の意識を高め、知識や経験を増やしていくということが大事です。そこで大学全体の構成員（学生・院生・教職員）を教育するアクセシビリティ教育の仕組みを開発することが必要とされています。

　アクセシビリティ教育とは、多様性を理解し、授業方法や障害の特性を知り、適切な支援技術を学ぶなど、アクセシビリティに関する意識・知識・経験・技術・創造性を高めていくものです。広島大学では、平成18年度から「アクセシビリティリーダー育成プログラム」を実施しています。ここでいう「アクセシビリティリーダー（AL）」とは、障害の有無や身体特性、年齢や言語・文化などの違いにかかわらず、多様な誰にとっても利用しやすい修学・就労・生活環境の創造を推進できる素養を身につけた人材を指します。

　AL育成プログラムでは、アクセシビリティに関連する「基礎概念」「多様なニーズの特性」「支援の方法」「環境整備」といった内容を、体系だったカリキュラムで学びます。ここでは、その中の「障害者支援アクセシビリティ概論」（以下、概論）と「障害学生支援ボランティア実習A、B」（以下、実習）という2つの授業を紹介しましょう[12][13]。

　概論は、夏休み期間中に集中講義という形で開講されます。これは、学内の各分野の専門家が、身体障害等の特性と、日常生活や社会生活におけるアクセシビリティに関する支援方法について、オムニバス形式で

---

[12]　山本幹雄・近藤邦子・吉原正治他（2002）「大学における障害学生就学支援ボランティアの育成」『総合保健科学』18：67-72．

[13]　大西健広・田中芳則・山本幹雄・佐野（藤田）眞理子・吉原正治（2006）「大学における障害学生支援のための概論・実習受講者数の動向とその考察」『総合保健科学』22：1-7．

講義します。

　実習では、支援技術を学ぶと同時に、ノートテイカーとして派遣される等、実際に支援の経験を習得するというものです。ICT（情報通信技術）を活用した支援技術が学べるため、学生の人気が高いです。通常の授業は、特定の日時が定められていますが、この実習の授業は、各学生が自分のあきコマを自分の実習の時間として登録することができます。受講生の希望をもとに、ボランティア実習の枠組みとして、たとえば、週に6～7コマを開講していて、その中で学生が自分のスケジュールとあうところを自分の実習の時間として指定します。各学期、約60人前後の学生が受講しています。

　広島大学には11の学部がありますが、この授業にはどの学部からも参加しています。多様な学生が集まるので、たとえば聴覚障害のある学生が、点訳ソフトを使って、視覚障害学生が使用する教材の点字訳を行ったり、古文の点字訳には文学部の学生が、数式の点字訳には理学部の学生がというように、それぞれ自分の得意分野を生かして貢献してくれます。このようにして、学生間の交流が支援を通して生まれます。

　一連のカリキュラムを修得した後、資格認定試験を受けます。資格取得後、学外研修（ALキャンプ）や学内・地域社会・企業内で活躍するインターンシップ制度を通して、社会への展開を図っています（図4参照）。

　この資格を他大学の学生でも取得できるようにするためと、社会展開を更に推し進めるために、平成21年6月に産学官連携の「アクセシビリティリーダー育成協議会」を立ち上げました。平成25年12月現在、5大学、3企業、1行政機関が参加しています。さらに、平成22年度から、AL育成プログラムをFD/SD（授業改善／職務改善）の一環として、教職員にも展開しています。

　このように、修学支援の本質を教育の一環としてとらえ、支援者を、授業を通して育成していくという試みが生み出す教育効果とは、どのようなものでしょうか。最大の効果は、授業であるからこそ、障害の有無

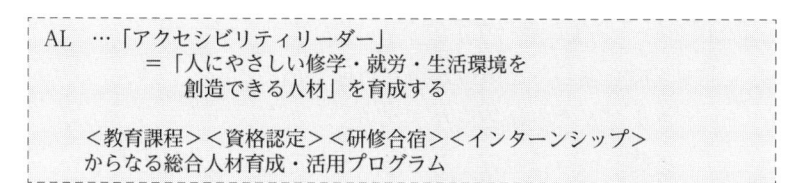

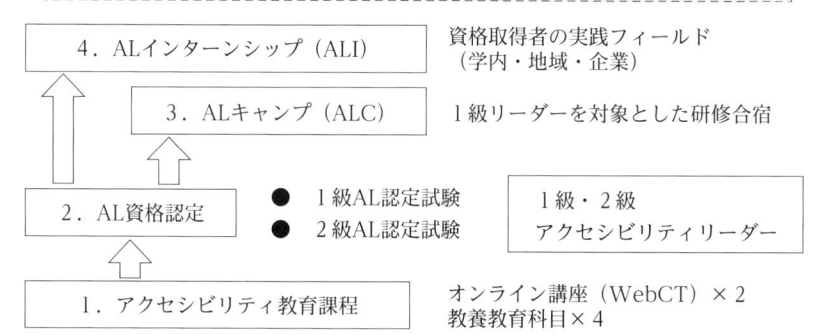

第1章　高等教育のユニバーサルデザイン化を目指して

```
AL …「アクセシビリティリーダー」
    =「人にやさしい修学・就労・生活環境を
      創造できる人材」を育成する

    ＜教育課程＞＜資格認定＞＜研修合宿＞＜インターンシップ＞
    からなる総合人材育成・活用プログラム
```

4．ALインターンシップ（ALI）　　資格取得者の実践フィールド
　　　　　　　　　　　　　　　　　（学内・地域・企業）

3．ALキャンプ（ALC）　　1級リーダーを対象とした研修合宿

2．AL資格認定　　● 1級AL認定試験　　1級・2級
　　　　　　　　　● 2級AL認定試験　　アクセシビリティリーダー

1．アクセシビリティ教育課程　　オンライン講座（WebCT）×2
　　　　　　　　　　　　　　　　教養教育科目×4

図4　アクセシビリティリーダー育成プログラム

にかかわらずプログラムに参加できるということです。障害学生自身が自らアクセシビリティリーダーとなり、活躍しています。健常の学生＝支援する側、障害学生＝支援される側といったステレオタイプ的な図式と異なり、必要な支援を受けつつ、自らが他者の支援者として活躍しているということです。他者の役に立つということは、誰にとっても生きがいの根幹にあることです。障害の有無にかかわらず、支援する機会こそ保障されるべきであり、そのことを、このプログラムを通して実現することができます。

　学生に対するアンケートや、聞き取り調査を通して見えてくる教育効果、啓発効果をまとめると、以下のようになります。

　　【障害学生にとって】
　　　　・質の高い支援が恒常的に得られる。
　　　　・問題が発生したときに、伝えやすい。

【支援を行う学生にとって】
・支援を通して、単位修得が可能である。
・さまざまな支援技術が学べる。
・授業という枠組みであるため、初心者でも参加しやすい。
・支援活動上の問題や悩みを相談できるので、心のケアも図ることができる。

【大学にとって】
・支援方法の指導が確実であるので、情報の質の向上が確保できる。
・支援を通して教育的効果がある。
・比較的人数が集まりやすいので、恒常的に支援者を確保できる。

障害学生の支援として始まった活動が、自らのキャリア支援にもつながり、また、卒業後、社会を変えていこうとする意欲につながっていく様子が感じられます。

6 共に学び、競いあうためのユニバーサルデザイン

最近の傾向として、身体障害（視覚・聴覚・肢体不自由等）に加えて、学習障害や発達障害のある学生が増加しています。ニーズが一層多様化、高度化しているといえるでしょう。これまで、身体障害のある学生に対する支援では、授業の情報保障が中心でした。しかし、社会性・コミュニケーションの障害を伴い、対人関係や授業以外の支援も含まれるケースも増えてきています。個々のニーズが変動しやすく、頻繁な対応が必要な場合や、レポートが書けない、課題を出せない等、学生としての規範に抵触する場合もあり、「合理的配慮」をどこまで行うかが不透明なケースも増えてきています。したがって、これまでの障害学生支援の枠

組みの中だけでは対応しにくい状況も発生しています
　そこで、今後の課題を3点あげておきたいと思います。

① 学内諸機関との連携・協力
　医療・カウンセリング・メンタルヘルスを担当する保健管理センターとの連携が不可欠でしょう。広島大学では、次のような役割分担で支援をしています。保健管理センターは、カウンセリング、対人コミュニケーション（ソーシャルスキル・トレーニング）を担当し、アクセシビリティセンターは、授業の情報保障・支援や、教員に対する配慮願いの配信を行っています。学部・研究科の学生支援担当教職員との連携も大事です。

② 学生サービスのアクセシビリティ向上
　すべての教職員が、大学の学生支援サービスを利用するのは、多様な学生であるという認識を再確認することが必要です。たとえば、就職ガイダンス・企業説明会では、多様な学生が出席できるように、授業で行っているようなアクセシビリティ支援をしていくことが大事です。TA（ティーチング・アシスタント）、チューター、新採用教職員研修といった、学内の様々な研修プログラムに「就業規則」「ハラスメント防止」「個人情報保護」と並んで、「アクセシビリティ対応」を組み込んで行くことが有効だと思います。

③ 地域連携リソース・シェアリング
　そろそろ、大学ごとに閉じた支援を行うには限界がきており、地域の専門機関や企業との連携は必須になってくるでしょう（第7章を参照）。また、在学期間中の支援だけでなく、入学および卒業移行期における支援の重要性も増しています。地域連携ネットワークを形成し、知的・人的・物的支援リソースの共有および有効活用を図ったり、支援の最適化に関する議論を深めたりすることがますます重要になってくるでしょう。

本章では、大学が障害の有無や身体特性、性別、年齢や言語・文化の違いにかかわらず、すべての学生が学びやすい修学環境、すなわち、「高等教育のユニバーサルデザイン化（UD化）」を目指すとすれば、どのような事が必要なのかを検討してきました。障害学生修学支援として、以下の7つの原則に集約されるでしょう。

　　1．すべての学生に質の高い教育を担保すること
　　2．成績評価のダブルスタンダードを設けないこと
　　3．教職員の理解と協力が得られる体制を築くこと
　　4．学内の連携を図り、学外資源の活用をすること
　　5．学生の自立と成長につながる支援を行うこと
　　6．完璧を期すよりも、改善する姿勢が大事であること
　　7．それぞれの学校の個性を生かした持続可能な支援体制を築くこと

　急速な勢いで変化する大学環境、学生層の多様化の中で、従来あまり見られなかったさまざまなニーズへの対応は、大学関係者にとって、最初は大きな戸惑いを覚えるものです。新たな支援体制をつくり、人を配置し、設備を改修し、機器を設置するとなると、費用も時間もかかります。大学にとって「負担である」という感覚は否めないでしょう。しかし、多様であるからこそ創りだせる豊かさがあるということに注目してはいかがでしょうか。修学支援と人材育成の本質を教育の一環としてとらえることは、多様なニーズに応えるということがきっかけとなって、従来の授業方法や支援のあり方を改めて見直すことに結びつきます。そのことが、すべての学生にとっての教育のアクセシビリティの向上につながります。多様な学生が共に学び、競い合える修学環境と教育プログラムをつくり出すことによって、また、企業や行政機関と協働することによって、人に優しい社会をつくり出してくれる人材を社会に送り出すことが可能になります。このような仕組みによって、大学自体も社会を

変革する担い手として貢献できるでしょう。

Column 1

疎外から共生へ
―― 障害者ソーシャルワークの現場から

植戸　貴子

神戸女子大学健康福祉学部社会福祉学科教授。神戸市出身。専門は障害者ソーシャルワーク、特に知的障害者の地域生活支援。福祉職員・市民向け講座や専門書執筆のほか、行政の障害者福祉施策関係の委員にも従事している。

　いま、私は大学で社会福祉士養成教育に携わり、障害者ソーシャルワークを研究しています。障害者ソーシャルワークとは、障害者や家族の生活上の困りごとについて相談に乗り、福祉サービスの利用につなげたり、人間関係を調整したり、環境を改善したりすることで、生活上の問題を解決するのを支援するという営みです。

　かつて私は、重度身体障害者入所施設でソーシャルワーカーとして、利用者の相談支援に携わっていました。しばらくして気付いたことは、利用者から寄せられる困りごとの多くは、障害そのものから来るものではなさそうだということです。たとえば、4人部屋でカーテンの仕切りしかない居室で、同室者が消灯時間を過ぎてもテレビを観ている。イヤホンをつけているので音はしないが、画面が光るのが気になって眠れないという訴えです。あるいは、自宅の近くに養護学校（現・特別支援学校）がなかったので、養護学校に行くために家族と離れて施設で生活していた。だから自分だけが家族から疎外されている気がするというのです。自宅であれば深夜までテレビを観ていてもトラブルにならないだろうし、自宅から地域の学校に通学できていたら、寂しい思いをせずに済んだのではないか。彼らの悩みは、障害者を地域や家族から引き離すという社会の仕組みによってつくられたものではないかと考えるようになり

ました。

　そして1995年1月、阪神淡路大震災が発生しました。ライフラインの復旧には時間がかかりましたが、施設建物自体には大きな被害はなく、地震発生の3日後から、地域で被災した高齢者・障害者とその家族を緊急ショートステイという形でお受けすることになりました。身体障害のある高齢の母親と重度知的障害のある中年の息子さん、古い文化住宅の2階で一人暮らしをしていた高齢の身体障害者など、平時は何とか自宅で生活を維持されていたようです。しかし大きな地震が発生した時、彼らは地域の避難所で生活することができませんでした。エレベーターやスロープのない体育館・小学校などの避難所では、車いすの方は移動が困難でしたし、環境変化が苦手な発達障害・知的障害・精神障害の方々にとっては、大勢の被災者と一緒に過ごすことには大変な苦痛を伴いました。気持ちの不安定さが行動に表れると周囲に迷惑をかけてしまうからと、避難所に行くのを遠慮していた方も多かったようです。身近な地域の中に、高齢者や障害者を含むすべての住民にとって安全で快適な避難所が必要だと痛感しました。同時に、それまで私自身が入所施設で働いていたため、地域で暮らす障害者の生活の実態をあまりにも知らな過ぎたと猛省しました。約20年前の阪神淡路大震災の頃と比べると、近年は街で障害者と出会うことが随分増えましたが、いまなお、地域で孤立した障害者や家族が大勢おられるのです。

　いまは、大学で障害者福祉や相談支援を教えながら、地域で暮らす知的障害本人の活動や、親の地域活動のお手伝いをしています。彼らは、いじめや排除に遭ったり周囲に気兼ねをしたりしながらも、同じ仲間・住民として力になってくれる人たちに励まされ、自らも地域社会に貢献しながら生きてこられたようです。ある時、知的障害本人グループが地域のお祭りにブースを出すことになりました。「自分たちのブースに来てくれた人に記念品を渡そう」ということになり、あるメンバーが「色画用紙でメダルを作って記念品にしよう」と提案しました。一瞬「そん

なものより、鉛筆やノートのような実用的なものの方がよいのでは」と心の中で思いましたが、メンバーの提案どおり、皆で色画用紙を切ったりマーカーで色を塗ったりして紙製のメダルを作りました。そしてそのメダルを作るプロセスは和気藹々とした楽しい時間でした。「誰かが鉛筆やノートを買ってきて終わり」であったら思い至らなかった、「実用的であるか、金銭的価値があるか」ではない別の価値観に気付かされました。彼らとの関係を通して、「こうあるべき」と思っていたことが違うかもしれない、という柔軟なものの見方ができるようになったと感じます。

　社会には障害のある人とない人の両方がいるのに、まるで障害者は存在しないかのように、社会は障害のない人の都合だけで作られてきたようです。「障害があるから〜できないだろう」と決めつけてしまうと、一人一人がもっている可能性を封じ込めてしまいます。社会は多様な属性をもつ人々で構成され、多様な価値観があることに気付けば、自分の人生も社会全体ももっと豊かになると思います。

写真1　地域のお祭りでジュースを販売する知的障害本人たち

私自身のこのような経験から、福祉を学ぶ学生たちには、相手の痛みや苦しみを感じ取る感性、与えられた情報を鵜呑みにせず多面的に物事をとらえ、自分の頭で考える知性、自分にできることを実行する行動力を身に付けてほしいと願っています。常に「どう感じる？」「なぜだと思う？」「違った意見はない？」「具体的にどうすればいい？」と問いかけるようにしています。学生たちは少しずつこうした資質を獲得していき、さらには、自己も他者も尊重できる人間へと成長していくようです。このことは、福祉分野以外のすべての学生、そして、私たち皆に必要なことのように思います。

2

支援の場から学びのコミュニティへ
――京都大学の障害学生支援

村田　淳

京都大学学生総合支援センター障害学生支援ルーム助教（チーフコーディネーター）。2007年より京都大学における障害学生支援に従事。支援現場で様々な取り組みを行う一方、組織的な障害学生支援体制の構築を担うなど、大学全体のバリアフリー化に向けた取り組みを実施している。

　京都大学は1897年に創立され、現在、学生数は約23,000名（大学院生含む）、教職員も5,000名をこえる大規模な総合大学です。
　現在の京都大学には、障害のある学生の修学支援[1]（以下、「障害学生支援」という）の専門窓口として「障害学生支援ルーム」が設置されています。専任のスタッフが配置され、障害のある学生はもちろん、学生サポーターや関連する教職員が多数利用する場となっています。ここでは、京都大学における現状を中心に記したいと思います。大学における障害学生支援は全国的に変革期を迎えており、京都大学も例外ではありません。ニーズは年々拡大しており、目の前の支援を充実させると同時に、中長期的な見通しをもった支援のあり方を模索している段階です。京都大学の取り組みと成果・課題を紹介することで、今後の障害学生支

---

*1　大学等の高等教育機関においては、義務教育で用いられる「就学」ではなく、学び修めるという意味で「修学」という表記が一般的に用いられています。

援の発展のために何が必要かを考える機会となれば幸いです。

1　京都大学における障害学生支援

●専門窓口の設置

　京都大学の障害学生支援に大きな変化があったのは2008年です。2000年代になり、先進的ないくつかの大学で障害学生支援の取り組みが進み、そのような取り組みが少しずつ全国に広まり始めました。このような社会の動きのなかで京都大学に在籍する障害のある学生も二桁を数えるようになりました。そして、2008年4月、京都大学で初めての障害学生支援専門の窓口となる「身体障害学生相談室」が設置されることになりました。当時は、それまでにも存在していた規定の名称を引き継ぐ形で「身体障害学生相談室」という名称でスタートしましたが、当初から対象となった障害のある学生のなかには発達障害のある学生なども含まれていました。さらに、「相談室」という名称でしたが、具体的には「相談」と「支援」を行うということがその業務内容でした。つまり、名称こそ異なっていましたが、すでに現在と同じような役割をもっていた、ということになります。この時期、委員会組織としては、それまでと同様に「身体障害学生相談室管理運営委員会」という全学委員会がありました。すべての学部・研究科から委員が選出され、さらに学生診療所の医師やカウンセリングセンター[*2]の教員なども委員として加わっていました。しかしながら、室長は兼務であったため通常は相談室には在室しておらず、現場は支援担当者1名、庶務を担当する事務職員1名という体制でした。

　当時は学内での支援を実施するにあたっても、残念ながらいつもス

＊2　現在は、学生総合支援センターカウンセリングルーム。

ムーズに話が進むというわけではありませんでした。時には、「なぜそこまでする必要があるのか」「一人の学生のためにそこまでできない」と支援の依頼を断られることもありましたが、そのような時は、何度も説明に行き、少しずつ理解を広めていくことが必要でした。ただ、最初は難色を示した教員でも、障害のある学生と接したり、時間がたつにつれて支援の効果が現れてくるのがわかると、むしろ協力的になってくれるようになり、新しい支援方法や改善点などを提案していただくこともあります。障害のある学生が不安を感じるように、指導する教員側にも不安があり、それが少しでも払拭されることで、本来の教育者としての関わりがもてるようになることもあるのです。

さらに、授業は多くの学生たちと共有されます。このような環境のなかで、「障害のある学生と教育者」という関係以上に多くの学生が障害のある学生に少なからず関わりをもち、互いに影響（刺激）を受けることになります。加えて、情報保障（ノートテイク等）や移動支援などの人的支援は、学生サポーター（支援者として登録・養成された京都大学の学生）がその役割を担っています。このように、ひとつの支援を実施するなかでも様々な関係性が構築されており、我々のような支援担当者は、「支援を含めた」「支援にとどまらない」コミュニティ形成を手助けすることも大切な仕事のひとつだと考えています。

開室以降、障害のある学生は少しずつ増えています。開室した2008年度は、15名程度の学生が支援の対象になっていましたが、2011年度以降は30名を超えています。このように、障害のある学生の在籍者数が増加しているのは全国的な傾向ですが、京都大学も例外ではないということです。障害のある学生の増加には様々な要因が考えられますが、社会的な認識・理解の向上や初等中等教育の特別支援教育の充実に加えて、受け入れ側となる大学の体制が変化していることも大きな要因と考えられます。京都大学では毎年夏にオープンキャンパスを実施していますが、参加者する中高生のなかでも障害のある生徒が数名含まれており、大学

への進学意欲が高まっていることを実感しています。オープンキャンパスでは、実際に大学に入学してから必要と考えられる支援を、模擬的に体験することができます。たとえば、説明会や模擬授業での情報保障、キャンパス内の移動介助などを、普段から支援を担っている学生サポーターが担当します。さらに、希望があれば、同じような障害のある学生との面談をセッティングして、修学のこと、大学生活全般のことなど、直接話を聞く機会を設けています[*3]。

● **二つの特徴**

　京都大学の障害学生支援において特徴的なことを二つあげます。ひとつは支援の対象となる学生についてですが、学部だけでなく大学院にも障害のある学生が多く在籍しているというのが特徴的です。多くの大学において、障害学生支援は障害のある学生（主に学部）の学び・教育を保障するということが一般的ですが、京都大学においては、大学院での研究における支援も重要な位置づけとなっています。大学院の研究では、少人数のゼミやディスカッション、学会等での発表などがあり、支援内容も多岐にわたります。また、専攻によっても状況が大きく異なるため、支援の個別性が高く、より丁寧なアセスメントが必要です。

　さらに、大学院での研究活動における障害学生支援の構築にあたっては、学生本人の積極的な参加が欠かせません。もちろん、学部での学び・教育においても、障害のある学生本人が積極的に支援に関わることは必要ですが、大学院ではそれがより顕著に求められます。

　もうひとつの特徴は、京都大学における障害のある学生の把握方法（専門窓口への正式登録）です。具体的にいえば、学生の「障害の有無」を重視して把握するのではなく、障害による「支援の必要性の有無」で学

[*3]　オープンキャンパス以外でも、本人・保護者・高等学校の先生からの受験前相談は、随時受けつけています。詳しくは、学生総合支援センター障害学生支援ルームへお問い合わせください。

生を把握しているという点が特徴であるといえます。学生のなかには、軽度の障害などがある学生も在籍していますが、大学での修学において、それほど差し支えがなく、大学側が特別に支援や配慮をしなくてもよい学生は、障害のある学生としてカウントしていません。このような把握方法をとっているので、30名という人数は多くないように思われるかもしれませんが、そのすべてが少なからず支援や配慮が必要な学生ということになります。

　このような支援の対象となる学生の状況も少しずつ変化してきています。開室当初は、そのほとんどが身体障害のある学生でしたが、年を追うごとに病弱虚弱（内部疾患）や発達障害などのある学生の登録が増加しています。とりわけ、発達障害のある学生の増加は顕著であり、この点は後に詳しく述べます。

　京都大学で初めての専門窓口となった身体障害学生相談室は、2011年に「障害学生支援室」という名称に変更されました。これは、身体障害に限らず障害などを理由とした学生を対象としていること、また、相談にとどまらず具体的に「支援」することを明確にするための名称変更でした。

　そして、専門窓口としての運営をスタートして6年目に入った2013年8月に、関連する学生支援のリソースと統合し、京都大学学生総合支援センターが設置され、専門窓口としての名称は「障害学生支援ルーム」となりました。学生総合支援センターには、障害学生支援ルームの他に、カウンセリングルーム、キャリアサポートルームがあります。これは、今日の複雑化する学生支援に関する相談に対して、個別の対応はもちろん、リソース間が連携して対応するという体制をより強化していくことを目的に設置されたものです。

　障害学生支援ルームでは、日常的に修学支援を行う一方で様々な取り組みを行っています。たとえば、キャンパス内のバリアフリー状況を調査した「フリーアクセスマップ」の作成、教職員を対象とした研修の実

施、その他、学生に対して関連書籍の貸し出しを行うなど、障害学生支援に関連した様々な活動を行っています。また、障害学生支援ルームは開室時間内であれば基本的に出入りは自由で、障害のある学生だけでなく、学生サポーターをはじめ様々な学生・教職員が利用しています。とりわけ、お昼休みの時間には学生とスタッフが一緒に昼食をとるなど、支援をこえた交流の場所となっています。

● **支援ニーズの拡大と変化**

　組織的な動きに加えて、支援現場の状況も年々変化していることを実感します。開室当初の障害がある学生の支援ニーズは、比較的わかりやすいものが多く、具体的には、聴覚障害のある学生に対するノートテイク（要約筆記）やパソコン文字通訳などの情報保障や、車椅子を利用する学生に対する移動支援や設備改善などが中心でした。

　以前は、このような支援に対しても大学が組織的に取り組むということは少なく、学生がその友人たちと協力して支援体制を構築していく必要がありました。専門窓口の設置によって、障害学生支援を大学側の責任において実施するということが明確になり、この変化そのものによっても、支援ニーズを顕在化させる効果があったと考えています。さらに、障害のある学生の在籍者数の増加に伴って、年を追うごとに支援ニーズは拡大していくことになりました。

　また、支援の範囲も少しずつ拡がっています。当初は、支援の必要性が授業を中心に認められていましたが、たとえば、実習や実験、入学式などの学内行事、就職活動に関連するような学内セミナーなどにおいても、支援の必要性が認められるものに関しては、積極的に支援を実施していきました。障害学生支援は、単に授業への参加を保障するだけでなく、多くの学生と同じようにキャンパスライフをおくることにも拡大し始めたということになります。まだまだ十分とはいえませんが、このように支援ニーズの拡大は現時点においても継続していることになります。

一方、支援ニーズの質的な変化も起こりつつあります。先に述べたような情報保障に関しても、情報の質を高めるための経験の蓄積、また、支援技術や機器は進歩しています。さらに、ゼミや実験、実習など、通常の講義形式とは異なった教育環境における支援の方法に関しても、経験を積み重ねながら模索している段階であるといえます。

　さらに、障害学生支援の考え方も成熟し始めているといえるでしょう。具体的には、支援を通した教育的な視点や社会進出に向けて学生本人の成長を促すようなアプローチなど、その場だけの支援で終わらせない工夫や仕掛けが、大学ごとの取り組みからもうかがえるようになりました。多くの大学で様々な取り組みがなされている現状をみれば、障害学生支援とは、大学生活のある一場面を支援するだけでなく、そのような支援を通じて障害のある学生の成長を促していくという側面があるということがわかります。つまり今日の障害学生支援では、学生の障害ゆえのニーズに対応するだけでなく、学生自身が支援をマネジメントし、様々な資源を使いこなす能力を育てるという部分に着目することも大切になっています。

　そして、支援を通じた人間的な成長は、障害のある学生本人だけでなく、支援に関わる学生サポーターにも良い経験をもたらします。それは、単に障害のある人を支援したという経験だけをいっているわけではなく、支援を通じて多様な個と向き合い、支援する側もまた学ぶ側面があるということです。支援の質が変化し、それらに対応していくということは、個々の学生に丁寧に寄り添うことを意味しています。自己を理解し、他者を理解することが障害学生支援の大きな可能性のひとつになっているのではないでしょうか。

2　学生たちのキャンパスライフ

　ここまで、京都大学における障害学生支援の歴史や現状を述べてきました。ここでは、実際に障害のある学生たちがどのようなキャンパスライフをおくっているのかを紹介したいと思います。なお、学年はすべて2013年度のものです。

*****

経済学部3回生　岡森祐太（聴覚障害）
　「京都大学経済学部の岡森です」と自己紹介をすると、もしかしたらマクロ経済学やミクロ経済学、統計学などの、あのぐにゃぐにゃしたグラフや記号だらけの数式と格闘しているようなイメージをもたれるかもしれませんが、数学が苦手な私は、経済史を専攻しています。つまり、歴史的な観点から経済を勉強しているのです。
　数学が苦手、というのは謙遜でもなんでもありません。高校時代には赤点を取ったこともあります。そんな私がいま京都大学経済学部で学べているのは、経済学部に論文入試という入試方式があったからです。
　私は聴覚に障害があります。でも、小中高とずっと健聴の仲間とともに学んできました。勉強ではあまり苦労しなかったものの、勉強以外のことはいまひとつでした。コミュニケーションをとることについて、やや消極的な学生生活をおくりました。いわゆる、ガリ勉くんです。暇さえあれば本を読んで過ごしていた私の心の中にはいつも「もっと話したい！」、「私がどんなにいろいろなことを知っているのか、みんなに伝えたい！」という欲求不満がありました。そんな私にとって、一般入試とは異なる、幅広い知識や考えを文章にまとめる力を重視する論文入試は、私のこれまでの人生をまるごと肯定してくれるような気がするものだったのです。その入試方式を知ったとき、すぐに京都大学を受験することを決めました。
　京都大学障害学生支援ルームを初めて訪れたのは高校3年生の夏、受験時の座席や情報伝達の方法など聴覚障害に配慮する措置について相談したときです。その際に京都大学の障害学生支援体制についても教わり、不安が解消

でき、京都大学に入りたい一心で勉強するようになりました。

　幸運なことに、思い描いたとおりに合格通知をもらいました。合格発表の後、春休みの間に支援ルームに報告し、入学式から情報保障のサポートをしていただきました。現在も、講義中の音声情報をその場で文字に起こして教えてもらう「ノートテイク」や、ノートに書く代わりにパソコンを用いて伝えてもらう「パソコン文字通訳」、さらにゼミでは「手話通訳」といったサポートをお願いしています。ただ単に板書を写したり、本を読んだりする以上に学べるのは、こういったサポートのおかげです。

　大学1回生の春から所属している京都大学手話サークルでは、最初は手話というコミュニケーション手段を獲得していく楽しさを感じ、いまでは、学んだことや読んだ本についての感想や、もっと気軽な遊びの話などを、サークルの仲間たちと手話で話しあう楽しさを感じています。大学の外でも積極的に人と出会い、手話や筆談でいろいろな話をします。小中高のときより、ずっと自分らしくいられている気がします。

　また、大学に入ってからは一人暮らしもはじめました。聴覚に障害のある人が一人暮らしをするときに困ることは何だと思いますか？　みなさんはどんな暮らしぶりを想像されますか？

　想像力のある方なら、チャイムが聞こえなくて宅配便が受け取れないかもしれないとか、もし災害が起こったら警報や避難情報に気づくのが遅れるかもしれないといったことを考えられるでしょう。たしかに、そのような悩みもあります。メールやインターネットを活用すればずいぶん便利に暮らせますが、悩みは尽きません。私がいままでで一番悩んだことは、先にあげた例とは少し違います。私は、「自分の出している音」がわからないことに最も悩みました。生活音の問題です。私の母は健聴者で、聞こえる人の立場から、聞こえない人がどう振る舞う必要があるのかを教えてくれます。そのアドバイスの中に、生活音に気をつけたほうが良い、というものもありました。聞こえない人は自分の出す音に無頓着になりがちだから、知らず知らずのうちに周囲の人に不快な思いをさせている場合もあるかもしれない、と。でも私は自分の出している音がどうしてもわかりません。一人暮らしを始めてしばらくの間は、どんな音が迷惑なのかよくわからず、家事ひとつにもひどく気を遣いました。

大学入学から3年が経ち、いまとなっては笑い話のような経験もいくつかして、ずいぶん慣れてきました。しかし、私のあとわずかの学生生活の中には、いままでそうだったように、これからもきっと、悩ましいこと、うれしいこと、自分の障害と向き合うようなできごとがあるだろうと思います。支援ルームのスタッフのみなさんをはじめ、支援ルームを通じて私の支援にかかわってくれる学生・教職員のみなさんのサポートに感謝しつつ、毎日を楽しみたいと思っています。

＊＊＊＊＊

理学部4回生　橋詰健太（肢体不自由）

　私には生まれつき身体障害があり、日常的に車椅子を利用して生活しています。外出する時には誰かの助けが必要で、学校生活も高校生までは必ず付き添いの先生がいて移動介助などの手助けをしてもらっていました。大学生になってからは下宿を借りて一人暮らしをしているので、まずは、現在の私生活について書いてみたいと思います。

　京都市は高校生まで住んでいた場所と比べて歩道がよく整備されているので、場所によってはでこぼこした部分はありますが、ほとんど問題なく車椅子で移動することができます。雨の日はどうやって移動するのかと質問されることがよくあるのですが、私の場合は片手で傘をさして、もう片方の手と足先を使って車椅子をこいでいます。私の障害は下半身不随ではなく、骨が弱いため歩行可能な筋力が付いていないという状況なので、片手が使えない場合でも足先でこぐことができます。自転車につけるような傘の固定器具をつけることもできるので、少しの雨であればそれほど問題ありません。ただし、雨の降り方が強いときや雪で路面が凍結している可能性があるときは危険が伴うので、可能な限り外出しないようにするか、大事な用事があるときはタクシーを利用するようにしています。家の近くにスーパーや日用品店があるので、生活に必要な物は自分で買い物に行っていますが、荷物を多く持つことが難しく、一度に買い物できる量が限られてしまうため、健常者よりは頻繁に買い物に行っていると思います。

　遠出するときは健常者と同じようにバスや電車を使います。ただし、どの交通機関を利用するときにもバスの運転手や駅の方に介助をお願いしなければいけません。私は将棋部に所属していて年に一回東京まで行っていたので

すが、その時はバス、新幹線に乗り、外泊もしていました。宿泊先やお店に予約をいれるときも車椅子利用者であることを事前に伝えて、現地の方に手伝ってもらえば一人で行動することも可能ですが、やはり同伴者がいたほうが何かあったときに手助けを頼めるので安心できます。何度か手助けをしてもらうと、その人が上手になっていくので初めての人に身体介助をしてもらうよりも安全です。特に駅やお店などエレベーターがなく、階段を昇り降りしなければいけないときに車椅子ごと持ち上げてもらうことがあり、これが一番不安なのですが、よくわかっている方と一緒だと安心して任せられます。

　次に大学での学生生活についてですが、普段の大学への行き帰りは車椅子で移動しています。入学当初は大学まで距離がある場所に下宿を借りていて、また京都という地にも慣れていなかったのでタクシーを利用することが多かったです。その後、数か月過ごして一人暮らしにも慣れたことに加えて、大学のすぐ近くの下宿に引っ越すことができたので車椅子で通学するようにしました。下宿を選ぶときに、できるだけ大学に近くてエレベーター付きの物件、さらに車椅子を置いておくスペースある玄関というような条件を満たすものがなかなか見つからず、苦労したのを覚えています。

　キャンパス内での生活で一番問題だったのは教室移動でした。京都大学では、主に1～2回生の頃に、吉田南構内という場所で全学共通科目を受講する必要があるのですが、私が所属している理学部のある北部構内とは少し離れた場所にあります。理学部の専門科目が開講される建物（講義室）から全学共通科目が開講される建物（講義室）まで、15分間の休み時間で移動するのはかなり大変で、また多くの学生が同じ時間に自転車で移動するため危険を伴います。そのため、急がないといけない場合は、支援ルームで移動介助をお願いしていました。実は、過去に腕を怪我してしまって自力で車椅子をこぐことができない期間もあったのですが、その時は、事務職員の方にも移動介助などでお世話になりました。普段でも、場所によっては教室の出入り口が少し段差になっていたり、ドアが開けづらかったりする時に、友人に手伝ってもらったり、可能な場合は教室の変更をお願いすることもあります。専門科目を受講することが中心になってからは、利用する建物や教室も限られてくるので、移動時間にもゆとりがあり、介助なしで生活することができます。現在は不都合が生じた場合に、その都度対策をしてもらうという状況

です。
　以上、ここまで書いてきたような感じで学生生活をしています。最初は不安でしたが、自分なりに試行錯誤してみたり、時には周りの方の手助けも受けながら、一人でも最低限の生活ができることがわかれば徐々に不安もなくなります。一人暮らしをしていると、いろいろな人に助けられているということや、自分にもできるとわかって自信がつくこともあれば、車椅子だということは移動に関して大きいハンディであることも感じます。一人で行けないところも多いし、事前に連絡したりする必要があるので、急に行きたいと思っても無理なこともあります。どういうことができて、どういうことができないかは、予測だけでは限界があり、実際に直面してみないとわからないことも多いと思います。そういう意味でも一人暮らしをすることでとても貴重な経験ができていると思っています。これを読んで、一車椅子利用者の学生生活を知っていただき、障害について少しでも知ったり学んだりする機会になれば幸いです。

*****

情報学研究科 修士課程 2 回生　桑原暢弘（聴覚障害）

　私は先天性の感音性難聴で、成長と共に聴力が低下しています。現在の聴力は左が90dB、右が100dB です。健常者の聴力が 0 dB 近辺で、この数値が大きくなるほど聞こえが困難になります。残存聴力のある左耳のみ補聴器を装着しており、補聴器を装着していない右耳は、ほとんど聞こえません。
　私が中学校を卒業する際、両親の「専門的な技術を身につけてほしい」という思いと、従姉妹が高等専門学校で充実した学生生活をおくっていた影響もあったため、高等専門学校に進学することを選択しました。当時の学校側の配慮として、先生の口元が見えるように最前列の座席を確保してもらい、また先生が板書を多くしてくれるなど、私が授業に参加できるような工夫をしてくださっていました。中学校の頃と比較して、勉強の内容が格段に難しくなったことに加えて、授業が進むスピードも速くなり大変でしたが、私のことを理解してくれる友人や先生に恵まれて充実した学生生活をおくることができました。友人や先生に負担をかけてしまっていた部分もあるかもしれませんが、快く接してくれていたことに感謝しています。
　高等専門学校を卒業後、東京の大学に 3 年次編入学しました。大学でも以

前と同じようにやればうまくいくと思っていましたが、現実は厳しいものでした。大学では先生の話すスピードがさらに速くなり、内容の専門性も高くなったことに加えて、講義室も広く口元を読み取るということは困難でした。さらに、学生の人数も多く、クラスなどの枠組みもないため、友人に助けてもらうということにも遠慮してしまっていました。特に、研究室でのゼミでは質疑応答の内容が聞き取れず悔しい思いもしました。ノートテイク（発話内容を文字化する情報保障）などの支援にアクセスできなかったこともあり、私自身が音声情報の重要性から目を背けていたところもあったのだと思います。いま考えれば、自分自身で積極的に大学に訴えれば、必要な支援を受けることが出来たのかもしれません。残念ながら、当時の私には、自分自身の障害のことや適切な支援のあり方についてもよく理解できていなかったのではないかと思います。

　障害のことや支援のことを、自分自身がもっと知らなくてはならない。そのような思いで、大学院では音声認識研究の第一人者である河原達也教授の指導の下で、音声認識を用いた講義のリアルタイム字幕付与システムの研究開発に取り組み、同じ障害のある方々のための役に立ちたいと思いました。さらに将来、社会人としてやっていくためにも、自分自身が障害や支援を適切に理解する必要があると感じたため、障害学生をサポートする体制が整っている場所で学んでみたいと思うようになり、京都大学大学院情報学研究科へ進学しました。大学院でのゼミやディスカッションは予想以上に難しいものでしたが、研究室の同期が PC テイク（パソコンでタイプする情報保障）やノートテイクでサポートしてくれていることで、大変有意義な時間を過ごせています。初めて情報保障を受けた時、自分がこれほど多くの音声情報を落としていたのかと驚きました。後悔しても仕方ないのですが、もっと早く情報保障を受けていれば良かったと思います。また、補聴器の聞こえを補助する FM 送受信システムや音響機材などを用いるなど、様々な支援方法や支援機器を体験してみることで、障害や支援に対しても大変勉強になっています。もちろん、うまくいくことばかりではなく悔しい気持ちになることもありますが、指導教員や研究室のメンバー、支援ルームのスタッフの方と一緒に考えることで、様々なことに対して前向きに取り組むことができるようになりました。大学院では手話サークルにも所属して、手話技術の向上に

も励んでいます。いままでは、聴覚障害があるにも拘らず、そのコミュニケーション手段のひとつである手話を学ぶということを避けている自分がいました。しかし、色々な経験から、手話を学ぶことを前向きに捉えられるようにもなりました。手話サークルでは、同じ障害のある仲間にも出会い、また自身の障害に対する考えを忌憚なく発信できる貴重な場になりました。これらの経験は私にとってかけがえのない大きな財産です。

　以上、私が高等教育で受けてきた支援の経緯です。これから社会人になりますが、社会人になるだけでも不安なのに、障害のことも考えるとさらに不安も大きいというのが本音です。入社後、様々な場所で様々な人達と関わりながら仕事をすることになります。いままで以上に自分自身の障害についての説明力や発信力が必要になります。時には、私のことを周囲の人が理解していないという状況もあると思います。ただ、そういう時こそいまの自分を信じて、遠慮することなく自ら発信することを忘れないようにしたいと思います。「難聴なので、ゆっくり話してくれませんか？　筆談をお願いしてもいいですか？」の一言が、私が活躍できる環境を自ら作るきっかけになると確信しています。これからも自分の可能性を狭めないように挑戦していく姿勢を持ち続け、自分自身が出来るベストを尽くして行こうと思います。最後に、これまで様々なご配慮をいただきました友人や先生、そして陰ながら支えてくれた両親に心より感謝いたします。これからの人生、常に前向きに邁進したいと思います。

*****

文学研究科 博士課程 2 回生　安井絢子（視覚障害）

　私は、文学研究科倫理学研究室の大学院生です。倫理学のなかでも、特に「ケアの倫理」という倫理理論を中心に研究を進めています。「ケアの倫理」は、従来の道徳推論・道徳判断偏重の倫理理論を批判し、私たちの日常生活に満ち溢れているケアしケアされる個別具体的な関係性にこそ倫理的基礎が存するとする倫理理論です。

　私には先天的な視覚障害があります。障害者手帳の等級でいうと全盲と同じ1種1級という分類です。といわれても実感がわく方はほとんどおられないのではないでしょうか。実際、いままでも自分の障害について説明を求められる機会は何度もありましたし、そのつど相手に伝わりやすい表現を試行

錯誤するのですが、これが意外に難しいものです。みなさんも、自分の「見え方」を誰かに説明する場面を想像してみてください。数値だけ言っても何となくわかったような気にさせられるだけで、生活するうえでの困難は相手にはほとんど伝わりません。だからといって、相手の感覚に訴えようとして、「世界がぼんやりして、はっきり見えていない感じ」などという何とでも解釈できる表現をすると余計に誤解を招き、相手を混乱させることになります。私自身いまだに適切な伝え方を見出せずにいますが、ここでは差し当たり、「ほとんど見えていない全盲に近い状態」という理解をしていただいたうえで、私の研究生活の一部を紹介させていただきます。

　私は現在、博士課程の2回生です。博士課程では講義に出席することも重要ですが、それと同じくらい（場合によってはそれ以上に）、読書会や研究会あるいは学会への参加も、研究を進めていくうえで重要なものとなります。そのため、充実した研究生活をおくるためには、先生にご配慮いただくだけでなく、周囲の院生・学部生あるいは事務の方々も含めて多くの方にご協力いただくことが不可欠なものとなります。

　私がどのように研究を進めているか、読書会を例に考えてみましょう。読書会をする際には大体次のような作業が必要となります。ある本の担当箇所を全訳あるいは要約したレジュメを作成し、それを人数分印刷し、自分で読み上げ、参加者で検討をする。健常の方であれば、この作業は基本的にすべて一人で行うことが可能でしょう。

　では、私の場合はどうなるでしょうか。まず、本を読みながらレジュメを作る作業ですが、私は欧文文献を読む際には拡大読書器という文字を拡大するための機器を使います。私の場合、拡大読書器を使って一度に視野に入る文字は、日本語なら2・3文字、英語では短い一単語（3・4文字）。飛ばし読みができないことはもちろん、そもそもテキストを通読するだけで、かなりの時間がかかります。また、文全体あるいは段落全体を見渡すことができないと、文構造や論理展開を把握するのにも限界があります。次に、レジュメは音声パソコンで作成します。ところが、これにも健常の学生とは違う苦労があります。たとえば、日本語は同音異義語が多いために漢字変換のミスが多くなりやすいことや、脚注の部分はパソコンの読み上げが一文字ずつになるため常用することは難しいこと、等々。こうして作成したレジュメを人

数分用意する際にも、障害学生支援ルームの学生サポーターに事前に印刷をお願いしたり、レジュメの完成が読書会当日になった場合は、研究室の先輩や後輩に印刷していただきます。さて、いよいよ読書会です。修士課程の頃までは自分でレジュメを読み上げていましたが、労力のわりに無意味に時間がかかるので、博士課程からは私の担当レジュメは参加者の方に順番交代に読んでいただいています。レジュメの検討の際も、本文とレジュメを対照させて読むのは至難の業です。日本語で2・3文字が見える状態ですから、該当箇所を見失ったり、原文とレジュメの対照をつけるのが難しいことは想像に難くないのではないでしょうか。

　ここで挙げたものの他にも、視覚障害を有する院生だからこそ必要となっていること、協力していただいていることはたくさんあります。ここでは読書会での発表を中心に紹介させていただきましたが、私の場合には、夜や不慣れな場所での移動、あるいは周囲の状況の把握の際にも多くの障壁があります。だから、夜遅くの読書会では、参加者の方に最寄りのバス停まで送っていただいたり、接する機会の多い研究室の方には、私を見かけたら声をかけていただいたうえでご自身の名前を言っていただくようにお願いしています。ありがたいことに、先生をはじめ先輩や後輩も率先してご協力くださるので、研究だけでなく日常生活という観点からも、過ごしやすい環境にしていただいていると思います。

　このように、様々な機器を使ったり、何よりも周囲の人の協力によって、いまのところどうにか研究をつづけさせていただけているわけですが、読書量は他の健常の学生に比べて格段に足りません。これは、私の努力不足という理由だけで片づけられる問題ではなく、視覚障害者の読書環境がいまだに貧弱であることにも起因しているように思われます。現在では、パソコンやiPadが読み上げてくれる本や論文が増えてきているとはいえ、機器による読み上げのためにはやはり電子書籍やテキストデータが必要となります。これらの確保もなかなか大変です。一朝一夕に改善されるものでもないでしょう。しかし、このような機器が視覚障害を有する学生の読書環境を少しでも改善するものになればと切に願ってやみません。視覚障害があっても「知りたい」という気持ちさえあれば、読みたい本あるいはその電子データが手に入る、専門的な研究にせよ趣味にせよ知りたい情報をすぐに入手することが

できる。お互いの研究が発展していくように、お互いのできる範囲で支え合う。このようなことこそ、視覚障害があるかどうかにかかわらず、研究生活はもちろん、それ以外の日常生活をおくるための基盤となるものなのではないでしょうか。

最後に、この場をお借りして、このような環境を提供してくださるすべての方々に、私に手を差し伸べてくださるすべての方々にお礼を申し上げます。また、読む量に限界のある私に質の高い本を指し示してくれた父に、そして何より、私の「読みたい」という気持ちに応えて何度も何度も本を読み聞かせてくれた母に。

＊＊＊＊＊

ここであげた4名だけでなく（すでに卒業している学生も含めて）、京都大学では障害のある学生も多くの学生と同じように、学び、学生生活をおくっています。もちろん、それぞれの障害に対しては、必要で適切な支援や配慮が必要になりますが、そのことを一緒に考えていくことが我々の大切な仕事です。彼らのコラムを通して、何よりも彼ら一人一人が前向きに歩んでいる姿を知っていただく機会になったのではないかと思います。

一方、学生たちの記述からは現状への直接的な批判はありませんでしたが、京都大学の現状が必ずしも充実しているとはいえない状況が多く読み取れます。彼らの周辺では、障害のある学生の存在が、少なくともそれほど彼らにはストレスのない状況で受け入れられていることは喜ばしいことです。ただし、それは周辺の人間関係などに依拠している部分も大きいと捉えることもでき、組織として環境が整っているか、ということとは一致しません。大学としては依然としてバリアが残されていることは明確で、改善の余地は多くあります。さらに、大学を一歩外に出てしまうと柔軟な支援が乏しいことも読み取れます。大学での障害学生支援は、支援の実施を通じて問題点を捉え直し、それらを社会に向けて発信していくことも必要なのではないでしょうか。障害のある学生たちには、その中心的役割を果たす存在になってほしいと考えます。

今回は、主に身体障害のある学生にコラムを書いてもらいましたが、実際には、病弱虚弱や発達障害のある学生なども多く在籍しています。この次は、近年の障害学生支援において、とりわけ顕著にその人数が増えている発達障害のある学生について述べてみたいと思います。

3　発達障害のある学生への支援

●支援が必要な学生の顕在化

　現在、身体障害のある学生に加えて、発達障害のある学生の在籍者数は顕著に増加しています。発達障害のある学生のニーズは個別的で多様であるため、その支援もまた個別性が高くなります。多くの大学にとって、発達障害のある学生に対してどのように相談・支援を進めていくかは、重要な課題のひとつであるといえます。

　また、学生とその学生をとりまく修学環境を丁寧にアセスメントしていく必要があるため、発達障害のある学生に対する支援は、身体障害のある学生以上に難しいものだと考えられています。もちろん、支援は簡単でないことは私も経験上理解していますが、ただ、難しい、経験が少ないという理由で大学における相談・支援が消極的になってしまうことは、早急に改善されるべきことだと考えています。身体障害のある学生への支援においても、まだ十分に満たされる状況ではないと思いますが、様々な取り組みによってより適切な支援が模索されたプロセスを経て、現在の状況があるものだと考えています。同様に、発達障害のある学生への支援についても、一人一人の学生と向き合うことでより良い支援が構築されていくものだと考えており、何より、現に困っている学生を大学としてどのように捉えていくかということは、積極的に議論されるべきことではないでしょうか。

　さらに、発達障害のある学生への支援は、多くの専門担当者の力が必

要になります。医療や心理、教育や福祉など、必要に応じて様々な専門家が連携していくことが大切であり、支援担当者にはその資質が問われてきます。もちろん、個々で対応できる範囲もありますが、発達障害のある学生が抱える問題の多くは、特定の専門性だけで解決できるものではない場合が多いと感じています。たとえば、京都大学においては、カウンセリングルームや健康科学センター（保健診療所）、そして、関係する教職員との連携が不可欠になっています。

●必要に応じた修学支援

　京都大学においては、発達障害のある学生への修学支援として、授業や定期試験、研究室における「環境調整」を中心に支援を実施しています。たとえば、その学生の特徴を教職員に伝えて理解を求め、それぞれのコミュニケーションや人的支援などによって環境の構造化をはかり、それぞれがガス抜き（意識緩和）の役割を担うことなどがあります。その他、教室や座席の配慮などの物理的な支援が必要になる場合もあります。このような具体例も、すべての発達障害のある学生に当てはまるわけではありません。あくまでも、ひとつの例であり、「発達障害だから」という理由で決まった支援を実施するわけではなく、個々の学生のニーズに合わせた、きめ細やかな対応が必要となります。

　発達障害のある学生への修学支援においては、いくつか留意しておく点があると考えています。以下に示す点は、少なからず身体的な障害においてもあてはまるものですが、発達障害においてはより大切な点として強調しておきたいと思います。

　① 学生本人との合意
　　修学支援にあたっては、必ず学生本人が同意することを確認しています。わかりやすくいえば、学生本人が知らない支援は行わないということです。この点においては、初等中等教育で実施されてい

る支援と異なる部分があるかもしれませんが、大学という社会を見据え教育機関のなかでは、本人も含めて一緒に考え、支援を実施していくことが大切だと考えています。

② 支援者間、教員との合意

修学支援の実施にあたっては、現時点では必ず他領域の専門的な支援者（医師・臨床心理士等）との相談・合意を経て、支援を実施するようにしています。それぞれの専門性をこえて、支援の必要性を共有することで、より適切な判断と柔軟性を保持する必要があるからです。さらに、環境調整が支援の中心になりますので、関係する教員などとの連携・合意は欠かせません。様々な要因を加味した上で、適切と判断できる支援を実施することが必要です。

さらに、このような支援において、課題となることがあります。

① 診断と障害受容の問題

発達障害の診断の問題とそれに伴う学生本人の理解や受容の問題があるでしょう（診断そのものを基準とするかどうかには、一定の議論が必要になりますが、ここでは診断があることを前提に述べていきます）。たとえば、医師による診断があったとしても、学生本人の受け止め方によって、支援や配慮などのアプローチの仕方も根本的に異なってきます。我々が直面するひとつのケースとしては、保護者からの相談や支援の依頼は受けても、学生本人は自らに発達障害があることすら知らないということも少なくありません。このような場合、周りが考える支援の必要性と学生本人の支援ニーズに大きな差があり、支援を簡単に推し進めることはできないことになります。

② 適切な支援の判断

発達障害の特性上、環境の違いや変化を見極めながら支援を実施することが望まれるわけですが、その判断自体がとても難しいとい

う点があります。仮に全く同じような障害の程度で障害の理解・受容が似たような場合があったとしても、その学生が所属している学部や学科、授業の内容・進め方や授業に関わる他の学生や教員のタイプによって、支援が必要にも不必要にもなり得るということです。

　繰り返しになりますが、発達障害のある学生への修学支援は学生の状態や環境に応じて個別的で多様であるため、定型化することはとても難しく、支援としても適切であるといえません。このような点において、発達障害のある学生への修学支援は柔軟に検討される必要があり、その方法についても、十分に議論の余地が残されています。

●**社会を見据えた支援の必要性**

　発達障害のある学生への支援は、多くの場合「個別支援」と「修学支援」という２つの視点で進められます[*4]。個別支援とは、医師やカウンセラーなどと基本的に１対１の関係のなかで、自己と向き合っていくこと、さらにそのなかから解決策を導いていくものなどを指します。それに対して、修学支援とは、学習や研究を進める上で必要になる特別な支援や配慮などを指し、この点においては個別支援を行っている専門家と我々のような障害学生支援の担当者が連携しながら進めていくものです。

　発達障害のある学生への支援を実施するなかで、従来の支援にとどまらない包括的な支援のアプローチが必要になってきたと感じています。私はこのような支援を「移行支援」という言葉で捉えています[*5]。

　「移行」(transition)という言葉は移り変わりの時期という理解が一般

＊4　「個別支援」と「修学支援」は、障害学の視点から「個別支援＝インペアメント（個人モデル）」、「修学支援＝ディスアビリティ（社会モデル）」として整理することができます。

＊5　「移行支援」は暫定的な表現です。包括的な支援の必要性をふまえた支援は、他大学でも実施されています。例えば、富山大学においては「社会参入支援」として、先進的な支援が実施されています。

的で、「ある時期（状態や所属など）から、次の時期への変化の時期」、つまり短期間の時期と捉えられることが多いでしょう。ただ私は、とりわけ発達障害のある学生への支援としての移行支援とは、在学中の大学生活への適応だけにとどまらず、発達障害のある学生本人の成長（発達）や卒業後を見据えた支援として、中長期的な関わりで支援を進めていく方法であると考えています。

　その根幹となるのが、学生本人の「認識の変容による、生きづらさの解消・軽減」と、大学組織による「多様な学生像を支えることのできる大学環境の構築」の2つの軸で構成されるものだと考えています。ただし、実際の支援においては、2つの軸を明確に切り分けて対応できるものではなく、両者はお互いに補完し合っているため、片方だけの視点で関わることは難しく、また、それでは不十分になるでしょう。

　発達障害のある学生への支援は、修学支援という目の前の支援だけでなく、移行支援という視点で「自己認識や障害理解の変化、また、自分自身の特徴をふまえた環境との折り合いの付け方を発見するプロセス」を意識する必要があると考えており、大学はそれらを考えていくための大切な場所・期間だと位置づけられます。大学生という時期を通じて、学問的な知識や専門性を身につけていくことに加えて、人間的な成長を遂げられる時期にしてもらいたいというのが、支援担当者の願いでもありますし、そのために、身体障害のある学生への支援と同様に、より良い支援について考えていく必要があるでしょう。

　京都大学においては2008年頃から継続してこのような視点で支援を実施してきました。現在では、さらなる展開として発達障害のある学生たちによるグループワークなども取り入れていますが、この点については、また別の機会に述べたいと思います。

　ここで述べた、発達障害のある学生への支援としての「移行」という概念は、何も発達障害に限ったものではありません。身体的な障害のあ

る学生に対しても、当然そのような「社会を見据えた移行支援」は必要です。もちろん、大学という教育機関に限ったことではありませんが、特に社会に人材を送り出す教育機関として、その役割は大きなものであると考えています。目の前の環境を整えていくという課題（修学支援）に取り組みつつも、障害のある学生と共に、常に社会を意識しておくことは、障害の種別や程度にかかわらず、障害学生支援において最も大切で普遍的な要素なのではないでしょうか。

4　支援と学び

　この章では、日本全国で進みつつある大学における障害学生支援について、そのひとつの事例として京都大学の歴史や現状、課題などを紹介しました。大学によって、支援の成り立ちや状況はそれぞれですが、京都大学と同じように変革の時期にある大学は多いのではないでしょうか。もちろん、京都大学においてもまだまだ模索段階といわなければならない点は多く残されています。専門窓口の設置から数年が経ち、実現できていることもありますが、課題は多くこれからも真摯に取り組みを続けていくことが必要です。

　たとえば、恥ずかしながらキャンパスのバリアフリー状況も十分整っているとはいえません。物理的なバリアを解消する、といった最もシンプルでわかりやすい課題ですら、現状では達成できていないのが現実です。そして、キャンパスを共に利用する学生や教職員の意識もより良く変わっていくことを願い、そのための役割を支援組織としては果たしていく必要性を感じています。

　また、前述した発達障害の分野においては、残念ながら現時点では「適切な理解」と「適度な問題意識」が広く共有されるには至っていません。支援のあり方も模索されている段階ではありますが、身体的な障害と比

べて「わかりにくい障害」としての発達障害への理解構築は重要な課題のひとつです。さらに、高等学校から大学へ、そして、大学から社会へという「つなぎ」にも課題が残されています。多くの学生にとっても精神的に大きく変化する大学での期間において、発達障害のある学生も大きく変化していきます。その変化に寄り添いつつ、必要な支援を見極めていくことを支援担当者としても意識しておかなければなりません。また、社会との接続という意味では、就職の問題を切り離すことは出来ません。

障害学生支援とは、障害のある学生本人を支援するということだけではなく、教職員が障害のある学生のことを考えることを支援し、多くの学生たちが障害を知り、障害を通じて学ぶことを支援することだと考えています[*6]。つまり、障害のある学生が当たり前のように学び、研究する機会を保障し、そのような学生が増加することで、多くの学生や教職員にとっても学び、成長する機会にしたいということです。支援担当者としては、このようなことのきっかけづくりをする裏方として、多くの人の力を借りながら積極的な活動をしていきたいと考えています。障害学生支援がこれからも発展していくことを願っていますし、その一翼を担っていければ幸いです。

最後になりましたが、本章の執筆にあたりコラムを寄せてくれた学生たちに感謝の気持ちを伝えたいと思います。読者のみなさまには、何よりも彼らの生き生きした姿から、障害学生支援の必要性や今後の発展について思いを巡らせていただくことをお願いして、本章を閉じたいと思います。

＊6　京都大学学生総合支援センター障害学生支援ルームでは、2014年度より、全学共通科目のポケット・ゼミ（少人数教育科目）「障害とは何か」を開講しています。

Column 2

大学の相談室から

山本　斎

京都大学理学研究科・理学部相談室カウンセラー。京都市出身。専門は臨床心理学。臨床心理士。部局内の相談室において、未診断のケースも含め、さまざまな「障害」について来談者と一緒に取り組んでいる。

　2012年4月にスタートした「京都大学理学研究科・理学部相談室」は、京都大学初の部局内相談室です。京都大学には全学組織としてのカウンセリングルームもありますが、それに加えて、学生がより気軽に訪れることができ、より早い段階で学生の支援ができる拠点を作りたいという思いから、学部・研究科の中にも相談室が設置されることになりました。当相談室は、障害学生支援に関していえば、主に、精神障害や発達障害等の障害をもつ学生さんのサポートを行っています。また、そのような障害が想定されるものの診断には至っていない学生さんも数多く当相談室を訪れており、そういった学生さん達も広くカバーできるのは部局内相談室の強みです。とはいえ、基本的には、いわゆる「障害」ということに留まらず、相談室を訪れるすべての人がそれぞれの人生において出会った「障害」を自らの力で主体的に乗り越えて行かれるのをお手伝いさせていただくというスタンスで支援を行っております。

　私は、この相談室で働いている臨床心理士です。もともとは理系の学生として京都大学の総合人間学部に入学し、修士課程まで生物学を専攻していましたが、悩んだ末に教育学部に三年次編入し、臨床心理学を学びました。学生生活も相当長くなっていたので、大学の外のいろんな世界を経験したいと思い、教育学研究科の院生時代から学校、不登校児童の通所施設、病院などに非常勤で勤務してきましたが、大学を出て1年

でまた大学に戻って、かつてのように理系の人たちと関わることとなりました。ちなみに、京都大学大学院理学研究科は私の両親の出会いの場でもあります。自分が生まれるきっかけとなった場所で働くことになるなんて不思議なこともあるものだなあと思うとともに、これを自分の天職と心得てやっていこう、と決心しました。

　部局内の相談室がその特性を生かして機能するのに一番大事なことは、やはり、相談室、そしてそこで働く私が、理学研究科に深く根ざしていくことではないかと思います。もちろん、心理臨床を行う場としては、ある程度の独立性を保つことも心がけなくてはなりませんが、私自身が理学研究科の学生や教職員の方々とつながりを持つことで、相談室にやって来る人たちは、私を通して理学研究科の仲間とつながっていくことができるようになります。これは特に、何らかの理由で孤立してしまっている学生さんにとっては大きな意味のあることと考えます。相談室では、専門分野に関わる相談があったときは、必要に応じてその分野の先生に相談室に来ていただいて3人で話をしたりすることもあります。また、遠足などのグループ活動や、学習を応援するガイダンスなど、多くの人が参加するイベントも行っています。遠足では、八ッ橋を焼いたり、裁判を傍聴したり、防災センターで強風体験や地震体験をしたりと、みんなでいろんなことをしています。京都大学、特に理学研究科・理学部では、何かを「面白い」と思う気持ちが大切にされていますので、みんなが興味を持てるような遠足を目指しています。遠足には、相談室に面接に来ている学生さんだけではなく、いろんな人と知り合いになりたい学生さんや、行き先に興味を持った学生さん、そして教職員の方々も参加し、毎回とても盛り上がっています。また、2013年から始めた学習を応援するガイダンスでは、卒業生が体験談を話してくれたり、各教室の先生方が来てくださっての相談会があったりで、こちらも理学研究科の仲間同士がつながる機会となっています。

写真1　相談室の様子です。写真には写っていませんが、ついたての奥に面接スペースがあります。私の手前に見える箱は「箱庭療法」の砂箱で、向かって右側の棚に並んでいるのは、それに使うミニチュアのアイテムです。箱庭療法を日本に導入した河合隼雄先生は京都大学理学部のご出身ですので、ぜひ、この相談室には箱庭を入れたいと思いました。

　このように、理学研究科・理学部相談室は「つながり」を重視した活動をしています。相談室に来られるすべての人が、相談室での対話を通じて自分自身とよりよくつながっていけるようになり、また、理学研究科の仲間とますますつながっていけるようになるならば、こんなにうれしいことはありません。まだ、スタートしたばかりの相談室ですので、これからもどんどん新しいことに挑戦し、京都大学理学研究科・理学部ならではの相談室の形を模索していきたいです。

障害学生支援と障害者政策

石川　准
静岡県立大学国際関係学部／大学院国際関係学研究科教授。視覚障害者などを支援するソフト開発のほか、内閣府障害者政策委員会委員長として障害者政策のモニタリングなどの仕事もしている。

　本章では、障害者政策が高等教育機関になにを求めているのかを述べます。

　民間でも様々な意欲的な支援活動が行われていることは本書でも多く紹介され、それぞれ非常に良い仕事をされています。しかし、個別の活動にはおのずと限界があり、国家レベルでの組織的制度的な支援が必要であることは、第1章で書かれている通りです。本章では、いまや高等教育機関による障害学生支援は権利ベースで行わなければならないということを、障害者差別解消法と障害者の権利条約を紹介しつつ説明します。それに加えて、これまで日本の障害者政策ではどちらかといえば周辺的な位置づけであった情報アクセシビリティ政策が、高等教育機関の障害学生支援の環境整備にとってきわめて重要になるということを説明します。

1 障害学生支援の理念と現状

(1) 障害学生支援に関する政策提言と政府の基本計画

　まず、障害学生支援に関しての近年の動きを簡単に振り返ってみましょう。

　2012年8月に東京財団が高等教育における障害学生支援についての政策提言「障害者の高等教育に関する提言―進学を選択できる社会に向けて―」を公表しました。各大学で障害学生支援に取り組んでいる人々が集まって、アメリカの高等教育における障害学生支援の調査なども行ってまとめられた報告書です。わかりやすく良い報告なのでぜひ読んでください。そこでいわれていることで特に重要なことを紹介します。

　まずは、高等教育における障害学生支援には三つの壁があるという指摘です。それは情報の壁、縦割りの壁、コストの壁だと述べられています。

　情報の壁とは、せっかく障害学生支援を行っているのに、受験生や保護者、高校などがすぐにわかる形で支援の具体的な内容を公開していない大学が多いという問題です。そのため障害のある受験生は、どの大学に入ったらどのような支援を受けられるのかよくわからないまま、受験先を決めなければなりません。縦割りの壁とは、初等中等教育、高等教育、卒業後の就労の支援が連携できていないという壁です。コストの壁は、大学の支援のための負担と本人の負担の問題です。報告書はこのような問題を解決しなければならないと述べています。

　もう一つこの報告書が強調しているのは、アメリカの高等教育の障害学生支援に学べということです。確かにアメリカの高等教育における障害学生支援は進んでおり、学ぶべきところがたくさんあります。

　加えて、この政策提言では、障害者のエンパワーメントに対する高等教育機関の役割と責任を強調しています。言い換えれば、障害者もまた、

社会を担っていく、作っていく人材なのだという考え方が示されています。
　次に、文部科学省の高等教育局長の下に設置された「障がいのある学生の修学支援に関する検討会」の報告書（2012年12月）を紹介します。筑波大学の竹田一則氏が座長で、私も委員を務めました。文科省のウェブサイト[*1]に報告書があるので、一読をお勧めします。報告書は高等教育機関が提供すべき支援や、国が取り組むべき事柄について述べています。
　以下に報告書の概要の一部を示します。

5　合理的配慮の考え方
　合理的配慮は、「大学等が個々の学生の状態・特性等に応じて提供するものであり、多様かつ個別性が高いもの」とされ、報告書では、大学等において提供すべき合理的配慮の考え方が項目別に整理されています。
（1）機会の確保：障害を理由に修学を断念することがないよう、修学機会を確保することが重要。また、教育の質を維持することが重要。
（2）情報公開：障害のある大学進学希望者や学内の障害のある学生に対し、大学等全体としての受入れ姿勢・方針を示すことが重要。
（3）決定過程：権利の主体が学生本人にあることを踏まえ、学生本人の要望に基づいた調整を行うことが重要。
（4）教育方法等：情報保障、コミュニケーション上の配慮、公平な試験、成績評価などにおける配慮の考え方を整理。
（5）支援体制：大学等全体として専門性のある支援体制の確保に努めることが重要。
（6）施設・設備：安全かつ円滑に学生生活を送れるよう、バリアフリー化に配慮。
など

[*1]　http://www.mext.go.jp/b_menu/houdou/24/12/1329295.htm（2014年6月1日閲覧）

6 関係機関が取り組むべき課題
 (1) 短期的課題
 1) 各大学等における情報公開及び相談窓口の設置
・各大学等は、受入れ姿勢・方針を明確に示し、広く情報を公開することが必要。
・また、相談窓口の統一や支援担当部署の設置が必要。
 2) 拠点校及び大学間ネットワークの形成
・国は、優れた取組を実施し、近隣地域の大学の支援体制向上に積極的に寄与する大学等を地域における拠点校として整備することが重要。
 (2) 中・長期的課題
 1) 大学入試の改善、2) 高校及び特別支援学校と大学等との接続の円滑化、3) 通学上の困難の改善、4) 教材の確保、5) 通信教育の活用、6) 就職支援等、7) 専門的人材の養成、8) 調査研究、情報提供、研修等の充実、9) 財政支援
＊今後の取扱い・課題
①全ての学生や教職員への理解促進・意識啓発を行うことで、各大学等の受入れ体制の温度差をなくすことが重要であり、現時点における一つの指針として活用されるよう本報告を取りまとめ。
②今後、各大学等の状況等を踏まえ、大学等における種々の事例・知見を蓄積しつつ、さらに具体的な検討を進めていくことが必要。
③また、本報告で整理した合理的配慮の考え方についても、他の分野における状況や支援技術の進展等に応じ、見直しを図ることが必要。
④その他、合理的配慮決定において合意されない場合の解決手段、通学等の課題については、引き続き検討。

　短期間の検討会議でしたが、毎回熱心な議論を行いました。この検討会の報告書が今後の高等教育機関における障害学生支援のガイドライン

となることを期待しています。

　ところで、障害学生支援に関わっている現場の教員、職員が集まって経験を共有したり、実践報告や研究発表を行う場として、アメリカにはAHEADという組織があります。正式名称はAssociation on Higher Education And Disabilityです。日本にもAHEADのようなものが必要だという議論はかなり以前からありましたし、実際に試みられたこともありましたが、なかなかうまくいきませんでした。しかし障害者差別解消法が成立し、障害者の権利条約の締約国になった（どちらも後述します）いまは、その絶好の機会だと思います。2013年の秋から、「障がいのある学生の修学支援に関する検討会」のメンバーを中心に、全国の高等教育機関が参加する障害学生支援の全国協議会を設立するための準備が進められています。

　次に国の障害者政策の動きを見てみましょう。2013年9月に新障害者基本計画が策定されました。障害者基本計画は、内閣が閣議決定するもので、政府の障害者政策の基本方針を明らかにし、分野ごとに施策目標を示すものです。2013年の障害者基本計画の策定にあたっては、当事者が参加した内閣府障害者政策委員会（後述）の意見が取り入れられました。そして何より、今回の障害者基本計画には、高等教育機関における障害学生支援が盛り込まれました。これまでの障害者基本計画にはなかったことで、盛り込まれた意義はたいへん大きいと思います。以下に障害者基本計画のその部分を引用します。

　Ⅲ　分野別施策の基本的方向
　3．教育、文化芸術活動・スポーツ等
　（3）　高等教育における支援の推進
　○　大学等が提供する様々な機会において、障害のある学生が障害のない学生と平等に参加できるよう、授業等における情報保障やコミュニケーション上の配慮、教科書・教材に関する配慮等を促

進するとともに、施設のバリアフリー化を推進する。　3-(3)-1
○　大学入試センター試験において実施されている障害のある受験者の配慮については、障害者一人一人のニーズに応じて、より柔軟な対応に努めるとともに、高等学校及び大学関係者に対し、配慮の取組について、一層の周知を図る。　　　　　3-(3)-2
○　障害のある学生の能力・適性、学習の成果等を適切に評価するため、大学等の入試や単位認定等の試験における適切な配慮の実施を促進する。　　　　　　　　　　　　　　　　　3-(3)-3
○　入試における配慮の内容、施設のバリアフリー化の状況、学生に対する支援内容・支援体制、障害のある学生の受入れ実績等に関する各大学等の情報公開を促進する。　　　　　　3-(3)-4
○　各大学等における相談窓口の統一や支援担当部署の設置など、支援体制の整備を促進するとともに、障害のある学生への修学支援に関する先進的な取組を行う大学等を支援し、大学等間や地域の地方公共団体、高校及び特別支援学校等とのネットワーク形成を促進する。　　　　　　　　　　　　　　　　　3-(3)-5
○　障害のある学生の支援について理解促進・普及啓発を行うため、その基礎となる調査研究や様々な機会を通じた情報提供、教職員に対する研修等の充実を図る。　　　　　　　3-(3)-6

　障害者基本計画の該当箇所は、「障がいのある学生の修学支援に関する検討会」の報告と多くの点で重なっています。障害者基本計画に盛り込まれたことで、高等教育機関における障害学生支援が国の障害者施策にはっきり位置づけられたといえます。

（2）　お願いから権利へ

　このような状況に至るまでには、長い運動と活動の継続がありました。

第3章　障害学生支援と障害者政策

　1970年代から1980年代には、「大学の門戸開放」という言葉がありましたが、実際はなんとか入学試験を受けさせてくださいというお願いでした。視覚障害の場合では、点字受験を認めてくださいとか、入学後は大学に負担はかけないのでどうかチャンスを与えてやってください、というような「お願いモード」で働きかけて、少しずつ受験を認める大学が増えてきました。多くの大学の反応として、設備がなく責任を負えないので受け入れられないとか、安全確保に責任を負えないので受け入れられないとか、研修、実習、実験などの単位取得が困難なので受け入れられないとか、国家資格、その後の就職の見通しが立たないから受け入れられないとか、ありとあらゆる逃げ口上が言われてきました。

　確かに、かつては多くの大学が受験を拒絶したのに対して、いまは拒絶する大学はかなり少なくなっているという違いはあります。「障害学生の支援もやらなければいけなくなったらしい」という、漠然とした認識はようやくできてきたと言えるかもしれません。しかし30年間、基本的な制度的枠組みはさほど変わっていません。

　たとえば、障害のある学生は入学試験の特別措置申請をしなければなりません。入試における配慮や入学後のサポートなどについて、大学、高等学校、本人の三者で協議をします。多くの場合、大学は十分な配慮ができないことを伝えます。そのため三者面談の場には、歓迎ムード一色の一般の高校生対象の華やかなオープンキャンパスとは違う空気が流れることも少なくありません。

　たとえば視覚障害の場合、最近でも以下のような事例があります。

① 入学試験において、国語問題の30パーセント程度の配点を占める漢字の読み書きに関する問題について、点字受験の場合０点とすると言われた。
② 講義における配布資料について、データによる事前配布ができない、新聞記事など当日配布するものの電子化ができない、パワーポイン

トのテキスト化ができないと言われた。教科書の点訳等の費用負担を断られた。学生アルバイトなど、大学の費用負担による教科書等のテキスト化や、対面朗読の予算化を断られた。

③定期テストにおいて、点字による出題ができないと言われ、レポートに置き換えられてしまった。

④支援機器、支援ソフトの準備ができないと言われた。

⑤学生寮や大学が提携している民間の寮への入居が断られた。

⑥他の障害者が多く、入学後特別な配慮はできないと、入学受け入れ自体が拒否された。

しかし、いま、障害者をとりまく社会状況は大きく変わろうとしています。2013年に障害者差別解消法が成立し、2014年には障害者の権利条約を批准し、条約の締約国になりました。これをきっかけに、障害者への対応は権利ベースに移行するというターニングポイントにさしかかっていると思います。

今後は、上で述べたような扱いは、障害者差別解消法により不当な差別的取扱いになります。また過度な負担でない合理的配慮の不提供もまた差別となります。これについては後で述べます。

初等中等教育に比べると歴史が浅い分だけ、ブルーオーシャン、つまり更地に新しく作っていくというのが高等教育における障害学生支援です。先ほどの「障がいのある学生の修学支援に関する検討会」のメンバーにも、准教授、講師など若い人がたくさん入っていました。NPO活動をしている人の参加もあり、通常の審議会や検討会議とは年齢構成がかなり違います。若さ、新しさを感じる検討会でした。更地に作っていくということは、苦しい反面、やりがいがあり、おもしろいということもあります。

他方、初等中等教育は長い歴史があり、しっかりとした枠組みのある中で、それをリフォームしていくことの難しさ、困難を感じます。

たとえば2013年9月1日、学校教育法施行令が一部改正されました。一見地味な改正のようにみえますが、初等中等教育では分離教育を原則とし、一部の児童のみ認定修学させるという既存の枠組みを廃止して、障害のある児童生徒と障害のない児童生徒が共に学ぶインクルーシブ教育を進めるための重要な改正です。私は、中央教育審議会初等中等教育分科会の下に設けられた特別支援教育の在り方に関する特別委員会で、今後のインクルーシブ教育のあり方について検討する仕事を2年間やりました。この委員会がまとめた報告が中央教育審議会の答申となりました。答申の中で強調された重要な点のひとつに、本人と保護者の意見の最大限の尊重と合意形成があります。修学先の決定は行政行為なので最終的には教育委員会が決定しますが、本人および保護者の意見を最大限尊重しつつ、本人および保護者と教育委員会の間で合意形成を図って決定することになりました。

　たとえていうならば、いままでは文部科学省も教育委員会も障害のある子どもたちと保護者に「コーヒーでいいですよね」と聞いてきたのに対し、文部科学省があらかじめおいしいコーヒーとおいしい紅茶を用意し、教育委員会が「コーヒーと紅茶どちらがいいですか」と子どもたちと保護者に聞くようにする改正だと私は説明しています。

2　障害者差別解消法と障害者の権利条約 ——障害者支援の未来

(1)　障害者差別解消法（2013）の意義

　障害者差別解消法は、高等教育における障害学生支援を前に進める助けとなる法律です。障害者差別解消法制定までの歩みは紆余曲折があり、奇跡的にできたといっても過言ではありません。この障害者差別解消法とはどういうものでしょうか。

●**差別の解消のための「配慮」**

　障害のある人にとって、日常生活や社会生活を送る上で障壁となるようなものが社会的障壁です。それはたとえば次のようなものです。

　① 　施設、設備、情報の障壁
　② 　利用しにくい制度など
　③ 　障害のある人の存在を意識していない慣習、文化など
　④ 　障害のある人への偏見

　3センチ程度の段差で車椅子は進めなくなります。難しい漢字ばかりでは、理解しづらい人もいます。画像PDFは読み上げソフトで読めません。
　障害者差別解消法は、差別の解消の推進に関する基本的な事項や、国の行政機関、地方公共団体、民間事業者における差別を解消するための措置や相談、啓発などの差別を解消するための支援措置を定めたものです。
　そもそも障害を理由とする差別とは、どういうものでしょうか。

① 　不当な差別的取扱い
　障害を理由として、正当な理由なく、サービスの提供を拒否したり、制限したり、条件を付けたりするような行為をいいます。障害を理由として、サービスの提供や入店を拒否するというのが典型的な事例ですが、高等教育機関の障害を持つ学生の受験拒否もまたこの不当な差別的取扱いに当たると考えられます。

② 　合理的配慮の不提供
　障害のある人本人から配慮が求められたとき、その人にとって社会的障壁を除去するためにそれが必要であり、しかも提供する側にとって過重な負担ではないのに配慮を拒んだ場合も差別とみなされます。本人自

らが意思を表明することが困難な場合には、その家族などが本人を補佐して意思の表明をすることもできます。

　合理的配慮にはどのようなものが考えられるでしょうか。
　だれでもすぐにできる配慮としては、筆談、メニューの読み上げ、棚から商品を取るなどがあります。調子の悪いときに休める場所の提供も重要ですが、障害者の多様性を理解し、柔軟な考え方が必要になります。手話でのコミュニケーションなど、技術やスキルを身につけることでできる配慮もあるでしょう。個々の技術やスキルが無くとも支援機器等、道具や設備の充実・活用で解決するケースも当然あるはずです。
　本書でもいろいろな人が再三述べているように、これは健常者が障害者に「恩恵」として与えるようなものではありません。そのことを考えるために「配慮の平等」という考え方について説明します。
　従来私たちは配慮の要らない人と配慮の要る人という見方をしてきました。そこに欠けているものは社会的障壁という考え方です。
　社会的障壁とは、日常生活を営む上で障壁となるものです。普通、社会的障壁を抱える障害者、障壁のない健常者と考えがちですが、社会モデルではそうは考えません。社会的障壁は万人にあるものであって、すでに配慮されている人といまだ十分配慮されていない人がいる（だけだ）、と考えます。たとえばスピーカーとマイクも配慮です。スライドや配布資料も配慮です。冷暖房も配慮です。それらがないと多くの人が困りますから、そうした配慮は当然のこととして提供されます。これらは前もって準備されることから、障害者差別解消法でいうところの環境整備にあたると言うこともできるでしょう。
　これらの配慮は、多くの人にとって必要であるがゆえに、なにも言わなくても提供されるのに対し、相対的に少数の人が求める配慮は、たとえ声を出しても無視されがちです。ここに差別があるのです。この差別を是正し、配慮の平等を実現しようとするのが障害者差別解消法です。

● 「配慮」と環境整備

　ここで、環境整備と合理的配慮という二つの用語の意味の違いを説明します。　環境整備は、不特定の人々のためにあらかじめ準備されている社会的障壁除去のための対応です。したがってバリアフリー化された建物や駅などは環境整備に当たります。それを進めてきた施策をバリアフリー法制などと呼びます。一方合理的配慮は、現場でできる個別の調整、変更、対応です。

　社会的障壁の除去には環境整備と合理的配慮が両方必要です。環境整備が充実していれば合理的配慮を求める人は減るかもしれません。しかし合理的配慮の必要性がなくなるということはありえません。たとえば、バイキング方式の飲食店で、視覚障害者が一人で飲食することは不可能です。こういう場合、バリアフリー化という枠組みだけでは障壁は解消せず、人的サポートが必要になります。

　一方環境整備が整っていない場合は、合理的配慮で対応するしかありませんが、環境整備のない状況で合理的配慮でできることには限界があります。高等教育でも、環境整備を進めていくことなしに、合理的配慮だけでどうにかしようとすれば、本来、環境整備さえあれば必要がないような支援まで合理的配慮の対象となるということになり、過度な負担になってしまうようなケースが多く出てくると容易に想像できます。だから行政と事業者による環境整備の努力はとても重要です。

　合理的配慮はしだいに環境整備に組み込まれていくことが期待されます。たとえば、合理的配慮の要求に基づいて、スロープを設置したとして、それが常設されれば、これは環境整備となります。この環境整備によって社会的障壁が除去されれば、二人目以降の利用者は反射的利益を得られることになります。合理的配慮として実施した人力による配慮も、その後ルール化して業務に含めることで、環境整備となります。

●政策の必要性

　環境が整備され、行政や事業者が合理的配慮を行うためには、政策的な後押しが必要になります。差別は重大な権利侵害なので、差別となる行為を安易に拡張することはできませんし、その不作為が差別となるような作為義務は、限定的な範囲にとどめなければなりません。合理的配慮は、現場でできる障壁除去のための個別的調整や変更であり、過度な負担でないのにそれを拒むことは、差別となります。

　合理的配慮は行政機関と独立行政法人、地方独立行政法人に対しては義務ですが、民間事業者にはあくまでも努力義務です。民間事業者による取り組みについては、所管省庁から対応指針が示されます。主務大臣から、事業者に対して報告徴収、助言・指導、勧告を行うこともありえます。努力義務は、民間の自主的取り組みへの期待です。対応指針があろうとなかろうと、事業者団体が自主的に指針を作成して広めていくことが望まれます。

　なお雇用については、障害者雇用促進法に定めるところによります。厚生労働省障害者雇用対策課が事務局となり、改正障害者雇用促進法に基づく差別禁止・合理的配慮の提供の指針の在り方に関する研究会で職場での差別禁止、合理的配慮の提供についての指針の検討が行われ、近く指針が公表される予定です。

●私たちがどう向き合うか？

　障害者差別解消法では基本方針、対応要領、対応指針を定めることになっています。基本方針とは、障害を理由とする差別の解消の推進に関する施策の基本的な方向等を定めるものです。これは内閣が定めることになっています。また、対応要領・対応指針は、行政機関等ごと、分野ごとに定めるもので、不当な差別的取扱いになるような行為の具体例や合理的配慮として考えられる好事例を示すものです。

　国立大学は独立行政法人なので、自ら対応要領を策定する義務があり

ます。公立大学は地方独立行政法人であることから対応要領の策定は努力義務です。しかし義務であろうと努力義務であろうと、合理的配慮の提供義務を負うのですから、対応要領を作成し、環境整備を整え、合理的配慮要求に対応できる体制を整備する必要があります。

　私立大学は合理的配慮は努力義務ではあるものの、文部科学省から対応指針が示され、それに基づく合理的配慮の提供が求められます。大学として自主的に障害学生支援のための体制整備、環境整備、合理的配慮要求への対応について準備する必要があります。

　大学は、学生からの合理的配慮要求を過度な負担として退けた場合に学生が相談できる場所を、学内に独立性のある機関として設置する必要があると思います。

　障害者差別解消法は建設的対話のプラットホームです。合理的配慮がいたるところで建設的対話を誘発することを期待します。法が社会にどのような作用を及ぼすかは、規定とともに運用に依存します。そしてその法に私たち一人一人がどのように向き合うかに依存します。

　対話により行政も事業者も学校も個々の障害者の不便や苦労を知ることができます。それを政策、事業、学生支援に活かしていくことができます。障害者も一緒に良い方法を考えることで多くを学びます。

　障害者差別解消法は差別者を懲らしめるための法律ではありません。多様な人々がいっしょに社会の仲間として生活していることを実際に知って、誰も排除せず包摂、抱擁していこうとする内発的な気持ちを共有する地域社会を作っていくことが重要です。

　そのためには、連帯への内発的義務が二つあると思います。

　一つは応答倫理です。誰かから配慮を求められたら、自分にできることなら応じようとする内発的倫理です。これが合理的配慮の社会倫理的基盤です。

　もう一つは、配慮を必要としている人を見かけた時に、自分から声をかけようとする呼びかけの倫理です。呼びかけの倫理をどのように形に

するかは市民社会に委ねられているともいえますが、合理的配慮を必要としていることが明らかな場合に、要求されなかったことを理由に、合理的配慮の不提供を正当化することはできないだろうと私は考えます。

（2） 障害者の権利条約——障害当事者による政策の監視

●批准の経緯と意義

　2013年12月4日に国会が障害者の権利条約批准を承認し、2014年1月17日に批准を閣議決定し、1月20日に国連事務総長に批准書を寄託し、日本は140番目の締約国になりました。そして2月19日に条約は発効しました。

　ちなみに、女子差別撤廃条約は1979年12月18日に国連総会で採択され、1981年に発効し、日本では1985年に承認、批准書寄託、発効されています。また、子どもの権利条約（児童の権利に関する条約）は1989年11月20日に国連総会で採択され、1990年9月2日に発効し、日本国内では1994年5月22日から効力が発生しました。

　障害者差別撤廃条約も過去に何度か提案されました。イタリアが1987年、スウェーデンが1989年に提案しましたが賛同を得られませんでした。しかし、その後も地道な努力を積み重ね、メキシコが2001年に提案し、それが採択され、翌年から草案策定作業がはじまりました。その結果、障害者の権利条約は、2006年に採択され2008年に発効しました。女性の人権条約や子どもの人権条約に比べるとずいぶん遅れたわけですが、その分、条約策定作業に多くの当事者が参加する、いわば各国政府と市民社会の共同作業によって草案の作成が行われたのです。障害当事者は国際人権法を学び、人権法の専門家は障害について学びました。障害当事者は待たされたかわりに、能動的に策定に関わることができました。

　ここでは新しい人権概念も導入されました。たとえば障害の社会モデル、インクルージョン、前項で述べた合理的配慮、後述するアクセシビ

リティ、支援付き自己決定、地域での自立した生活、本人活動（セルフアドボカシ）などがあります。

●国内監視機関

　日本は条約策定に積極的に関与しましたが、当初の早期批准という方針を変更して、国内の制度改革を先に行うことを決断しました。政府、各党、障害者団体、支援団体などが熱心に制度改革を進め、制度改革への当事者参画の仕組みとして障害者制度改革推進会議が設置されました。

　そして障害者基本法改正、総合支援法、障害者差別解消法、障害者雇用促進法改正、障害者虐待防止法、障害者優先調達推進法、成年被後見人の選挙権回復のための公職選挙法の改正、学校教育法施行令改正などが次々と行われました。また障害者政策を監視し、必要なときは勧告を行うことができる機関として障害者政策委員会が内閣府に設置されました。障害者政策委員会は多くの障害当事者が委員を務める画期的な審議会です。ちなみに私は2012年からこの障害者政策委員会の初代の委員長を務めています。

　ところで権利条約33条2項は、締約国に、条約の実施を促進し、保護し、監視する仕組みの設置を求めています。

　日本については内閣府障害者政策委員会が国内監視を担当します。国内監視機関は、運営において中立、公平、独立した委員会として活動しなければなりません。国内監視機関は条約の実施状況を調査、監視し、必要に応じて勧告を行う責任があります。勧告には法制度の整備に関わる提案も含まれます。

　なお、促進とは啓発の意味であり、保護とは個別の人権侵害への救済のことです。これについては別の機関が担当します。

　障害者政策委員会が権利条約の国内監視を担う国内法上の根拠は障害者基本法です。

　障害者基本法では以下の4点を障害者政策委員会の責務としています。

・基本計画策定への意見具申
・施策の実施状況の調査
・基本計画に基づく施策の監視と勧告
・障害者差別解消法の基本方針策定への意見具申

　次に、基本計画に基づく監視と権利条約の国内監視の関係について整理します。
　障害者政策委員会は基本計画に基づく監視を通じて権利条約の国内監視を行います。これは、権利条約の理解なしに監視はできないということを意味します。権利条約というコンテキストの上に基本計画というテキストを乗せて基本計画を理解する必要があります。だから迷ったときは権利条約に立ち帰らなければなりません。
　一方で基本計画に基づく監視は、権利条約に規定された人権に関わる監視にとどまりません。個々の障害者施策の妥当性、有効性、達成度などを、基本計画に基づいて包括的に監視する必要があります。
　障害者政策委員会は、多様な障害者の人たちが委員として参加している場所なので、インクルーシブな社会のひな形のような場所、実験場のような場所です。だから障害当事者も多様な人々と出会います。それを通して、最初は自分の障害に特化した問題意識にとどまっていた人も、徐々にその問題意識が広がっていきます。場合によっては調整しなければいけないこともいろいろと出てくることがわかってきます。行政担当者との建設的な対話も大事だということもだんだんと広がっていくと期待しています。

3　障害学生支援の環境整備としての情報アクセシビリティ

　これまで日本の障害者政策において、高等教育機関に在学する障害学

生を支援するための施策はごくわずかでした。

　障害のある学生の学習を保障するには、障害のない学生と同等に授業の内容、教科書や参考文献、学術論文等にアクセスできるようにしなければなりません。差別解消法が高等教育機関に求めるのは現場でできる合理的配慮ですが、合理的配慮だけでは障害学生を支援することは不可能です。国による環境整備のための政策がどうしても必要です。障害学生支援のための環境整備政策としては、情報アクセシビリティを推進する政策がとりわけ重要です。特に視覚障害、聴覚障害、読字障害などの発達障害の学生にとって情報アクセシビリティはなによりも重要です。

　以下、情報アクセシビリティとそれを推進するための政策について簡単に説明します。

（1）　アクセシビリティとは

　障害のある人も障害のない人と同じように利用できるようになっているコンテンツ、道具、サービス等を指してアクセシビリティといいます。アクセシビリティは、ユニバーサルデザインと支援技術の共同作業により実現します。人の多様性に配慮した設計をユニバーサルデザインあるいはインクルーシブデザインなどといいます。一方、視覚障害であるとか聴覚障害であるというような特定の障害特性に特化して開発されるソフトウェアやハードウェアを支援技術または支援機器といいます。たとえば、ノンステップバスがユニバーサルデザインだとすると、車いすは支援機器です。どちらが欠けてもアクセシビリティは実現しません。

　スクリーンリーダーとよばれるソフトウェアがあります。視覚障害者がコンピュータやスマートフォンなどを使うことを支援するソフトウェアです。私は長い間 JAWS というスクリーンリーダーの開発に携わってきました。実はスクリーンリーダーの読み上げ機能は、それぞれのスクリーンリーダーの性能だけで決まるわけではありません。OS や各アプ

リケーションがアクセシビリティに配慮した設計になっているかどうかが決定的な違いをもたらします。私はことあるごとにアクセシビリティはユニバーサルデザインと支援技術の共同作業だと繰り返し述べてきましたが、スクリーンリーダー開発の経験で一番痛感してきたのがこれだからです。

　Windows 用のスクリーンリーダーは視覚障害者のための支援技術ソフトウェアやハードウェアを専門に開発する企業やグループが行ってきました。Microsoft 社が提供するアクセシビリティを実現するユニバーサルデザインの枠組みとして MSAA と UI オートメーションと呼ばれるものがあります。Microsoft、Adobe、Apple などはこの枠組みを通して Office、Adobe Reader、iTunes の局面局面の情報をスクリーンリーダーに提供します。

　一方 iOS や Android などのモバイル OS では VoiceOver や Talkback といったスクリーンリーダーが標準搭載されるようになりました。とてもすばらしいことです。アプリケーションの開発者がアクセシビリティに配慮して開発を行えば、障害のある人もない人も使えるアプリケーションを開発することができます。また点字携帯端末をスマートフォンに接続することもできます。これにより、点字携帯端末でスマートフォンを操作したり、メールやチャットなどを点字で読んだり書いたりできるようになります。

（2）　情報アクセシビリティ整備を支えたアメリカ国内法

　実はこのような ICT（情報通信技術）のアクセシビリティはアメリカの国内の障害者政策、障害者政治によって牽引されてきました。

　アメリカには障害のあるアメリカ人法という障害者差別禁止法がベースにあります。そのうえで個別分野ごとにアクセシビリティを進めるための様々な法律があります。

そうした法律を三つ紹介します。まず、リハビリテーション法508条という、連邦政府に対してアクセシブルな情報機器やサービスの調達を義務づける法律があります。これは公共調達に縛りをかけることによってアクセシビリティを進めていくという政策手法です。次に、電気通信法（Telecommunications Act of 1996）という、テレビ番組への字幕付与の義務付けを行う法律があります。この法律は民間の放送事業者に対して直接規制をかけています。三つ目は、21世紀における通信と映像アクセシビリティに関する2010年法です。スマートフォンやテレビや録画機のアクセシビリティや、ビデオオンデマンドへの字幕付与などを義務づけるという内容の法律です。

　しかし、アメリカの国内法に依存したアクセシビリティは、国境を超えるものと国境を超えないものがあります。国境を超えたものについては、その成果を享受できました。超えないものについては、やはり国際的な枠組みや日本国内の努力でやっていく必要があります。

　情報アクセシビリティのもう一つの牽引者として、インターネットのアクセシビリティに関しては、ウェブのフォーラム規格を策定する民間団体であるワールド・ワイド・ウェブ・コンソーシアム（W3C）の貢献が大きいといえます。

　W3C にはウェブ・アクセシビリティ・イニシアティブ (WAI) というドメインがあり、ICT 企業、障害者団体、政府機関、研究機関などが参加しています。この WAI がウェブ・コンテンツ・アクセシビリティ指針（WCAG）を策定してきました。これまでに WCAG1.0 が1999年に、WCAG2.0が2008年に W3C 勧告として公開されており、ウェブアクセシビリティのグローバルスタンダードとなっています。

　この間、ウェブ標準という考え方がウェブデザイナーの間で浸透してきました。インターネットでウェブという仕組みを使って情報交換を行うためには、共通のルールに従う必要があります。また、すべての人が等しくウェブを活用するためには、アクセシビリティを確保する必要も

あります。これらを実現するためには、ウェブ標準に準拠したウェブサイトを制作しなければならないという考え方です。それは W3C が勧告しているウェブ関連の規格や指針に準拠することと同義であり、自由と開放性を望み、独自規格で固めた垂直統合型のビジネスモデルを嫌うインターネットの文化から支持されています。

(3) 読みたい本を読む自由

　長い間、点字図書館とボランティアが視覚障害者の読書を支えてきました。サピエというオンラインの電子図書館が数年前にできました。サピエの電子図書館にある本なら、視覚障害者も読みたい本がすぐに読めるという状況が実現しました。とにもかくにも、読みたい本がオンラインですぐに読める環境が実現しました。

　ただ、サピエ電子図書館にあるのは文芸書が中心ですので、楽しみとして読む分には非常によいのですが、学生が勉強や研究のために読まなければならない本や読みたい本はあまりありません。では学生、あるいは仕事で本を読む人々はどうするかといえば、文字認識技術 (OCR) を活用します。スキャナで本を画像ファイルにして OCR ソフトでテキスト化します。それを音声合成エンジン (TTS) 対応のソフトウェアで読みます。読みたいときに、読まなければならないときにすぐに読めるのが最大のメリットですが、OCR は誤認識をします。TTS も読み誤りをします。しかしそういう問題があっても、読みたい本がすぐに読めるというのはなんと嬉しいことか。それには誤認識や読み誤りを差し引いてあまりあるメリットがあります。

　私は「共同自炊」型電子図書館の研究を行ってきました。これは質より量と速度を重視するアプローチです。

　サピエは、ボランティアの人たちが一冊一冊きちんとした製作基準に基づいて丁寧に作っており、その分どうしても完成までに時間がかかり

ます。

　それに対して、共同自炊のスキームはこうです。参加者は読みたい本を自分で買って、それをこの実験に協力するNPOに譲渡します。「共同自炊」といっていますが、実際には「自炊」はしていません。読みたい本を買ってそれを譲渡するだけです。

　電動カッターによる本の裁断、ドキュメントスキャナによる画像化、OCRによるテキスト化、目次と見出しの校正、Dropboxというクラウドのストレージを使ったファイル共有の作業は、実験協力NPOが行います。実験協力NPOは視覚障害者等情報提供施設としての認定を文化庁長官から得ています。

　本を注文すると、オンライン書店から情報提供施設に送られて、翌日にはテキストになって、自分のDropboxのフォルダにテキストファイルが自動的にダウンロードされます。ただし誤認識はあります。目次と見出し以外は一切校正しません。誤認識は本によりかなり違います。快適に読書できる場合もあれば、誤りが多すぎてどんなことが書いてあるのかを推測することしかできない場合もあります。これが「共同自炊」型電子図書館です。補助金なし、ボランティアなしでも持続できる電子図書館というコンセプトです。

　共同自炊型電子図書館の実証実験では、2年間、参加者70人で1000冊くらいの本をテキスト化しました。アンケート調査からは、誤認識の多さにもかかわらず、参加者の満足度はたいへん高いという結果が出ています。

　もう一つ指摘したいのは、電子書籍のアクセシビリティです。これまで日本では「電子書籍元年」と毎年のように言われながら、電子書籍市場はなかなか本格化しなかったのですが、2012年にAmazonのKindleがサービスインして、2013年になってにわかに電子書籍市場が活性化しました。Kindleは音声で読むことができるアクセシブルな電子書籍です。これで視覚障害者の読書環境は劇的に変わりました。iOS版やAndroid

版のKindleアプリを使えば、読みたい本を買ってすぐに読むことができます。読みたい本を購入したらすぐに読めるという素晴らしい読書環境が実現しつつあります。

　国立国会図書館への期待が三点あります。昔の書籍からデジタイズしていくのでなく、新たに出版された書籍からデジタイズする、購入した本人が特定の道具でしか読めないようにしたデジタル著作権管理の仕組みであるDRMを外し、電子納本を実現する、国会図書館と公共図書館の音訳図書コンテンツの新しいオンライン電子図書館とサピエ電子図書館の連携、の三つです。他の情報提供施設とは違う、「国会図書館でしかできない、国会図書館ならできる」ことを引き受けてほしいと思います。海外の多くの国立図書館は、アクセシビリティに対して日本の国立国会図書館とは比べものにならないほど責任を果たしています。

4　アクセシビリティは人をエンパワーする

　高等教育機関における障害学生支援を推進するには、アクセシビリティ政策がたいへん重要です。アクセシビリティを求めているのは視覚障害者だけではありません。聴覚障害者、ろう者、盲ろう者、学習障害などの発達障害者、手を自由に動かせない身体障害者やALS、多発性硬化症などの難病患者、知的障害者など、ほとんどの障害者にとってきわめて重要なものです。

　先にアクセシビリティはユニバーサルデザインと支援技術の共同作業により実現すると書きました。ユニバーサルデザインはすべての人に恩恵をもたらしません。支援技術も単独ではできることが限られます。両者の共同作業によりより多くの人々に対して、より高いレベルのアクセシビリティを提供できるようになります。しかし、それでもアクセシビリティは不完全です。私はもう20年以上自動点訳ソフトの開発をやって

きました。日本語の点字には漢字はありません。日本点字は分かち書きされたカナに近いものです。しかし点字の分かち書き規則は、読みやすさに配慮して非常に複雑なものになっています。また日本語を正しく読み下すのはとても難しいということもあります。その結果、日本語の自動点訳はいまだにいくらか間違えます。プロの点訳者には、やはりかないません。しかし、コンピュータの強みは圧倒的な速度です。大量のデータを高速で処理できます。これは人間では太刀打ちできません。

　ICTを利用した歩行支援となると状況はもっと微妙です。いま最も汎用性が高いのはGPSを利用した歩行支援です。しかしGPSは都会に弱いという弱点があります。高層ビル街のような天空率の低いところは測位精度が大きく低下します。住宅街では誤差が数メートルのところ、ビル街では数十メートルになります。道路一本ぐらいは平気で間違えます。そのような測位情報の誤りを承知で視覚障害者の歩行を支援する機器を提供してよいのかという懸念は当然のことでしょう。

　たしかに安心なのは同行援護です。障害者施策のなかで視覚障害者の同行援護が認められたのは大きな前進です。しかし、私たちには一人で自由に足取り軽くどこへでも行きたいという見果てぬ夢があります。GPSを使った歩行支援はその夢の実現のための一歩だと思って、かなり前から開発を行ってきました。ビル街などにおけるGPSの測位精度には確かに不安がありますが、製品化にも踏み切りました。初めての場所では使わない、ビル街を歩くときは使わない、など、GPSの特性を理解したうえで、使う場所と使い方を選んで使ってほしいとユーザーには説明しています。ただし、ビル街でも初めての場所でも、タクシー、バス、家族の車で移動しているときには安心して使えます。そうすることで地理リテラシーが高くなります。頭のなかに地図ができ、なんという名前の道路がどのように通っていて、駅や公園やみんなが知っている施設が近くにあり、自分がいまどこにいるのかをイメージできるというのは、なんと楽しいことでしょう。それで仮想散歩という仮想ナビ機能も提供

するようにしました。これならいちいち自動車に乗らなくても散歩できるからです。そんな散歩は味気ない、つまらない、切ないと思う人もいるかもしれません。しかし楽しい、おもしろいと思う人もきっといると信じています。

　私は塔の上からの視点と路上の視点を持ちたいと思っています。塔の上からの視点は構造的理解を可能にします。路上の視点はその場所に立つと感じられる遠近法的な風景です。目的地までの歩行支援は実際的な目的のために重要です。買い物に一人で行きたいとか、病院に一人で行きたいとか、学校に一人で行きたいというような実際的な目的です。しかし私はもっと多くを望んでいます。できるようにしたいこと、わかるようになりたいことはずっと先にあります。

　アクセシビリティがなぜ大切なのかといえば、アクセシビリティには人をエンパワーする力があるからです。エンパワーメントとエイブリズム（能力主義）は違います。なにも「私はわからない、できない。わかろうとは思わないし、できるようにしたいとも思わない。そのような私に社会は配慮すべきだ」と述べているわけではないのです。できなかったのにできるようになったという喜びは、能力主義とは関係ありません。できることが評価されるから、立派だと言われるから嬉しいわけではありません。初めて自転車に乗れたとき、初めて泳げたとき、数学の問題やパズルが解けたとき、私たちは手放しで嬉しかったはずです。学問の探究もまたまさにそのような喜びを求める営みです。昨日できないことを今日はできるようにしたい。今日わからないことを明日はわかるようになりたい。そういう気持ちをエンパワーするのがアクセシビリティなのです。

Column 3

「思いやり」から「常識」へ
——DO-IT Japan の挑戦

近藤　武夫
東京大学先端科学技術研究センター准教授。多様な障害、特に学習障害や ADHD、自閉症スペクトラム、高次脳機能障害、精神障害等のある人々を対象に、就学や就労の参加機会を広げるテクノロジー活用や合理的配慮に関わる研究を行っている。

● **DO-IT Japan の取り組み**

　東京大学先端科学技術研究センター（以下、東大先端研）では、様々な障害のある児童生徒の高等教育への進学と、その後の就労への移行支援を通じて、将来の社会のリーダーとなる人材を育成する取り組みである DO-IT Japan（http://doit-japan.org/）を2007年から継続して行っています。現状、教育システムや就労の仕組みが障害のある人の参加を前提としているとは言いにくい部分があるため、障害のある子どもたちには様々な場面で不利益が集中しやすくなります。特に、移行期にそれが顕著になります。結果として、障害のある人は社会のメインストリームから排除されやすくなります。そこで DO-IT Japan では、初等教育から中等教育へ、そして高等教育へ、さらには就労へと移行する過程を、年間を通じた種々の体験プログラムとインターネットを通じたメンタリング、そしてテクノロジーの活用により支援しています。そうした支援の取り組みを通じて、障害のある子どもたちの中から、将来の社会のリーダーとなる人材を育てることを目標としています。

　DO-IT Japan という名称にある「DO-IT」とは、「Diversity（多様性）」、「Opportunities（機会の保障）」、「Internetworking（インターネットでの交流）」、「Technology（テクノロジー活用）」の頭文字を取ったものです。

基本的な考え方は、1993年に米国ワシントン大学で始まった「DO-IT (Disabilities, Opportunities, Internetworking and Technology)」プログラム (http://uw.edu/doit/) のコンセプトを参考にしています。特に、障害のある児童生徒の「自立」、「自己決定」、「セルフ・アドボカシー（自己権利擁護）」、「テクノロジーの活用」をキーワードとして重要視しているところや、夏休みに保護者の元を離れ、大学生活を疑似体験する宿泊プログラムを行うところ、全国の障害のある参加者や先輩、支援の専門家とインターネット上で年間を通じたコミュニケーションやメンタリングのプログラムを行うところが該当します。しかし日本の文化や制度に合わせたり、日本国内の社会的問題に対応する必要があるので、活動の個々のプログラムの中身は DO-IT Japan が独自に立案したものとなっています。

　また、DO-IT Japan のもうひとつの特徴は、運営のための予算を得たり、機材を入手したり、ワークショップなどのプログラムを実際に遂行することにも、多くの企業との連携の中で行っていることです。日本マイクロソフト株式会社、富士通株式会社、ソフトバンクグループは、設立当初から、DO-IT Japan の各種プログラムを東大先端研と共催しています。他にも多くの企業が様々な参加の方法で連携しています。障害のある子どもたちの学びと社会参加を社会全体で促進していきたい、という思いを共有する方々との連携を進めています。

　DO-IT Japan のプログラム内容について言えば、その中心をなすものは、夏休みの間に行われる夏季プログラムです。DO-IT Japan では、毎年春先に、障害の種別を問わず、全国の障害のある高校生の応募者の中から、その年の参加者（「スカラー」と呼ばれます）を選抜します。毎年およそ10名程度です。選抜されたスカラーが最初に参加するプログラムが、夏の間に東大先端研で行われる夏季プログラムです。

　詳細は DO-IT Japan のウェブサイトで公開している毎年の報告書をぜひご覧いただけたらと思いますが、夏季プログラムでは、保護者の元を

離れて暮らし、大学まで通学し、大学での授業を受けます。同時に、多様な障害のある仲間たちと「障害」や「自立」について自分たちの視点から考え、意見を交わします。すでに進学した先輩スカラーたちも参加して、自分の経験を後輩に伝えます。そこで議論されたり、語られていることを紙面だけで伝えるのは難しいのですが、「みんなと同じにできるように頑張ろう・努力しよう・鍛えよう」と考える前に、「自分なりに楽にできる方法はないか？」と一緒に考えます。「迷惑をかけないように」と考える前に「困ったときは周囲に頼んでみよう」と実際にやってみます。「できるだけ間違わないように」ではなく、合い言葉は「失敗は学ぶチャンス」、周囲も「転ばぬ先の杖を出さないように」だったりします。あまり障害について理解のない大学の教授（に扮した DO-IT Japan スタッフ——実際に大学の教員なのですが）に対して、自分の困難と必要な配慮、その理由を説明して納得させるワークショップをやったりもします。そして実際に本番である大学受験の際には、自己決定とセルフ・アドボカシーを、彼らが自分たちで行うことになります。もちろん、事態が入り組んでくると DO-IT Japan が支援に入ります。ですが、まずは自分で経験して、自己決定や説明の機会を大切にしてほしいと考えています。

●今なおバリアは残る

　国連の権利条約に代表されるように、現在の「障害」に関する国際的な理解は、「障害は人間の自然な状態の一つ」と考えられています。本人に社会的不利益が起こるのは、そのような障害のある人が参加することを想定していない社会のありようからなのだ、という「障害の社会モデル」という考え方が基本となっています。障害にまつわるスティグマ（排除や偏見につながる社会的烙印）が変わらず存在しているのは事実なのですが、誰にでもある自然な状態と考えれば、障害は「隠すべきもの」、「支援を頼んで迷惑をかけてはいけないこと」ではありません。自分が「あ

あこれをやってみたい」と考えたときに、「迷惑をかけたらどうしよう」ではなく、「周囲の誰かに頼んでちょっとした手助けをしてもらい、やってみよう」と軽快に一歩を踏み出せる気持ちになること、そしてそれを障害のある先輩が実際にそうしているところ、夢を描いてそこへ向かっている様子を見ることが、彼らのマインドセット（思考様式）を変えてくれます。ロールモデルを得ることは、子どもや若者が誰でもそうであるように、とても重要なことです。

　障害のある彼らは、能力がないのではなく、いろいろなことを経験する機会や、周囲から「きっと将来、彼らなりの強みを生かして、素晴らしいことを成し遂げてくれるはずだ」という期待を寄せられる機会といった、まさに「機会（opportunity）」の制限がその背後にあるのだと感じさせられます。少し視点を広げてみれば、本来、障害に限らず、私たちの社会が多様な人々の参加に寛容であることは、社会を構成する人々すべての生きやすさにとって大切なことのはずです。そのためには、多様な背景を持つ人々がそれぞれ、自分たちの独自のあり方やニーズを認めあい、伝えあい、よりお互いにとって暮らしやすい世界を作っていく必要があります。

　DO-IT Japan では、障害のある当事者と、高等教育や就労への移行過程を共にする中で、多様性を認める社会を構築する上で必要なことを考え、また実践してきました。考えてみれば、多くの高校生にとって、将来の社会参加を夢に描き、そこへとつながる大学を自ら選んで受験し、進学することはごく一般的なことです。しかし、障害のある生徒にとってみれば、DO-IT Japan の開始当初は大学進学には多くのバリアがありましたし、また現在でも変わらず残っているものもあります。いくつか典型的な例を挙げてみたいと思います。

　筋ジストロフィという進行性の疾患により、筋力が衰え、ペンを持つことが難しい学生が DO-IT に参加しています。彼は指先を動かすことができるので、トラックボールという指先の少しの動きでコンピュータ

のマウスポインタを動かし、画面上に表示させたソフトウェアキーボードを操作してワープロに文字を書き込み、日頃の勉強を行っています。2010年の大学受験の際、彼は志望大学に、紙とペンではなく、いつも学習している際に使っている方法での受験を認めてもらえるよう求めました。しかし、「ワープロを利用している」ことが「漢字変換機能があり、他の生徒と比較して不公平になる」という判断から、大学からその方法での受験が認められませんでした[*1]。ワープロで書く場合の書字スピードと、動かすことが難しい上肢での書字スピードの比較結果を示し、その大きな乖離を説明するといった努力をしましたが、志望大学に同意を得ることは難航しました。結局、彼は Windows 標準の機能である「ペイント」という描画専用のソフトに、マウスポインタを少しずつ動かしてペンで文字を書くように文字を描く練習をして、文字が書けるようになってから受験に及びました。「障害のある生徒だけ特別は認められない」という判断を大学が示したためです。ちなみに彼はその大学へは合格せず、他の大学へ進みましたが、進学後はその書字方法はもう使っていないということです。

　当時、様々な障害のある生徒と共に手探りで各大学と交渉を行っていましたが、早期から独自に障害学生支援の取り組みを進めていたいくつかの大学を除いて、大学には障害者の受験への配慮には特に義務はありませんでした。大学教職員の素朴な価値観に基づく判断から、入学を拒否されることも多くありました。そうした教職員はおそらく過去に障害のある人との接点がそれまでなかったためでしょうか、障害への配慮というリテラシーがないゆえの本当に素朴な判断とも思われますが、「障

---

*1　本件のように、障害のある受験生では、漢字変換機能を利用することの不公平性を指摘される可能性がある。そこで不正利用をしていないことの証明を支援するソフトウェアである Lime (http://doit-japan.org/accommodation/tool/) を開発し、2012年2月から無償公開している。Lime を使うと、ユーザーが漢字変換機能を使ってどのような文字を変換したり、入力したかをモニタリングし、記録することができ、不正利用がないことの証明に利用できる。

害があるのに大学に進学して卒業後はどうするんですか?」、「どうして障害者の受け入れをしている大学ではなくてうちを受験するんですか?」という言葉を入試担当者から受けて、大きな衝撃を受けた生徒もいました。脳損傷によるディスレクシア[*2]のため、印刷された文字を読むことができない生徒が、音声での受験をしたい、と配慮申請して何度か受験にチャレンジしましたが、音声でのセンター試験を認められなかったという例もありましたが、この点は現在もまだ解決されていないはずです[*3]。

　受験に関連して言えば、DO-IT Japanでは、2011年から読み書き障害のある小学生を対象として含めました。2013年からはさらに対象を中学生に広げました。それは、高校入試の段階で、配慮が得られずに進学をあきらめたり、通常の教育カリキュラムには進めない生徒が多くいて、

写真1　DO-IT Japan夏季プログラム2013の参加者たち

[*2]　ディスレクシア（dyslexia）は、知的能力や視力に関係なく生じる「文字を視覚的に認識して読むことの障害」を指す。読字障害、失読症、読み書き障害などと訳される。広義では、生まれ持って読むことに障害がある発達性読み書き障害（学習障害の一種に含まれる）や、脳損傷を原因として後天的に起こる失読症を含む。
[*3]　こうした障害のある生徒の受験に関する様々な事例は、日本学生支援機構と東京大学との調査報告書にまとめた（http://www.jasso.go.jp/tokubetsu_shien/koudairenkei/todai.html）。

高校生だけを対象としていたのでは遅すぎることがわかったからです。周囲から彼らに向けられる低い期待や、彼らなりの方法で学びの場に参加することが認められない例は、実際のところ、枚挙にいとまがありません。

● **法改正がもたらすもの**

　しかしその後、DO-IT Japan の参加者との取り組みの中で、日本ではおそらく初めてといわれる配慮が得られたケースもいくつも出てきました。先ほどの例と同じ2010年には、脳性マヒからペンでの書字が困難な生徒で、音声での指示も構音障害から難しい生徒が、ワープロ利用に加えて、計算機能のない、数式を入力するソフトを利用してセンター試験や二次試験を受験することが認められ、筑波大学に合格しました。2011年には、頸髄損傷による四肢マヒのある生徒が、発話を代筆してもらう形でセンター試験や二次試験を受験することが認められました。その生徒はその後、慶応大学に合格しました。2012年には、ディスレクシアのある中学生が、奈良県の県立高校受験で代読による受験を認められて合格しました。また同年には、自閉症スペクトラム障害と書字障害のある生徒が、AO 入試の小論文の試験でワープロ利用を認められ、鳥取大学に合格しました。

　いずれのケースでも、本人に障害があることと、そこから来る困難を客観的なエビデンスを添えて説明したこと、またその困難を回避するために、必要としている配慮の内容を具体的に説明したことが、配慮が妥当であると大学に認められた大きな要因であったと考えています。しかしこうした試みに関わってきた当事者として振り返ると、それだけではなく、障害者が公平に教育機会を得られるように環境を整えよう、という社会の動きが、形として現れ始めていたことも影響していたように思います。2011年には、センター試験で発達障害者への特別措置(現在は「受験上の配慮」と呼称される)が始まり、別室受験や時間延長、問題用紙の

拡大などの配慮が発達障害でも認められるようになったことも、そうした動きを反映していたといえます。DO-IT Japan の生徒たちの思いを、国際的な障害者の権利保障への動きが後押ししてくれていたことは間違いありません。

　法律や制度の詳細は第 3 章に譲りますが、障害者差別解消法など法制度による権利保障は、障害のある学生にとっても大きな変化を生みます。まず、国公立大学では、障害のある学生に対する「差別」と「合理的配慮の不提供」が禁止されます。これまでは、障害のある学生への支援は、障害学生の社会参加に積極的な大学が「Good Practice（良い実践）」として行うことに限られていました。しかし今後、障害があっても公平な教育機会が保証されるよう、差別なき環境の整備が国公立の教育機関全体で義務化されます。本人が必要とする配慮を、その大学にとって過度な負担と言えない範囲であれば「合理的配慮」として提供することも義務化されます。人間の能力評価に対する価値観は、これまでは「裸の身体で示すことが出来る機能を評価すること」を基本としていました。それに対して、今後、障害に関しては、「過度な負担とならなければ、必要とされる配慮を提供した上で、評価すべき本質的な機能を評価すること」を基本とするようになるということです。

　具体例を出します。「皆が紙と鉛筆で試験を受けている中、一人だけワープロを使って受験するのは不公平だ」という考えは、これまではもっともなことと考えられ、特に疑われることはなかったのではないでしょうか。しかし、そこには障害のある人が受験に参加してくることに対する配慮はありません。「障害」といわれる困難は、基本的に生涯を通じて続くものであり、訓練すればすぐに治癒するものではありませんから、障害があり紙にペンで文字を書き付けることが難しい人は、どうやって受験に参加すれば良いでしょうか？　上肢に障害があり、ペンを持つことが難しい人もいますし、手は動かせても、複雑な漢字をペンで書き付けることが難しい書字障害のある人もいます。一方で、紙とペンでは可

読性のある文字を書くことができず、書くことの困難から内容が稚拙なってしまっていたとしても、ワープロを使うとその困難がキャンセルされ、誰もが驚くような素晴らしい文章を書く学生もいます。または、それほどに卓越して素晴らしい文章ではなかったとしても、ワープロを使うことで、十分に他の生徒と試験で競争できる程度の文章を書ける生徒もいます。「紙とペンだけを使う」という多数派の中だけでの平等性のみを考えていた場合、本来配慮を得ることで十分な能力を示すことができる学生であったとしても、能力評価の機会からこぼれ落ちていってしまいます。

　「皆と同じ方法では参加できないのだから、一人だけわがままを言っても仕方がない」という考え方もあるでしょう。しかしそれでは、「障害のある人は、入試を受けて大学に入学することは出来ない」と公言していること、すなわち障害のある人を大学から排除していることと同義となってしまいます。つまりそれは、等しい参加の機会がないことを意味します。すなわち、障害者を差別していることになります。障害があると参加できないような用件をそこに設けている（間接的に差別している）ことになるからです。これまでの価値観では、「皆と同じ『平等な』方法が使えないならば仕方のないこと」という考えが支配的だった部分もあるでしょう。しかし、これから始まろうとしている差別禁止と合理的配慮の時代では、この「平等」という価値観に変容が迫られるようになります。

　合理的配慮の本質は、障害のある本人が発議権を持った形で、機会の平等に向けて必要な配慮を求めることができ、大学機関等の関係者に対して、公平な立場で配慮内容のあり方を協議できるプロセスを起こす権利が保障されることといってよいでしょう。特定の配慮内容を必ず得られる、といった種類のものではありません。そうである以上、これまでDO-IT Japan で行ってきたように、学生本人が明確な配慮のニーズを持ち、そのニーズの根拠について、筋の通った説明を行い、配慮内容に関

して関係者との合意を得る取り組みはこれまでと変わらず必要です。ただ、これまでと異なることがひとつあります。それは、大学等の関係者が、その協議のテーブルに必ず着くようになるということです。そこでの協議をフェアなものにするためには、障害のある学生の側のみならず、大学側にも、公正に学生のニーズと自己決定に基づいた主張を受け止められる態度や枠組みが必要となります。それは、個人が大学という教育機関を経て、その後、社会の中で配慮を得ながら自立していくことを支える教育活動でもあります。

　価値観の変容に伴う利害の衝突も起こるでしょう。「困難に出会うのは何も障害者だけではない。貧困など多くの困難の源が世界のいたるところにある」……その通りです。だからこそ、何らかの社会的な困難・不利益から学ぶ機会を得られていない人に、できうる限り等しい教育の機会が得られるようにしようという価値観が、社会正義として共有されています。多様な社会的困難のうち、たまたま障害に関する排除をなくそうという価値観をあらわしたものが、国連障害者権利条約です。障害以外への配慮を否定するものではありません。困難が集中する条件（子ども、女性、セクシャル・マイノリティ等々）と、それにあてはまる人々への権利保障の取り組みはこれまでも様々あって、そこに「障害」という条件がやってきたと考えるのが妥当です。「困難に直面している人に、温かい思いやりから支援や配慮を提供することは間違いではない」……これもその通りです。しかし、他者の思いやりがなければ配慮を得られなかったり、配慮の内容を本人ではなく他者に決められたりするようでは、基本的権利とは言えないでしょう。障害のある当事者の周辺の人々の意識にも、本人が自分から支援を求めると図々しいと考えたり、本人が望まない支援を断ると不遜であると非難してしまったり、頑張ってもどうにもならないことに努力が足りないと考えてしまったりと、配慮を「甘え」と考えてしまうような状況が残ることが想像されます。それでは自分自身もひとりの人間として社会参加を認められているのだ、とは

思いにくいでしょう。

●新しい価値観を目指して

　「アカウンタビリティ」や「ハラスメント」など、かつては社会的に共有されていませんでしたが、現在では一般常識的な共通理解となりつつある価値観があります。それと同様に、私たち日本人は「障害者への差別禁止と合理的配慮」という価値観を受け入れようとしています。関係者が公正にお互いの権利を尊重する態度を持っていることが、多様性を認める成熟した社会には必要です。障害のある学生たちは哀れみの対象ではありません。適切な配慮があれば、その持てる力を発揮して社会に貢献したり、自己実現することが期待される存在です。配慮を得て多くの障害のある学生たちが社会に出て行く機会がさらに広がれば、多様性に開かれた社会の創造を先導する人材として、障害のある学生自身が活躍することも、何ら特別ではない、当然のことになっていくでしょう（もちろん、高等教育に進学することだけが選択肢ではないので、その他の選択肢や自己決定が尊重されることもまた、当然になっていくべきです）。これから、おそらくは長い時間をかけて、多くの衝突を乗り越えながら、次第にこの価値観が本当の意味での共通理解となっていくでしょう。現在はまだ、その出発点に立ったに過ぎないと言われるかもしれません。しかし、他の多くの学生たちに対しての取り組みと同様に、障害のある学生たちの学びと社会参加の可能性を最大化する取り組みの重要性は、これからの大学はもちろん、その先の就労の場や、さらに社会全体の共通理解として広がって行くに違いないと信じています。

聴覚障害学生支援の最先端
——音声認識による字幕付与技術

河原　達也
京都大学学術情報メディアセンター教授。
専門は、マルチメディア情報処理、特に音声認識及び対話システム。音声認識のフリーソフト Julius などの設計・開発を進め、字幕付与への応用を図っている。

　私たちは、自動音声認識技術を発展させて、字幕付与やノートテイクの支援を行うための研究開発を進めています。
　音声認識技術は最近脚光を浴びてきました。特に、スマートフォンで音声認識を使うアプリが普及してきたことが挙げられます。情報検索だけでなく、メール作成や自動翻訳を行うアプリもあります。これ以外にカーナビゲーションシステムやロボットなどでも音声認識は搭載されています。しかし、これらの音声認識技術がそのまま字幕付与やノートテイクの支援に使えるわけではありません。これらの場面での発話と、講義・講演や会議などにおける発話は、大きく性質が異なるからです。前記の場面では、機械を意識して発声がされるのに対して、講演・講義・会議などの場では、人間どうしの自然な話し言葉が、機械に認識されることを意識せずに発話されています。すなわち、スマートフォンやロボットに発話する際には、話す内容を事前に考えて、文法的で単純な文を明瞭に発声するように心がけるのに対して、人間どうしの話し言葉では、

考えながら発話がされますし、口語的表現も多く、発声が明瞭とも限りません。したがって、音声認識は格段に困難になります。

　私自身、大学院の学生時代から約25年にわたり一貫して、音声認識に関する研究を行ってきました。最初の10年くらい（1990年代）は、パソコンに話しかけた音声が文字になるシステムを実現することにやりがいを感じました。そのようなシステムは実用化したのですが、一部の視覚障害者の方を除いて、実際のところあまり使われることはありませんでした。その後（2000年代）は、講演・講義・会議などの自然な話し言葉音声を対象とした研究に移行しました。その理由は、上述のように技術的に困難なことが挙げられますし、書き起こしという確固たるニーズがあると考えたためです。その過程において、速記者の方と交流するようになり、聴覚障害者のためのノートテイクやパソコン要約筆記のことも知るようになりました。そして、音声認識技術で貢献できないかと強く思うようになりました。この章では、このような私たちの取り組みについて紹介します。

1　話し言葉の音声認識

（1）　関連する研究開発の動向

　機械を意識した発声でなく、人間どうしの自然な話し言葉を対象とした音声認識の研究開発も徐々に行われています。ここでは、いくつかの実用的な取り組みについて簡単に紹介します。

　まず、放送ニュースの生放送での字幕付与については、NHK放送技術研究所などで取り組まれています。アナウンサの音声については、当日の原稿も活用することによって、95％程度の認識率が得られています。ただしテレビ番組では、アナウンサ以外の方も出演して話しますので、

復唱入力*1や高速タイプ入力で対応されています。主な全国ニュースや人気の高いスポーツ中継などで、生放送でも字幕が付与されてきていますが、全部というわけではないようです。

　次に、議会や裁判所においても音声認識技術の導入が進められています。米国の裁判所では、一部の速記者がボイスライティングという復唱入力の方式を採用しています。日本の裁判所でも、裁判員制度の導入に伴い、公判の映像・音声を記録・検索するために音声認識技術が用いられています。また、議会においても北海道や東京都などで音声認識システムが導入され、2011年度には衆議院でも本格的に採用されました。衆議院のシステムの主要部分は京都大学で開発されたもので、委員会審議でも90％に近い認識率を実現しています。

　そして、講演や講義を対象とした音声認識の研究も、まだ実用的な水準とはいえませんが、進められています。学会で行われるような講演を多数収集したデータベースである『日本語話し言葉コーパス』が構築され、80％程度の認識率が得られています。ただし、これはヘッドセットマイクを使用した条件です。英語では、著名人の講演を収集した TED.com というサイトがあり、これは NHK 教育テレビの『スーパープレゼンテーション』という番組でも紹介されていますが、この講演を対象とした音声認識と機械翻訳の研究も行われています。およそ80％程度の認識率が報告されています。また、Google は、YouTube のビデオに対して自動で字幕を付与するサービスを行っていますが、認識誤りが多くあまり役に立ちません。大学の講義を対象とした研究も行われています。大学の講義は特に専門性が高く、発話スタイルの自由度も高いので、音声認識は特に困難です。おおむね60％から70％の認識率となっています。

　以上をまとめると、表1の通りです。

＊1　話者の発言を別の人が丁寧に復唱して音声認識装置に入力する方法。

表1 話し言葉の音声認識のレベルと応用

音声認識精度	主観レベル	応用
95%～	ほぼ完璧	放送などの字幕付与
85%～95%	誤りが散見される	議会の会議録作成
75%～90%	発言内容が把握できる	講演・講義への字幕付与
60%～80%	話題・キーワードが把握できる	音声・映像の検索（裁判・講演・講義）

（2） 音声認識の原理

　音声認識の原理を簡単に説明します（図1参照）。音声認識には、音響モデルと単語辞書・言語モデルといった要素が必要です。音響モデルは日本語の各音素の周波数パターンを記憶したもので、言語モデルは日本語の単語の典型的な並びを記憶したものです。これらのモデルは、放送や議会といった応用対象ごとにデータベースを収集して学習する必要があります。たとえば、議会の音響モデルの構築には議会の審議音声のデータベースを数百時間規模で用意し、単語辞書と言語モデルの構築には議会の大規模な会議録テキストを用います。単語辞書に追加するのはパソコン要約筆記でも行っていますが、音声認識システムは完全自動なのでそれ以上の調整が必要となります。結果として、議会の音声認識システムは議会に特化したものとなり、その他の対象には適しません。これはオーダーメイドといってよいと思います。
　このような音声認識システムのモデルのオーダーメイドを容易にするために、私たちはJulius[*2]というソフトウエアを開発してきました。このソフトでは、様々な用途のモデルを自在に入れ替えて音声認識システムを構築することができます。極端な場合、講義科目や講師毎にシステ

＊2　http://julius.sourceforge.jp

第4章　聴覚障害学生支援の最先端

```
音声
  ↓
信号処理
  ↓ X
音声認識エンジン    P(X/P)    音響モデル  ←  (講演・会議等の)
P(W/X)=                                      音声のデータベース
P(W)・P(P/W)・     P(P/W)                   (数十～数百時間)
P(X/P)            単語辞書   ←  
                                             (講演・会議等の)
                  P(W)     言語モデル  ←  音声の書き起こしテキスト
  ↓                                          講演録・会議録テキスト
認識結果
W=argmax P(W/X)
```

応用対象（放送・議会…）毎に
データベースを収集して
学習する必要

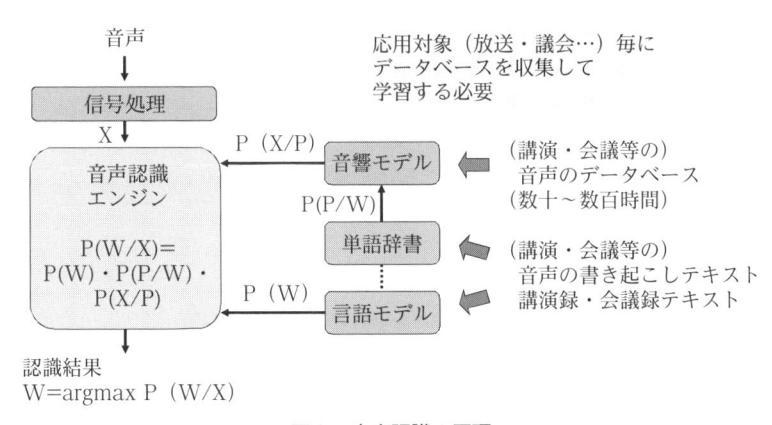

図1　音声認識の原理

ムを構成することができますので、講演や講義に特化した高い精度の音声認識を実現します。もちろん、そのためには大学や講師等の協力が必要になります。どの程度の協力を仰げるかは議論のあるところです。

2　講演・講義映像への字幕付与——オフライン字幕付与

（1）字幕付与の現状

　講演や講義への字幕付与にはいくつかの形態があります（図2参照）。まず、収録した映像に事後的（オフライン）に行う場合と、その場でリアルタイムに行う場合があります。テレビ番組の事前収録と生放送に対応します。リアルタイムの場合は、その講演・講義を聴講している学生への情報保障、いわゆるノートテイクを行うものです。これには高い精度が要求されますが、この字幕はその人・その場限りですので、完璧である必要はありません。これに対して、映像アーカイブの視聴用字幕を付与する場合は、テレビ番組ほどの要求水準ではありませんが、誤りが

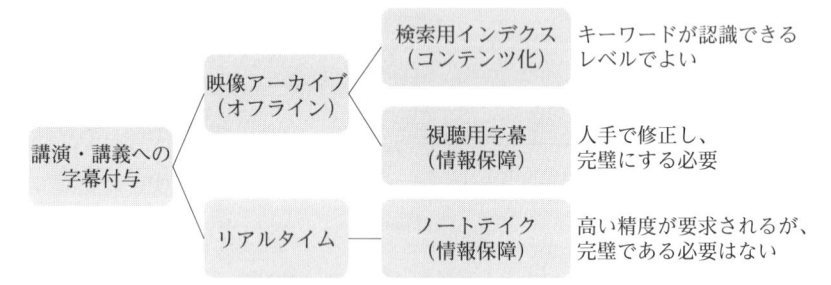

```
講演・講義への      映像アーカイブ ─┬─ 検索用インデックス    キーワードが認識できる
字幕付与          （オフライン）   │   （コンテンツ化）     レベルでよい
                              │
                              └─ 視聴用字幕         人手で修正し、
                                  （情報保障）        完璧にする必要

                リアルタイム ────── ノートテイク        高い精度が要求されるが、
                                  （情報保障）        完璧である必要はない
```

図2　講演・講義への字幕付与の形態と目的

なく読みやすいものにする必要があります。一方、発話の書き起こしを、視聴者が見る字幕ではなく、検索用のインデックスとして用いる応用もあります。本節では映像アーカイブへの字幕付与に焦点を当てて説明します。

　近年、講演・講義の映像配信がいくつかの大学で導入・展開されています。これには、受講生へのサービス拡充の観点と一般社会への広報・情報発信の観点があります。受講生へのサービスというのは、講義に来なくてよいという意味ではなく、講義を後で復習するためだと思うのですが、多くの場合、講義で使用したスライドと音声・映像を同期して表示する機能があります。これにより、スライドを見ながら、検索や聞き飛ばし（ブラウジング）ができます。一般社会への広報は、国立大学が法人化されてから特に重要になっており、京都大学を含むいくつかの大学では、OpenCourseWare（OCW）というサービスを行っています。その中で、一般向けの講演の映像配信を行っています。この場合、一般的な映像再生ソフトが用いられます。ここで、テレビ番組と同様に、難聴者・高齢者・外国人の方の視聴のために字幕が望まれるわけです。

　しかし、インターネット上の講演・講義映像への字幕付与は残念ながらほとんど行われていません。大学等ではそのための予算がありません。一番の例外は、著名人の講演を集めているTEDで、世界中のボランティアが各国語で字幕を付けています。YouTubeではGoogleが音声認識に

よる字幕を付けていますが、音声認識システムを適応していないので、認識誤りが多く、ほとんどの場合字幕に供するレベルではありません。一方、大学の講義を対象に、音声認識を活用した技術開発のための国際コンソーシアムもあります。ただし英語が中心です。

広島大学のアクセシビリティセンターの方では、上記のコンソーシアムにも加入され、音声認識を用いた字幕付与を試みられています。1回90分の講義に対して、認識率が70％だと編集作業に10時間以上かかりますが、90％だと3.6時間で済むといった報告をされています。90％を達成するのは容易ではありませんので、復唱入力を採用されています。ただし、復唱入力がキーボード入力より優位なのかは疑問です。それから字幕の意義は認められた反面、「話し言葉そのままでは読みにくい」という意見もあったそうです。これは、話し言葉を単純に書き起こすだけでは不十分で、ある程度の整形を行う必要があることを示唆しています。

（2） 私たちの取り組み

私たちの研究室では、講師の発話を直接音声認識するシステムの研究開発を行っています。音響モデルは、前述の講演音声データベース『日本語話し言葉コーパス』を基に構築し、当該講師の音声を用いて適応を行います。単語辞書と言語モデルも同様ですが、講演で使われるスライドや予稿、あるいはホームページから収集したテキストの利用も行っています。

京都大学の情報学研究科情報教育推進センターでは、全学に対して情報技術の基礎的科目の講義を提供していますが、ほぼすべての講義を録画し、スライドと対応づけてアーカイブ化しています。携帯端末やタブレット端末でも視聴することができるようになっています。この講義アーカイブに対して、音声認識を用いて字幕付与を試みました。当該講師の音声と書き起こしで適応を行うことで、認識率が60～80％程度と

なっています。

　また、京都大学 OCW では約2000の講演映像コンテンツを配信しています。2012年にノーベル賞を受賞された山中先生の講演もあります。一般視聴者向けに話されていますが、「幹細胞」や「病態モデル」といった専門用語が多数あります。このような専門分野に音声認識システムを適応することによって、認識率75〜85％を実現しています。これを人手で修正し、話し言葉の整形を行うことで、字幕としています。

　音声認識結果から字幕に編集する際には、音声認識誤りを修正するだけでなく、フィラー（「えー」や「あのー」など）を含む話し言葉を整形するとともに、読みやすいように必要最低限の句読点や改行も入れる必要があります。この編集作業を効率よく行うための専用エディタを開発しているところです。なお作成された字幕テキストと音声・映像の対応付けは完全に自動で行うことができ、これだけでも音声認識技術を用いるメリットがあります。

　このようにして作成された字幕が、現在京都大学 OCW で配信されている iPS 細胞研究所のシンポジウムの映像に付与されています（図3参照）。標準の設定で字幕が表示されない場合は、［字幕］メニューの［日本語・日本語］を選択してください。なお、［日本語（自動字幕）］はGoogle 提供のもので誤りが多いです。

　現在私たちは、このような音声認識・字幕編集を行うシステム、今風にいうとクラウドサービスを開発しています。収録した講演をアップロードすると音声認識が行われ、その処理結果を編集する環境も提供します。これにより字幕が付与されたコンテンツをみんなで作っていって、インターネット上の教育映像コンテンツにほとんど字幕が付与されていない現状を打破できないかと考えています。

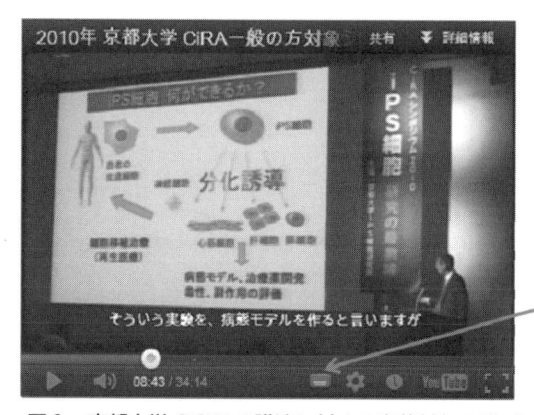

第4章　聴覚障害学生支援の最先端

図3　京都大学 OCW の講演に対する字幕付与の例（http://ocw.kyoto-u.ac.jp）
山中伸弥教授による講演「iPS 細胞研究の進展と課題」（2010年）に筆者らが字幕を付与している。

3　講義におけるノートテイク支援
——リアルタイム字幕付与

（1）ノートテイクの現状

　現在、多くの大学で聴覚障害学生が学んでいます。各大学で講義中の情報保障、ノートテイクの取り組みが行われています。京都大学を含めて多くの大学では、手書きで行われています。2名程度で交代して作業するのが一般的ですが、書く速度は話す速度より大幅に遅いので、「2割要約」とも揶揄されます。一部の大学では、パソコン要約筆記（PCテイク）が導入されています。連係入力により、ほぼすべての発話を字幕化できるといわれています（図4(a)参照）。ただし、備品と熟練者が必要になり、設置も大掛かりになります。また、大学のノートテイクの最大の問題は、ボランティアの確保が容易でないことです。特に専門課程の講義では、専門用語が多いので、同一の専門の学生でないと作業で

きないとのことですが、上回生や大学院生は研究や就職活動で忙しく、常時 2 名確保するのは大変です。

そのため、音声認識技術を用いたノートテイク支援の検討が行われています。群馬大学等では、復唱入力方式が検討・試験されました。これは認識精度を確保しやすい反面、発声訓練が必要で、しかも 2 名の入力者と 1 名の修正者が必要で、かなり大掛かりです（図4(b)参照）。

(2) 私たちの取り組み

これに対して私たちは、講師の発話を直接音声認識する方式を検討しています。これにより、修正者 1 名で済むようにすることを目指していますが、当然技術的に困難ですので、解決すべく研究開発を進めています。講義の音声認識の仕組みは前述の通り、当該講師の過去の講義の音声やその書き起こし、さらに当該講義のスライドを用いることにより、専門分野・用語への対応を行います。音声認識には前述の Julius を使用

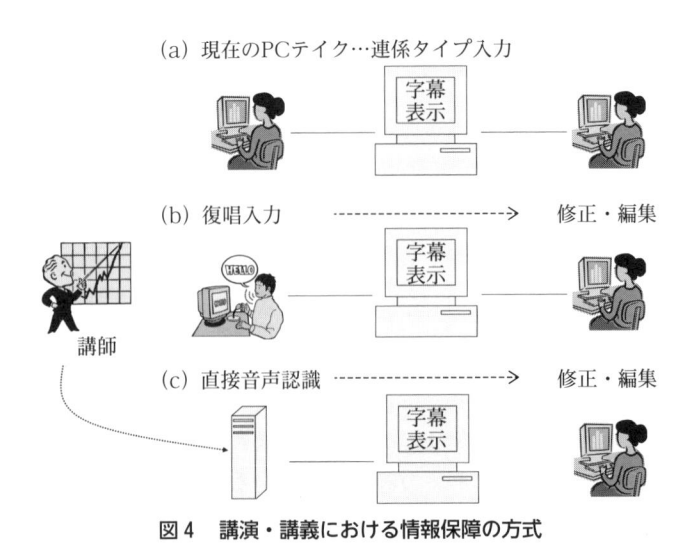

図4　講演・講義における情報保障の方式

し、音響モデルを講師に、言語モデルを話題に、それぞれ適応しています。

　私たちが作成している、音声認識を利用したノートテイク支援システムについて説明します。システムには、PCテイクでよく用いられているIPトークを利用します。つまり自動音声認識の結果を1台のパソコンに流しこみ、それを人手で編集してから、画面に提示するというものです（図4 (c)参照）。ネットワークを経由して、受講生のスマートフォンやゲーム機端末に表示することも可能です。

（3）　音声認識を用いたノートテイク実験

　このような音声認識を用いたシステムを使って、実際に京都大学においてノートテイク支援を行った実験について報告します。講師にピンマイクをつけてもらい、無線で音声をとばして、音声認識用パソコンに入力しました。音声認識システムは、当該講師の以前の講義を用いて、音響モデル・言語モデルともに適応しました。

　実験とはいえ、当該学生は講義を受講していますので、通常の手書きのノートテイクもついてもらっています。音声認識を用いた字幕は、これとは別に、座席の前に特別に用意したディスプレイに表示するようにしました。これを見るかどうかは、学生の裁量です。90分の講義を通して、1人の修正者で作業することができました。

　まず、提示したテキストの分量について評価しました。手書きノートテイカによるノートも頂いて比較しました。講師の発話した内容のうち、手書きテイクでは17％程度だったのに対して、音声認識では30％程度でした。ただし、話題語、意味のある名詞に限ってみると、音声認識では45％近くになりました。PCテイクに比べるとまだまだかもしれませんが、手書きテイクに比べると優位に多くの情報量を提供できていることがわかります。なお、今回は1名で修正しましたが、2名で作業すれば

もっと増えるものと思います。

　次に、提示の際の時間遅れについて評価しました。すべてパソコンで処理しているので、正確に記録が残っています。音声認識自体はほぼリアルタイムですので、時間遅れはありません。修正の際に、認識結果を見て選択する作業と、実際に誤り箇所を訂正・編集する作業が必要になりますが、それぞれ4秒強かかっており、あわせて平均9秒程度の時間遅れとなっていました。残念ながら、手書きテイクやPCテイクと比べて、体感的に速いとはいえません。

　音声認識精度と修正時間の関係を調べると、認識率が80％を上回ると3秒以内で提示できていることから、やはり認識精度の向上が鍵といえます。

　講義の後で、身体障害学生相談室（当時）を通して、当該学生とノートテイカの方にヒアリングを行ってもらいました。テキストの分量については、やはり手書きノートテイクよりも多いと評価していましたが、手書きと比べて見やすい点を特に気に入っていました。リアルタイム性については手書きとあまり変わらないが、もっと速くなるとよいとのことです。ただし、工学部の講義は数式が多く、数式の言及がされると、ノートテイカは配布プリントでその式を指示することができますが、パソコンだとできないという問題がありました。

　大学の講義と違って、一般のシンポジウムや学会等での講演では、読み上げ原稿や予稿を用意する場合があります。この場合、原稿を元に音声認識用の単語辞書と言語モデルを構成することができます。単語辞書に登録するのは、要約筆記の方でも同様ですが、言語モデルでは単語の連鎖パターンも記憶しますので、原稿を読み上げる分にはほとんどすべて認識できるようになります。ただし、原稿に書いていない内容にも対応できるように調整します。この方法だと、90％程度の認識精度も実現可能です。このくらいの認識精度なら、字幕を生成するのも容易です。しかし、読み上げ原稿を用意するという点で、前ロール[*3]と一部タイプ

第4章　聴覚障害学生支援の最先端

写真1　字幕付与シンポジウムにおける実演の様子

入力に近いイメージかもしれません。

4　実用化にむけた展望

　音声認識技術はまだまだ未熟ではありますが、着実に進歩し、少しずつ使えるようになっています。音声認識のメリットは、専門性の高い講義でも問題にならず、むしろ大量のテキストや専門用語のリストから瞬時に辞書に反映できることです。特に、学術講演や専門課程の講義では、要約筆記ボランティアの確保が困難ですので、この点は大きいと思いま

＊3　あらかじめ作成した読み上げ原稿を発言に同期して表示する方法。

す。ただし、一般の皆さんが簡単にカスタマイズして使えるようになるには敷居が高いです。これを容易にするための研究開発も行っています。それから、誤りの修正を含めて認識結果の編集を効率的に行う方法も研究していく必要があります。

　私たちはこのような研究を推進する上で、難聴者、要約筆記者や速記者、教育関係者などの方々と情報・意見交換を行うことが重要と考えています。そのために、毎年1回のペースで「聴覚障害者のための字幕付与技術」というシンポジウムを開催しています[*4]。ここでは、通常のPCテイクだけでなく、速タイプや音声認識を用いた字幕付与を実演しています。音声認識は、読み上げ原稿を活用することで動作させています（写真1）。また、字幕の編集や提示方法についても様々な議論を行っています。皆さんの期待をひしひしと感じる反面、なかなか実現に至らないもどかしさも感じています。このシンポジウムをきっかけとして、聴覚障害のある学生が私たちの研究室に入学し、このような研究に取り組みました（第2章2節桑原氏の項を参照）。将来皆さんのお役に立てるように引き続き研究開発を進めていきたいと思います。

＊4　http://www.ar.media.kyoto-u.ac.jp/jimaku/

Column 4
障害という「資本」を活かす

岩隈　美穂
京都大学大学院医学研究科准教授。千葉県出身。専門はコミュニケーション学、障害学、医療社会学。

　第1部は、「過去から現在まで」について、つまり支援制度や障害学生への支援の現状についての話でした。第2部に入る前に、過去と現在を行き来する本コラムで一息ついてください。

●2014年年始──夢ノート
　2014年年始にあたって、雑誌に紹介されていたように100個のやりたいことをノートに書きだしてみました。いわゆる「夢ノート」ですね。100個も書ききることができるのだろうか、と半信半疑で始めた心配は杞憂に終わって、100個書いてもまだ出てくるほどで、その欲深さに我ながらびっくりしました。
　そしてその最初に何を書くのかは、実は始める前から決まっていました。博士後期課程卒業論文の出版です。2002年にアメリカの大学院で学位を取った後、幸運にも指導教授のつてで、出版社を紹介してもらい契約書はとっくの昔に交わしていました。しかしなかなか本が出なかったのです。数年前アメリカの学会で本の宣伝に来ていた出版社の担当者を運良く捕まえることができ、いつ出してくれるのかと直訴しました。その時点で卒業して早くも10年が経とうとしていました。直接会って話したのがよかったのか、それからほどなくして校正のゲラがどんどん送られ、読み返しながらタイムスリップしてその当時の様子を追体験していました。
　私は卒業論文に、脊椎損傷など中途身体障がい者[*1]が適応していく際

に、コミュニケーションがどのような役割を果たすのかというテーマを選びました。調査のため日本で車いすバスケットボールチームやリハビリテーションセンターに通い、人生の半ばで重い障害を持った人たちの話を聞き、ときには一緒にカラオケに行ったり卓球をしたりしながら、彼ら・彼女らの適応のプロセスを記録するエスノグラフィ[*2]を行いました。

●障害という「資本」を意識する

博士論文執筆中、日本の障がい者運動の歴史にも興味を持ち、西東京にある自立生活センター（Center for Independent Living）を訪ねました。1960～70年代、学生運動とともに障がい者運動も高まりを見せていました。障がい者は社会の片隅で迷惑をかけない様に生活するのが当たり前という時代の空気の中で、自立生活を目指した重度障がい者たちは、施設ではなく地域で暮らすために、駅にエレベーターをつける、バス・電車を利用して好きな所へ行く、といったその当時からするととんでもない要求を行って、役所と対立する存在だったのです。

しかし彼ら・彼女らが要求してきたことは今では誰も不思議には思いません。施設ではなく住みなれた地域で暮らす、という考え方は Aging in place（地域で豊かに老いて暮らす）という言葉で現在では広く当たり前のこととして受け入れられているし、待ったなしの高齢化に対応するためだけでなく、子育て支援としても駅はこぞってバリアフリー化を進めています。高齢化が問題視される前から「駅にエレベーターを」「障害があっても暮らせる街づくりを」と要求してきた障害当事者たちは、時代の予見者だったのです。

---

*1 「邪魔で厄介」という意味を持つ「障害」を人に対しては使わず、このコラムでは「障がい者」と記す。
*2 文化人類学でよく使われる研究手法。研究する現場（フィールド）に入り込み、インタビューや観察による記録をデータとして利用して研究する。

そして現在では役所と障がい者団体との関係は、大きく変わりました。「面倒なことを言ってくるクレーマー」から、「機能低下とともに住みなれた地域・自宅で暮らすためのノウハウを持った人たち」としてアドバイザー的役割を求められるようになった、と自立生活センターの人たちから話を聞き、障害という「資本」の可能性を初めて意識しました。

● 「人と違うレンズを持つ」

　いったん時計を早もどしにして、2013年京都大学で行われたバリアフリーシンポジウムで私はコメンテーターとして参加し、「障害を持つことは、人と違うレンズを持つこと」という話をしました。障害を早くから持つということで、嫌でも他の人との決定的な違いに早くから気付かされます。「周りと同じでありたい」という気持ちの強い思春期には、この「人と違う」という事実は特にきついです。しかしこの思春期のきつい経験は、のちには決して無駄にはならないと思っています。「他と違う見かた」は「負担」ではなく、「福音」として持っておいたほうがいいのです。

　私が「他人との違い」を意識して使うようになったのは、アメリカの大学院に留学してからでした。授業のレポート課題のために文献を検索していると、ブレイスウェイトやトンプソンといったコミュニケーション研究者が、障がい者（と）のコミュニケーションを異文化コミュニケーションとして研究しているのに出会い衝撃を受けました。「文化や言葉の違う外国人と話す」だけが異文化コミュニケーションではない、だったら「障害」を切り口とした研究を私もやってみようと考えました。また日本とアメリカを行ったり来たりしていたので、障害（者）に対する日米の考え方の違いにも興味を持ち、障害（者）の比較文化研究も行ってきました。

　この「人と違うこと」が研究者として有利に働いたと今となっては分かります。障害を持った当初[*3]、誰もが経験する「自分とは何者か」「な

ぜ生きるのか」という実存的で深い内省の時期を経て、「人と同じでなければいけない」という考えを手放し孤独を恐れなくなったり、他の人には見えない、あるいは見過ごしてしまう点に気付いたりすることは、研究者に必要な資質だったのです。また京都大学に来るまでアメリカ、カナダで不安定な雇用であるポストドクトラル・フェロー[*4]を2回もつないでこられたのは、日本人であり障害を持っていたことが、白人で健常者中心の北米のアカデミアで珍しがられたのかもしれません。

● 「固有文化」の発見

　重度障害を持って大学へ進学する学生は、全体でみればまだまだ少数派であり健常者社会への適応性が高いと言えます。参加した京都大学でのバリアフリーシンポジウムで登壇した現役障害学生たちから、両親（特に母親？）が健常者社会でのルール（例えば、年頃になったら目が見えなくても女性は化粧をする、ろう者は自分が出す音に無頓着にならない様に気をつける）を小さいころから徹底的に教えられてきた、と聞きました。一般の社会で健常者のやり方に合わせられるように、との切実な願いからの教育だったのでしょう。その一方で、同じ障害を持った子供たちとこれまであまり付き合いがなく大学まで進学してきた、という印象を持ちました。

　障害文化には「支配文化」「対抗文化」「固有文化」があると言われています。「支配文化」とは、マイノリティである障がい者が健常者の価値観に影響され、「できるだけ健常者に近づくこと」を目標とする文化です。「対抗文化」とは、その「支配文化」への抵抗から存在を表し、最後の「固有文化」とはろう文化に代表されるように、同じ障害を持った者たちの横のつながりから生まれます。

　養護学校高等部を卒業して大学に進学してからはずっと健常者社会で

[*3]　生まれつき障害を持っているケースはこの限りではない。
[*4]　通称「ポスドク」。博士号取得後の研究員を指す。

生きてきた私が、自分と同じ障害を持った人たちと出会って、「固有文化」に気が付いたのは件の博士論文を書いているときでした。怪我をして間もない「新人」障がい者が、同じような障害を持った「先輩」から、健常者から障害について聞かれた時の対応からトイレの工夫、車椅子での温泉旅行など実に様々な「車いすのやり方」を伝授され、社会的リハビリのトレーニングを受けていました。病院ではあまり教えてくれませんが、この社会的リハビリは非常に重要な情報の伝達で、これが社会復帰の要となります。

　車いすバスケットボールチームでエスノグラフィをしているとき、全日本クラスのプレーヤーたちが練習をしながら時には海外へも遠征し、仕事をしながら家庭も持ち選手生活と社会人生活を両立させていました。「車いす生活の達人」のような彼らの姿は、まだ怪我して間もなくこれからどうなっていくのか不安の中にいる新人障がい者たちの「こういう風にすればいいんだ」「ああいう風になりたい」というロールモデル[*5]となっていたのです。そして私自身をあらためて振り返ってみると、そのような先輩たちがいればしなくてすんだ「回り道」が多かったと感じました。例えば、車いすを使用しながら飛行機にどうやって乗るのか、車いすを自家用車にどうやって効率よく積み込むかなど、車いす利用者ではない両親や健常者の友人に聞いても分からないので、自分で試行錯誤しながら工夫するしかなかったのです。

　いま大学で学んでいる障害を持った学生には、健常学生だけでなく、自分と似たような障害を持って生きている人たちと関わりを積極的に持って、自分たちの「固有文化」を発見・確認してほしいと思います。それは自分と似たような経験を必ず誰かもしていて、解決策はどこかにきっとあるという安心感につながるはずです。

＊5　「役割見本」とも言う。

●これから――だからこそできること

「強くなったかな、精神的に。(障害を持つ)前は嫌なものがあったら逃げれる部分ていっぱいあった。でも今は絶対これをやんなくちゃどうにもならないって自分と直面することがある。多分前だったら、あ、いや、これ嫌だからやめちゃえ、とか。そんなんで逃げ道をいっぱい作れた。今は身体と付き合うのもそうだけど、その他だって自分とちゃんと真正面から付き合っていかなくちゃいけない。」

これは私が卒業論文を書いている時、インタビューに答えてくれた女性の言葉です。彼女は障害を持ってから車いすテニスに出会い、最初はきつくてやめたくて仕方なかったのですが、試合に負けた悔しさをそらさずに練習へのモチベーションへ昇華させ、車いすテニスのランキングプレーヤーに上り詰めました。この障害を持つことによって選択が狭められた半面、やるべきことがクリアになりエネルギーを集中することができたという言葉は、彼女だけではなく障害を持った人たちの体験談の中にたびたび出てきます[*6]。

現在私は医学研究科の中の医学コミュニケーション分野で、障害学と医学をコミュニケーションで橋渡しできれば、と考えています。これまで「障害の治療・克服」が中心で、障害をマイナスにしかとらえてこなかった医学の歴史へのアンチテーゼが強いため、障害学は医学に対して厳しいまなざしを向ける傾向があります。ですから私は、障がい当事者たちが、患者としてだけでなく、重要な関係当事者として医療・医学に貢献していく道を模索していきたいと考えています。また「障害という資本」を超高齢化社会でどう使うのか、にも関心があります。「障がい者は高齢化社会の水先案内人」という言葉があり、障がい者がいま経験

[*6] 『ボディ・サイレント』の著者であるマーフィーは、進行性の脊髄腫瘍を患う前は、原稿を書かなくてはいけないのにペンキ塗りなどの雑事で現実逃避していたが、病気が進行し身体の自由が徐々に利かなくなってきてコンピューターに向かうことしかできなくなってみると、「逃げ道」を断たれかえって執筆の生産性が上がったと述べている。

していることは、だれでも高齢者になって経験することです[*7]。

　校正ゲラを提出し終えてからはや2年、すでに2014年を迎えました。これまで時々夜中に目を覚ましては、もう一生あの原稿は日の目を見ないのか、と思うとたまらない焦燥感に悩まされました。2014年の正月明けに、もう1回だけ、とここまできて別の出版社を探す覚悟で、出版社を紹介してくれたアメリカの指導教授に泣きつきました。すると「もうとっくに本は出たのかと思った」というあっけない返事が来て、彼は編集者へメールを書いてくれ、私も強い口調で最後通告のメッセージを送ったところ、今回は10日もしないうちに編集者から出版までのタイムスケジュールについての返事が来たのです。こうして10年来の悲願であった卒論は、2014年にハンプトン社から The struggle to belong というタイトルで（今度こそ）出版予定です。100個の「夢ノート」の最大の目玉だった「卒論出版」は叶うめどが立ち、2014年はすでに幸先がいいようです。

　最近読んだ本[*8]の中で、作家の乙武洋匡氏と書道家の武田双雲氏は、誰にでも「だからこそできること」が必ずあると力説しています。乙武氏の、障害を持って「人と違う」部分を活かさないのは宝の持ち腐れ、を読んで「そうそう、これなんだよね」と私は大きくうなずきました。私の経験が他の人たちの参考にどれだけなるのか、はあまり自信がありませんが、障害を資本にした「だからこそできること」はきっとあると信じています。

[*7]　障がい者参加型ワークショップを繰り返して、この「障がい者にとって使いやすいモノは健常者にとっても使いやすい」という視点を商品開発に落とし込んでいる企業もある。

[*8]　武田双雲・乙武洋匡著『だからできること』主婦の友社、2012年。

第2部
障害学習発信の課題と展望

序——障害の学びあいを目指して

嶺重　慎

　「障害学習～障害を通じて学びあう」といえば、おそらく、障害者教育の専門家による、障害に応じて個別に開発された教育システムのことを思い浮かべる方が多いでしょう。しかし本書で主張する「障害学習」の趣旨はそうではありません。大学には広い分野の専門家が集まっています。各専門家が、あるいは学生が、自分の時間を少しずつ提供し、障害を切り口に連携して共に学びを進めることが、障害学習の目指すスタイルです。障害学習は、障害者教育に貢献するにとどまらず、お互いのコミュニケーションを増進し、ひいては新しい学問の展開をはかるという点においても当該分野の学問にもメリットがあるように思います。まさに異文化交流を通じた新しい学問創成の可能性があるのです。

　「障害学習」は一部の人が対象の特殊な学びでなく、すべての人に関わる普遍的な学びです。教育や研究の分野がかつてない広がりをみせ、また深化をとげる現代、障害者教育の専門家の力だけで、あらゆる専門分野の教育をするには無理があります。今や、研究や教育、福祉といった垣根を超えた専門家同士の連携がますます重要になる時代であり、またそうすべき時代ともいえます。

　では、福祉に関係していない健常者、専門家でない人たち（たとえば学生）が「障害学習」を行う必要性や学ぶメリットは、いったい何でしょうか。これこそが第2部全体を貫く問いであり、その問いもふまえて新しいスタイルの学びの将来を展望することが、第2部の課題です。

●障害を切り口にした学びの実例

　新しいスタイルの学びといわれてもピンとこないかもしれません。さしあたって私の経験から、「障害学習」が共通の問題意識となることで異文化交流を促進する具体例をあげてみましょう。いずれもユニバーサルデザイン天文教育研究会で聞いた話です。

　ユニバーサルデザイン天文教育研究会は、2010年6月と2013年9月の計2回開きました。この研究会では、従来の天文教育普及活動でとかく忘れられがちな障害者や特別支援学校の生徒、病院に長期入院中の子どもなどを特に意識した天文教育活動に焦点を当てました。調べてみますと、支援学校の生徒や地域に住む障害者をも対象とした、あるいは障害者と共に進めている天文関係の取り組みが日本各地で開かれていることがわかりました。関係者が一堂に会して共通する思いや課題を討議し、新たなネットワークを築くことが、この研究会の目的でした。

　場所は共に国立天文台・三鷹キャンパスです。国立天文台は、武蔵野の面影が今も多少残る雑木林の中にあります。昼休みに開かれた天文台内ツアーで出席者は、キャンパスを太陽系にみたてた「太陽系ツアー」を体験したり、アインシュタインも立ち寄ったという「アインシュタイン塔」の観察や触察をしたりして楽しみました。

　第1回研究会のテーマは「共有」としました。まずはお互いに知り合おう、理解し合おうということです。研究会には、天文分野の研究や教育に従事しておられる方だけでなく、天文に興味をお持ちの障害当事者や障害者支援の方々など、2日間でのべ130名の参加がありました。大半が初めて国立天文台構内に足を踏み入れた方です。その3年後に開いた第2回では、テーマを「共有から共生（共に学ぶ）、そして共動（共に社会に貢献）へ」としました。やはりさまざまな背景をお持ちの方が集まり、出席者数は2日間でのべ124名になりました。うちおよそ2割が視覚・聴覚・身体障害者です。

　研究会における講演やその後のやりとりから、少し紹介しましょう。

山梨県立科学館の高橋真理子氏は、「見えない宇宙を共有する」という題目で、科学館の「星の語り部」というグループの活動を紹介しました。このグループは、複数の視覚障害者メンバーも入っていて、一緒にプラネタリウム番組製作や合宿などの活動をしています。合宿では、星空の下、みな寝転がってお互いの思いを共有するのだそうです。そうして夢を膨らませ、多様な活動を提案し、ねりあげて実行しているそうです。

　こうして実現した企画の一つに、天文を題材の点字付き絵本『ねえおそらのあれ　なあに』の出版があります（ユニバーサルデザイン絵本センター、2010年）。これは、人間の女の子とこぎつねとこぐまが、それぞれ星空をみあげながら、お父さん、お母さんから星の話を聞くというストーリーです。検討中の企画として、「目の見えないクマ、耳の聞こえないきつねと健常者の女の子」という設定にリメークするというプランが発表されました。「お互いにどうコミュニケーションをするのか、悩んでいる」という報告に、すかさず出席者（全盲）から意見が出ました。「悩むシーンを必ず入れてほしい。コミュニケーションの壁を簡単に解決しないでほしい」。それを受けて出席者からも意見が出されました。「科学の疑問も社会の矛盾も、子どもたちにいっぱい考える機会を提供することが大切と思います。」

　出席者の意識が高いと、何気ないように聞こえるやりとりが、じつは深い含蓄を持って響いてくることがよくわかります。お互いの立場を理解すること、他人の思いをくみ取ることの大切さは誰でも頭ではわかっているはずのことですが、実際に人と接して耳を傾けてみない限り心に響きません。わかった気になっているだけ、という思い込みはあちこちで見受けられます。障害当事者が環に加わることにより、そういった思い込みから解放されて、新しい「学び」の扉が開けてくるはずです。

　京都大学医学部附属病院（京大病院）の小児科病棟でボランティア団体「にこにこトマト」を主宰している神田美子氏の講演は、「いつでも

だれでも　どこででも」という題でした。入院中の子どもたちに夢を届ける活動の報告です。「入院中の子どもにとって、病院は生活の場であり、勉強の場であり、遊びの場であるはずです。しかし、病院では治療が優先され、子どもたちは子どもらしい生活を送れません。そこで、少しでも子どもらしい時間を持てるようにと、活動を始めました」と神田氏は話しました。今では、60名ほどのボランティアが登録し、週末を除きほぼ毎日、小児科病棟のプレールームで何らかの活動が行われています。

　じつは、私たち京都大学宇宙物理学教室のグループも「にこにこトマト」に加わり、定期的に京大病院で観望会やお話し会をしています。感染症予防のため、入院中の子どもたちは屋外に出られません。そこで窓越しの観望会となります。京大病院は街明かりで夜空も明るい場所にありますが、それでも晴れていれば月や惑星がきれいに見えます。もっとも夏はなかなか暗くならないので、観望会ができません。さぁ、困った。考えた末、モバイルプラネタリウムを病院に持ちこんで、子どもたちに即席のプラネタリウムを見てもらうことにしました。

　お兄ちゃんが長期入院していて、お母さんがつきっきりで病院につめているため、いつも淋しい思いをしている女の子がいました。ある日、お父さんと病院にやってくると、プラネタリウムをやっているではありませんか。家族4人でプラネタリウムに入り、宇宙の学びを楽しみました。翌日、その女の子があまりにも楽しそうにしているのをみて不思議に思ったスタッフが「何かいいことあったの？」と聞いたそうです。「ずっと家族ばらばらで、一緒にどこかにいくことなんてなかった。でも昨日、ずいぶん久しぶりに家族一緒に旅行をしたんだ」。このことを聞いて、学生も私もとても嬉しくなりました。

　京大でも、いろいろな理由で大学に出てくるのが難しくなる学生が毎年います。しかし、京大病院で子どもたちに語りかける経験から自信を取り戻し、その結果、大学に復帰できた例が今まで複数ありました。共に学ぶ場を提供する活動は、教える側にも元気を与えるものなのです。

私たち天文仲間にとって天体望遠鏡は欠かせません。ぐんま天文台の新井寿氏は、どんな姿勢でものぞきやすい天体望遠鏡「ユニバーサル望遠鏡」の開発について講演と実演（デモ）をしました。きっかけをうかがいました。ある病院に望遠鏡を持って観望会に行ったときのこと、人口呼吸器をはずせず、ストレッチャーから起き上がれない少女がいました。しかし姿勢がうまくとれず、苦しい姿勢でようやく望遠鏡の接眼部（のぞき窓）に目を近づける女の子の目に涙が光ったのを見て、新井氏はとてもショックを受けたといいます。「どうにかして楽な姿勢で望遠鏡をのぞいてほしい。」新井氏は奮起して、望遠鏡の接眼部を自由自在に回転・移動できる望遠鏡を開発しました。それがユニバーサル望遠鏡で、車椅子からでもベッドに寝転んでいても望遠鏡がのぞける優れものです。再び病院訪問をして、女の子に見てもらいました。「あっ、見えた！」と再び女の子の目に涙が浮かびました。つくってよかったな、と新井氏の目も潤みました。

　新井氏は言います。「そんなことをしなくても、望遠鏡画像をデジタルデータにおとしてコードで伝送すればどこでも見ることができると言う人がいます。しかし自分は生の画像にこだわりたい。デジタル画像でなく、直接見てほしい」。

　このような話をうかがうと、障害と学びとセットになって人に与える感動が実感を持って湧いてきます。本物を学ぶことの尊さもよくわかります。とはいうものの、現実問題として障害者が天体観望会を楽しむにはさまざまなバリアがあります。特に視覚障害者の場合、それは深刻でハードルが高くなります。さて、どうしましょうか。

　ユニバーサルデザイン天文研究会では、参加者同士の情報・意見交換を中心に据えました。そのため、連日グループディスカッションの時間をとりました。全参加者は十数人のグループに分かれ、教材製作、プラネタリウム、公開天文台、病院訪問等のテーマについて語り合ったのです。視覚障害者が多く集まった教材製作グループでは、「視覚障害者と

写真1　第2回ユニバーサルデザイン研究会の全景

の天体観望会」というテーマで話し合いがなされました。以下はその議事録の抜粋に私が加筆したものです。

　「視覚障害者が天体観望をするのは不可能では？」とよく問われます。しかし、そんなことはありません。確かに直接見ることはできないのですが、工夫次第で共に楽しむことができます。いくつか具体的提案がありました。感光器[*1]とディスプレーを使って、欠けた月や土星の輪郭をなぞって、その形を実感するという方法があります。また、皆既日食の際には、太陽が欠けるにしたがって気温が下がりますから、雰囲気で察することができます。いや、それどころか、手の平に太陽像を投影すると、そのぬくもりから太陽が欠け

＊1　光情報を音声情報に変える機器。光の強度が強いほど、音程が高くなるように設計されています。第6章も参照してください。

ていくようすが実感できますと、天文仲間の藤原晴美さん（全盲）が話してくれました。これは晴眼者ではなかなか実感できないことです。（ただし太陽観察は危険が伴いますので、必ず専門家の指導の下に行ってください。）

　こうした活動の中で、リアルタイム性が大切であるとの認識で出席者の意見が一致しました。リアルタイム性とは、視覚障害者自身が一緒に天体観測に参加して「見えた」という喜びを共有することです。また、機器によるサポートだけでなく、人によるサポートや言葉による表現も並行して行うことで、より実感を強くすることができるという指摘もありました。確かに、何かを学ぶとき、単に個人個人が知識を習得するだけでなく、共に学び、感動を共有することによって、一層、理解と興味が深まることは多々あるように思います。大事なのは、同じ場にいて、コミュニケーションを密にして体験を共有することなのです。

　研究会において、私が最も衝撃を受けたことばは、長谷川貞夫氏（全盲）による「（自分）より厳しい状況にある人のために」です。長谷川氏は、盲ろう者が互いに、あるいは健常者とコミュニケーションをするための道具を多数考案し、実用化しておられます。最新作は、盲ろう者のためのスマホアプリ（スマートフォン・アプリケーション）の開発です。完成したアプリは、ヘレンケラー・ホーンと名づけられました。盲ろう者が使える電話です。スマホは液晶画面ですから、画面情報を見てタッチすることのできない盲ろう者がどのように使うのか、正直、私は半信半疑でした。実物に触ってみるとヘレンケラー・ホーンとは、画面をなぞる指の動きを察知して文字情報を得る電話なのでした。上下、左右の指の動きの組み合わせで点字を入力でき、スマホが点字のパターンに合わせて振動することによって、使用者は自分の入力を確認することができます。あっと驚く発想の転換です。健常者がヘレンケラー・ホーンの

使い方をマスターすれば、暗闇で音を出さずに電話の会話が楽しめることになります。長谷川氏の次の関心事はヘレンケラー・プラネタリウムとうかがいました。どのようなものができるのか、楽しみです。

　研究会をふりかえってみてあらためて思うのは、ひとつひとつの発表が出席者に好意を持って、真剣に受けとめられていたことです。質疑応答では、質問だけでなく、こうしたらもっと良くなるのでは、という提案が出ていたことがそのことを象徴しています。それぞれが、発表に聞き入り、自分のこととして受けとめ、課題に前向きに対処していく……まさに、障害を通じて共に学びあうことの真骨頂といえましょう。

●障害学習を発信する

　第2部では、障害学習の発信について論じます。障害学習の雛形ともいえる試みは、いろいろな立場から全国各地で実践されています。しかしまだまだ一般的な学習スタイルとはいえません。それはなぜでしょうか。どういう課題がそこに隠されているのでしょうか。

　前半の第5章、第6章では、これまでのバリアフリー思想・運動の意義を再確認し、未来を切り開く理論を導き出すために、視覚障害者の教育に注目します。視覚障害という限られた「部分」を掘り下げる洞察により、障害学習「全体」を鋭く見通していきます。読者は、障害者教育がさまざまな分野の専門家の連携により開発された機器に支えられてきたことを、具体的にうかがい知ることでしょう。また仏和辞典の点訳を地道に進めていくといったボランティア活動も、学びを支える大事な要素であることが明らかにされます。

　後半の第7章、第8章では、京大教員によるバリアフリーの研究の実践事例を紹介します。各専門分野の研究に基づく学びを障害学習へと昇華させる試みを通じて、障害学習のもつポテンシャル（潜在能力）について論考を深めます。学びにはじつに多くの専門家の連携が必要となることや、「障害」という切り口により学びが広く、深くなっていく実例

が紹介されます。
　そして論考は、終章「共活社会──共に活かす社会の実現」に引き継がれます。学びを通して社会のあり方も変えていきたいという主張です。
　障害学習のひらく輝かしい将来も思い浮かべながら第2部を読んでいただけたらと願います。

5

学びあいと支えあいの原点
――京大点訳サークルの誕生

新納　泉

岡山大学大学院社会文化科学研究科教授。滋賀県出身。専門は考古学、特に古墳や鉄器時代の比較研究など。数多くの古墳の発掘を行い、イギリスやアイルランドの社会との比較を試みている。最近は、コンピュータを使った解析などの研究が多くなった。岡山大学点訳サークル「キツツキ」顧問。

　視覚に障害をもつ学生の読書権や学習権はどのように保障されていけばよいのでしょうか。大学がようやくそうした学生に門戸を開いたものの、まだ制度的な整備がほとんどなされていなかったころ、京都大学点訳サークルが誕生し、さまざまな活動を展開していくことになります。そうした初期のころの状況を、点訳サークルOBの視点から紹介します。
　私は、学部2年の5月に誕生したサークル創設時のメンバーでした。大学には大学院も含めて11年近く在籍し、その後岡山に移って、現在は岡山大学で考古学を教えています。
　岡山に住んでいると京都の情報は伝わりにくいのですが、京大点訳サークルが2011年度に、「厚生労働大臣賞」と「京都大学総長賞」を受賞したというニュースを聞いて、たいへんなつかしく思いました。
　いま私は岡山大学点訳サークルの「キツツキ」の顧問をしていますが、ほとんど名目だけの存在です。そのために、点訳などの世界にはやや浦

島太郎状態で、ものの考え方や使う言葉が少し古いかもしれません。現在の状況については、コラム5（橋本氏）をご覧ください。

1　京大点訳サークルの結成

●初期の点訳サークル

　京都大学点訳サークルができたのは、1974年5月のことです。日中の国交が正常化された田中角栄内閣の時代。広瀬浩二郎氏が京大に入学する10年以上前で、大学のなかに点字ユーザーの学生はいませんでした。

　当時は、大学のなかでまだ学生運動が続いており、定期試験のシーズンになるとバリケード封鎖がおこなわれるというような時代でした。授業にあまり出なくても単位をとることができた、ある意味で良い時代でした。私が卒業した東京の高等学校も学生運動が盛んなところで、ほとんど授業が行われない時期もある、そんな環境のなかで学生生活を送っていたのです。

　私自身は、大学に入って、さまざまな政治的・社会的な活動にもかかわっていったのですが、そうしたことが何か上滑りな活動であるように感じ、プライベートなできごともあってしばらく活動をストップし、自称「冬眠生活」を送りました。1年生の秋から2年生の春まで冬眠しても、4年で学部を卒業することができたというのは、いまの学生の方々には信じられないことかもしれません。そして、長い冬が終わって、もっと地に足のついたことをしたいと思い、点訳という地道な活動をしようと考えたのです。

　そのとき、同じクラスの友人のお姉さんが教育学部に在籍していて、点字を教えてくれる人を紹介してあげるといわれたのです。それが、奈良女子大学出身の牧田利子氏で、牧田氏をチューターに、教育学部と文学部を中心として、8人のメンバーが集まりました。元気な女性が中心

になっていたこともあって、お菓子を食べたり笑い転げたりと、たいへん楽しいサークルになっていきました。メンバーのなかには「マドンナ」的な女性もいて、その人に会えるのを楽しみにサークルに入った男性もいましたが、もちろん、それは決して私ではありません。

　今回の発表の準備で点訳サークルの昔の資料を読み返していると、「点訳サークルニュース No. 1」という紙が出てきました。コピー機がまだ普及していなかった時代で、「青焼き」という複写法でつくられています。文字通り青っぽい色の濃淡で複写されており、40年近い歳月でずいぶん読みにくくなっています。5月19日と書いてあるので、結成直後のニュースだと思って喜んだのですが、よく見ると1975年とあります。1年間、ニュースも出さずにのんびりとやっていたのだと、改めて驚きました。内容を見ると、『数学むだ話』という本の点訳の分担が書かれています。11人で分担し、それぞれ別の人がチェックするというシステムです。1年間で、サークル員は3人増えています。

　ここで余談なのですが、牧田氏を紹介してもらえるきっかけになった友人こそ、「マドンナ」にあこがれてサークルに入った、その人です。日本史がたいへん得意だったのですが、生活力はいまひとつで、ある日下宿に置いていたケーキに部屋の隅からアリの行列ができていて、私にレスキューを求める連絡が入りました。私は、自転車で急行し、ケーキを少しずつ部屋の隅に移動させて解決を図ったのが、いまとなっては良い思い出です。いっしょに小坂明子さんの「あなた」を歌い、私は音痴だと責められたのですが、きっと同じ程度だったと思います。実は、その友人が、のちに京大の国史学の教授になって広瀬浩二郎氏を指導することになるのですが、広瀬氏は、その先生が点字がわかるというのを、これまでまったく知らなかったそうです。世間は狭いものです。残念ながら、その友人は若くして亡くなってしまいました。

　サークルでは、最初は点訳の基礎を学ぶことが中心で、『岩波新書総目録』などを点訳していました。文章が短くまとまっていることと、そ

れでも固有名詞の読み方などに専門的な知識を要するということで、私たちのサークルに適していると牧田氏が考えたのだと思います。はじめは、教育学部で障害児教育を専門にしておられた田中昌人先生の研究室を使わせてもらっていたのですが、やはりいろいろ問題が出てきて、教育学部の地下の部屋を使うことになりました。

　牧田氏は、後に紹介する「関西スチューデントライブラリー（関西SL）」という、視覚に障害をもつ大学生やボランティアの会で役員をしていました。それで、私たちも誘われて、参加するようになりました。点字を打つだけでは実際の利用者のことがわからず、当事者の声を聞きたいという気持ちがしだいに強くなっていったのだと思います。

● 関西スチューデントライブラリー

　関西スチューデントライブラリー（関西SL）は、京大点訳サークルのほぼ2年前に結成されていました。そのころ、しだいに大学に入学する視覚障害学生が増えてきており、大学で使う専門書などの読書環境を改善する必要があるために、会がうまれたということです。当初の委員長は同志社大学の岩井和彦氏で、事務局長は、後に司法試験を受けて弁護士になった竹下義樹氏でした。

　私の手元には、「関西SL機関紙」の記念すべき創刊号があります。ザラ紙というあまり白くない紙に、手書きのガリ版印刷で刷られていて、全8ページ。1973年1月1日の発行と書かれていますので、正月休みの前後を利用して印刷されたのでしょう。タイトルの上には、「盲学生の学習を保障しよう」と書かれています。ページをめくると、トップニュースは、「盲人にも司法試験を‼　―竹下君を支援しよう―」で、「大阪教員採用試験、拒否される」や、「竜大[*1]入学制限　反対運動高まる」などの見出しが並んでいます。大学に入学する点字使用の学生が増えてき

＊1　龍谷大学。

写真1　関西SLのスポーツ大会に集まったメンバー
22人の参加者のなかにはスカート姿の女性もいる。「盲人野球」を楽しんだ合間の撮影で、本章で登場する加藤俊和氏や、大橋由昌氏も含まれ、男女比も視覚障害の有無もほぼ半々という、そのころのSLの雰囲気をよく表わしている。京都府立盲学校の校庭にて。

て、卒業後の進路に関心が向けられてきたことや、いったん受け入れた大学が、やはりたいへんだということで受け入れを見直すという、揺り戻しのような状況がうまれていたようです。関西SLのメンバーは、ほぼ1か月に1回、運営委員会を開いてこうした問題に立ち向かっていました。ちなみに、この創刊号を印刷したのは、のちに日本ライトハウスに転職された加藤俊和氏です。加藤氏らしい、とても端正な字で書かれています。

　関西スチューデントライブラリーでは、発足当初は方向性をめぐる対立もあったようです。学園紛争期ですから、もっと政治的な闘争を優先させるべきだという主張があったのでしょうが、私たちが参加したころは、点字図書・録音図書の充実や会員の交流を中心とする、実務的でなごやかな会になっていました。私も、すっかりその雰囲気になじんでしまい、点訳サークルができた1年後の1975年5月18日の総会から事務局長として参加させていただくことになりました。みんなで「盲人野球」

を楽しんだり、合宿に行ったり、シンポジウムを実施したりと、さまざまな活動をおこない、おかげで点訳サークルのメンバーも点字使用者や弱視者のニーズを、ほぼリアルタイムで知ることができるようになったのです。点訳サークルにも、点字使用の学生の人たちがときどきやってきてくれていました。

　そのころ、京都の一谷孝氏という方が、中途失明で教員の仕事を続けることができないという問題が起こっていました。45歳のときに生徒の顔がボケて見えるという症状に気づき、休職をして生活訓練に励む一方で、教員としての職場復帰の運動を進めておられたのです。関西SLも、そうした運動を支援し、京都府教育委員会との団体交渉や、模擬授業の実施などに参加していきました。自立した生活を送ることができるということを示すために、自宅を離れてアパートで自活するという生活をはじめられ、関西SLや点訳サークルのメンバーもそれを支えていました。残念ながら元の勤務校に戻ることはできませんでしたが、養護学校への復職がかない、多くの人々を勇気づけることができたと思います。

　私も、こうした運動を通じて団体交渉のやり方や、要望書の書き方などを学んでいきました。それがのちに考古学の分野で、遺跡の保存運動などに役立ちました。サークル活動などを通じて多くのスキルを身につけることができたのは、ほんとうにありがたいことだったと思っています。

　関西SLは、京都ライトハウスに活動の拠点を置いていましたが、関西SLと、京都ライトハウス、そして京都大学点訳サークルとの関係はとても良好で、互いに支えあう関係を築くことができていました。しばらくの間、関西SLの事務局長は京都大学点訳サークルのメンバーが務めていました。

2　点訳サークルの活動

● **11月祭の取り組み**

　さまざまな経験を積んできた点訳サークルのメンバーは、しだいにこうした問題について、もっと深いところから知っていきたいと思うようになりました。点訳や対面朗読を行うことはもちろん重要で、運動に参加し支えていくこともすばらしい経験なのですが、さらにこれを一歩こえていきたい。何をめざすべきなのか、何が課題であるのかを、きちんと検討・研究したいと考えたのです。京都大学の学園祭は11月祭といいますが、11月祭の場で検討結果を展示し、冊子にまとめていくことにしました。

　1977年に取り上げたテーマは、「視覚障害者と大学」。大学のなかにいる私たちにとって最も身近な課題を取り上げることにしました。全国の大学について、点字受験を認めているか、視覚障害をもつ学生はいるか、どのようなサポートがおこなわれているかを調査し、さらに卒業後の進路についても検討したものです。1977年の段階で、全国の大学がどのような状況にあったのかというのは、意外にデータが少ないのではないかと思いますので、この資料は便利だと思います。パソコンが普及していない時代のことですので、70ページほどのすべてが手書きです。こうした冊子はPDF化されていますので、必要な方は直接私にご連絡ください。

　翌年は、「視覚障害者の日常生活」。3年目は、「視覚障害者の読書環境と著作権」、そして、「視覚障害児教育」、「中途失明」、「ボランティア」と続きます。法学部の学生もメンバーにいましたので、著作権の問題は議論が盛り上がりました。点訳は著作権法第37条で、著作権者の許諾なしに誰もが自由におこなえることを保障されていますが、録音などには問題があり、そうしたことを嫌う作家の方々もいました。視覚障害者側の立場に立った意見だけを重視するのではなく、できるだけ作家や著者

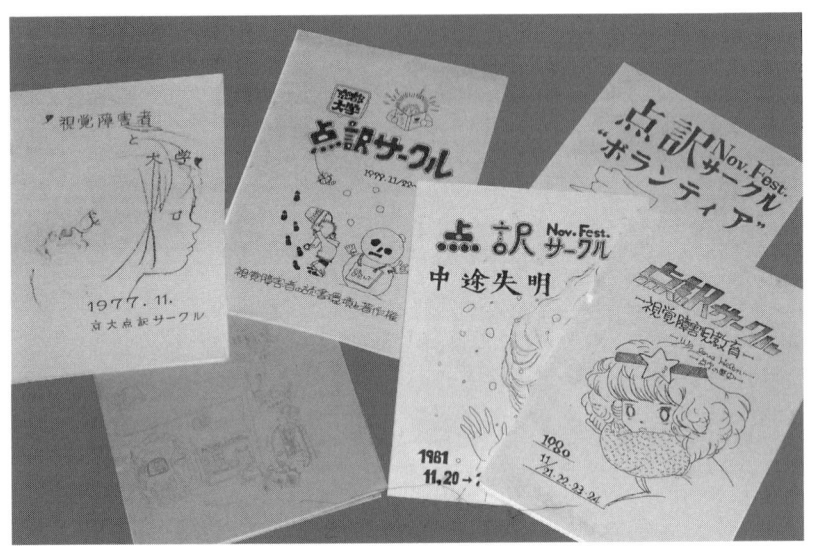

写真2　学園祭で作成した冊子
6年にわたって学園祭で検討の成果を展示し、冊子を作成した。「視覚障害者と大学」、「視覚障害者の日常生活」、「視覚障害者の読書環境と著作権」、「視覚障害児教育」、「中途失明」、「ボランティア」と続く。表紙のいささか少女チックな絵は、いかにも学生の手づくり冊子。

など、著作権者側の立場や意見を歪みなく取り上げることに努めたつもりです。お世辞かもしれませんが、大阪にある著名な施設の職員の方が、「著作権問題を知りたければ京大点訳サークルの冊子を読め」と言ってくださったという話が伝わってきたときは、少しうれしい思いがしました。

　もちろん私たちは学生ですから、学年が上がると、それぞれ専門の学習や研究の時間が増えていきますので、こうした活動にさける時間には限りがありました。1981年の冊子の「まえがき」を読むと、後で述べる仏和辞典の点訳を優先させるべきで、今年は冊子を作製しないことにしよう、という意見も出ていたようです。それでも、上の学年で点訳を支え、下の学年で冊子をつくろうという結論に達しました。お互いに無理

強いをすることなく、それでも精一杯がんばっていこうというギリギリの活動を続けていたのだと思います。

● **仏和辞典の点訳**

　私たちは、点訳こそサークル活動の原点であると考えていました。ボランティアで対面朗読などをすると、もちろん直接お礼の声が返ってくるので満足感もあるのですが、それだけではいけない。点訳という原点を忘れてはいけないということです。

　そして、同じ点訳をするなら、私たちしかできない仕事をしよう。そんなことを思って手がけたのが、仏和辞典の点訳です。そのころは点字の仏和辞典は存在せず、点字使用の大学生は、第二外国語にドイツ語を選択するしかなかったのです。そのドイツ語の辞書ですら、発音がカナで書かれているというものだったと聞いています。

　もちろん、私たちにそれほど大量の点訳をすることができないのは、だれもがわかっていることでした。そこで、白水社の『フランス基本語辞典』という辞書を選ぶことにしました。5000語しかないので、語彙が不足しているのは十分わかっていたのですが、この辞典にはひとつの魅力がありました。それは、フランス人がフランス語を学ぶ外国人のためにつくった辞書で、それぞれの単語に最適な例文が載っていたのです。点字使用の学生は、人一倍努力する人が多いので、語彙が不足する部分を例文をおぼえることで補ってもらえるのではないかと考えました。

　比較的コンパクトな辞書とはいえ、点訳は苦難の道でした。いまでしたら、パソコンで入力して間違ってもすぐに修正できるのですが、そのころは間違いは許されませんでした。さすがにほとんど音を上げる状態だったのですが、日本ライトハウスの加藤俊和氏が協力してくださることになり、仕事が進んで行きました。点訳したものを光学的に読み取って、それをデータ化し出版してくださるというのです。加藤氏は、先にも紹介しましたように、関西SLの主力メンバーで、民間企業の社員だっ

たのですが、日本ライトハウスに移っておられました。

　最初は、１セットだけの仏和辞典をつくろうと思っていましたが、出版していただけるということになると、私たちは少しでも多くの人にあまり負担なく使っていただきたいと思うようになりました。活字本よりずっと高いお金を払わなければいけないというのでは、私たちボランティアの思いとは隔たりができてくる。そこで、募金を集めて活字版の書籍と同じ値段で手に入れることができるという「価格差保障」をやりたいと考えたのです。私たち学生だけで募金を集めるのは難しいので、京都精華大学の先生にも加わっていただきました。新聞にも掲載され、幸い一定の金額が集まったので、兵庫県立盲学校（現・兵庫県立視覚特別支援学校）の松本昌三先生に価格差保障の窓口を務めていただき、日本ライトハウスとの連携で事業を進めていただきました。その後は、松本先生にまかせっきりになってしまい、とても申しわけなく思っていますが、こうして点字仏和辞典の価格差保障がスタートしたのです。

　幸いにして、この仕事で1981年の日本翻訳出版文化賞特別賞を、日本ライトハウスと連名で受賞することになりました。ですから、京大点訳サークルはこれまで２回全国的な賞を受賞しているということになります。ただ、いまも心残りなのは、当時、募金をしてくださった方々にきちんと報告とお礼ができていなかったことです。また、多大なご苦労をおかけした松本昌三先生にも、サークルとして正式のお礼ができていないのを申しわけなく思っています。

●京都大学附属図書館の新営

　点訳サークルにとって、自分の足元に最も近い活動は、京都大学附属図書館の改築という問題でした。視覚障害者の読書権問題に取り組んでいた私たちは、これに取り組まないわけにはいかなかったのです。情報をつかんだ私たちは、1980年12月26日に、最初の要望書を提出しました。できるだけ早く提出したほうがよいと考え、１回目の要望書は、視覚障

害者をはじめとする障害者が使いやすい図書館にしてほしいというような、かなり総論的・抽象的な内容でした。

　それから、1982年3月5日まで、1年余りの間に、要望書を計5回提出しました。点字ブロックやトイレの構造などの施設一般の問題と、対面朗読室や、点字図書コーナーの設置、弱視者への配慮など、わかる限り詳細な要望書を作成しました。伝え聞くところによると、京都大学から京都ライトハウスに相談があったようですが、京都ライトハウスの方が、点訳サークルときちんと協議して進めてくださいという趣旨の回答をしてくださったようです。おかげで、図書館や施設の方々の対応はとてもしっかりしたものとなり、むしろ私たちのほうが戸惑うほどでした。大学当局と学生との関係が非常に悪化していた時期に、あれほどきちんとした対応をしてくださった方々に、いま大学人の一人となっている立場からも、心からお礼を言いたいと思います。

　1982年1月13日には、図書館・事務局施設部・点訳サークルの三者の懇談会が実施され、私たちの要望の多くの部分が実現されることになりました。対面朗読室が2室つくられることになりましたが、私たちは当面は別の目的に流用してもらってもかまわないと言っていました。私は、1984年1月に京都を離れましたので、新しい図書館の完成を見届けることはできませんでした。しかし、まさか、その5年後にユーザーが現れるとは夢にも思っていませんでした。とはいっても、現れたユーザーの広瀬氏は、身近に有能なボランティアやスペースを十分に確保していたので、あまり図書館を利用する必要はなかったということです。

3　理想と現実

●当時、心がけていたこと

　「理想と現実」というのが、本章で私に与えられたテーマですが、私

たちは当時、それほど理想と現実の開きを意識してはいなかったように思います。もちろん、30年以上前のことですので、自分の記憶のなかで、しだいに良い思い出だけが選別されて残ってしまっているのかもしれません。しかし、ちょうどそのような時代だったと思うのですが、「打てば響く」という環境が私たちのまわりを包んでいたように感じます。私たちが無謀に突っ走っていくのを、実に多くの方々が暖かく支えてくださいました。自分たち自身も、やっていることが絶対に間違っていないという確信のようなものをもっていました。そして活動が必ず一定の成果を上げたこと。やりさえすれば、必ず何かが変わっていく。そういう意味で、私たちにとっては、とても幸せな活動だったと思っています。

関西 SL の会長だった大橋由昌氏が、『キャンパスにオジサンは舞う——盲学生憤闘記』（彩流社、1988年）という本を書いておられます。憤りながら闘ったというのが大橋氏らしい題なのですが、その本のなかで、当時のボランティアサークルにおけるリーダーの資質について、6つの点を指摘しておられます。①点訳技術などに卓越していること、②「当事者の声」を最大限に反映させること、③「障害者」問題に明るいこと、④人間的な「魅力」を感じさせること、⑤「裏方さん」にも徹し切れること、そして⑥活動と運動とのバランス感覚を持っていること、です。

このなかで、今日といちばん違っているのは、「活動と運動とのバランス」かもしれません。学生運動がまだ盛んだった当時は、このバランスが非常に難しく、関西 SL もさきに紹介したように結成当初はどちらの方向を重視するか、意見が分かれていました。もともと、点訳をやろうという人は、どちらかというと地に足がついた活動をやりたい、あまり運動的なことは好まないという傾向があります。しかし、「盲学生」の学習環境というのは、運動なくして改善を望むことはできない、運動をすることで切り拓いていかなければならない問題が、山ほど前に立ちはだかっていたのです。それでも、運動に突っ走ってしまうと、点訳などがおろそかになる。さまざまな政治的勢力からの働きかけも、少なく

なかった時代です。私たちの点訳サークルが、大橋氏の6つの条件を満たしていたなどとは、とても言えないのですが、少なくともそれを理想としていたことは確かだと思います。

●学生ボランティアの「生き方」

最後に、こうした活動を行ってきた当時の学生ボランティアの心のうちについて、少し記します。

私自身は、先にもふれましたように、大学1年のときに政治的運動や社会的運動に翻弄されて疲れ果て、プライベートな問題もあって「冬眠生活」に入っていましたので、点訳サークルはそこから這い上がることのできる、とても居心地のいい場所でした。点訳という形で、確実に、具体的に人の役に立つことができるというのは、その段階の自分にはたいへんうれしいことでした。

しかし、実際に点字を利用する人たちに接するようになると、「してあげる人」と「してもらう人」という関係が、落ち着かないものになっていきます。点訳サークルのなかにとどまっていて、実際の点字ユーザーを招いたりしなければそんなことはなかったのかもしれませんが、ナマの声を聞くようになると、だんだん意識が変わっていきます。とくに関西SLに出ていって多くのメンバーに触れると、たいした苦労もせずに生きている自分たちが少し恥ずかしくなってきました。さらに、さまざまな困難をかかえながら学生生活を切り拓いていっている人たちに、ある種の尊敬の念もわいてきます。共に学びあい、共に支えあうという理想の状態への道のりは遠いのですが、少しずつ変わっていったのだと思います。

私自身は、そんななかで、点字などを活かす職業に進むか、自分の研究にウェイトを移していくか、ずいぶん悩みました。研究といっても、社会福祉などの分野でしたら悩みは少なかったのでしょうが、自分の分野は考古学。多くの人が、「ロマンがあっていいですね」という、悪く

言えば趣味の延長のような学問です。このときに、もし点字などを活かす職業を選んでいたら、点訳サークルの後輩の岡田弥氏（コラム6）のような仕事についていたかもしれません。しかし、私はもうひとつの道のほうを選んでしまいました。もちろん、そう決断するまでには長い時間がかかり、自分の心のなかでは葛藤が続いていました。その葛藤に折り合いのようなものをつけた理屈というのは、「ストレートに社会に貢献する道よりも、文化というものを築いていくことで、うんと遠回りだけれども社会に貢献することができるのではないか」というものでした。それでも、心のなかのわだかまりはずっと残っていくことになります。ある意味では、いまでもそのわだかまりをひきずっているのかもしれません。一方で、そのわだかまりがあったおかげで、社会に貢献するような学問を進めていきたいというエネルギーが生じたような気もします。

　そのころの点訳サークルは、女子学生と男子学生の数がほぼ同じで、にぎやかな雰囲気でした。そこに、関西SLなどから点字ユーザーの学生たちも訪ねてきてくれる。いっしょに合宿に行ったりもしました。そんな環境ですから、もちろん、いろんな人間関係が深まっていきます。点字ユーザーの学生とサークル員のカップルも何組かうまれました。恋に別れはつきものですから、すべてが実るわけではありませんが、結婚まで発展したケースもありました。点訳サークルの創設時ではないのですが、すぐ後のメンバーで、もの静かだが芯の強い、とてもすばらしい女性がいて、サークルを支えてくれていました。いつもにこやかで、どうしても困ってしまった時には少しだけ表情が曇る、そんな穏やかな人でした。やがて、関西SLにも出ていって活動するようになり、そこで大きな出会いが待っていたのです。そして、長い付き合いを経て、結婚することになりました。私は、そうした決断をするパワーがどこに潜んでいるのだろうと少し驚いたのですが、点訳サークルのなかで考えた自分の生き方を、軽やかに貫いていったのだと思います。しかし、たいへん残念なことに、若くして病に命を奪われてしまいました。私の脳裏に

は、サークル活動中の彼女の表情が、いまでも鮮明に生き続けています。

●**歩み続けよう、点訳サークル**
　最近、さまざまな障害をもつ学生を支援するためのボランティアを大学側が養成するという動きが強まっているように感じます。「少しでもいいから人の役に立ちたい」という気持ちをもった人たちは、いつでもそうした活動に加わることができます。支援を必要とする人たちと直接ふれあうことができるので、役に立っているという実感も大きいかもしれません。一方で、点訳サークルのような組織は、サークル員の確保や運営の点で、なかなか困難な状況にあるところが多いと聞きます。

　しかし、これまで話してきましたように、サークルにはサークルの大きなメリットがあると思います。そのひとつは、自主的・自発的な集団のなかで、自分たちの力で課題を解決していくことができるという点です。点訳をマスターするという最小限の活動を前提に、そこから自分たちの思いに従って、活動を自在に大きく広げていくことができます。私たちは、関西SLのメンバーの方々との関係を通じて、さまざまな活動に加わっていくことができました。点訳サークルが、学びあい支えあう「育ちの場」として、大きな役割を果たしてくれたのです。

　もうひとつのメリットは、自由であるということです。私たちは、どんな目的であっても点訳サークルのドアを叩いてくれる人は歓迎するということを心がけていました。たとえ半年でやめてしまってもかまわない。サークルの女性にあこがれて入部するという多少の邪心も、ひとまずOK。点訳サークルの世界を少しでも知ってもらえば、その人がまったく別の世界で生きていくことになったとしても、その世界できっと理解のある姿勢をとってくれる、新しい芽となると考えていました。

　そのように、自分は点字だけを打ちたくて、運動にはかかわりたくないという人にとっても、居心地が悪くならない環境を保ちたい。一方で、活動を大きく広げていきたい人には、十分な機会を提供できる。そうい

うバランスのとれた場にしていきたいと願っていたのです。このバランスこそ、こうしたサークルには必要であり、またそれを維持するのは難しいことなのだと思います。

　京大点訳サークルは、私が離れたのちも、多少の紆余曲折はあったのかもしれませんが、順調に活動を続けているようです。大学の姿勢も大きく変わり、視覚障害者の学習環境を支えるシステムもしだいに整備されてきています。そうした新しい環境のなかで、これからも多くの方々が点訳サークルなどの活動を通じて「共に学びあい、共に支えあう」という夢を実現していってくださることを願いたいと思います。

Column 5
点訳サークルの今

橋本　雄馬
京都大学理学部卒業。現在は、京都府立高校で勤務。大学時代に京都大学点訳サークルに所属し、障害学生支援に携わった。

　卒業が迫っている中でこの文章を書くことになりましたが、思い返す中で点訳サークルは少しずつ、確実に変わったことを感じます。

　私が京都大学点訳サークルに入ったのは大学1回生（2010年）の4月でした。初めて点字を打つ機械に触れ、点字の書き方、読み方を知り、少し厚めの紙に打たれた凹凸に触れました。点字についてほとんど知識を持っていなかったため、点字の表記のルールについて初めて知った時はなんと体系立っているのかと感動し、点訳サークルの入部を決めました。

　サークルの活動は毎週月曜日、放課後に経済学部の地下室で行われています。基本的には参加自由で、各々が作業を進めていきます。私が入った時の活動内容は漫画点訳と本のテキスト化です。漫画点訳とは漫画の文字を点訳するだけでなく、情景描写を文字に置き直し、それを点訳するというもので、テキスト化は本をテキストデータに変換することを言います。昔の点訳はブレイラーという点字を打つ機械を用いていましたが、今は技術が進み、パソコンで点字のファイルを作成し、専用のプリンタで印刷することができます。サークルで行っている作業は外部の視覚障害者から依頼を受けたものです。1年間、基本的には同じように点訳の作業をずっと繰り返しています。しかし、点訳という単純作業でも視覚障害者にはかけがえのないものです。普段の作業の他には、大学の学園祭の際には学園祭パンフレットの点訳を行っています。パンフレッ

ト点訳は伝統的に行っている年間行事の一つです。

　2回生の時に私はサークルの代表を務めました。このころの点訳サークルは部員が非常に少なく、存続の危機もありました。そのため、部員を増やしたいとは思っていましたが、良い方法というのはないものです。そのかわり、点訳サークルがより有意義なサークルであるように障害について学ぶ機会が増えるように努めました。視覚障害について学ぶ機会を求め、サークルとして関西盲導犬協会の見学会や京都府立盲学校の資料室に伺いました。

　色々なことを調べている中で大きな出会いがありました。広瀬浩二郎氏との出会いです。かつて点訳の卒業生で、しかも、視覚障害で京大入試を突破した最初の人だということを知り、一度会ってお話したくなりました。知人のつてでお会いし、新旧のサークルの様子について話しました。広瀬氏は面白くユーモラスな方でした。学園祭では講演を依頼し、新旧サークル員も一堂に会しました。

　広瀬氏と出会ったのは偶然か必然か、サークルの長年にわたる活動が認められ、厚生労働大臣賞を受賞し、大学からの評価も受け、総長賞も受賞しました。歴史の重みを感じ、今までの先輩方の尽力の賜物と、大変喜ばしく思いました。このころから、流れが変わり、サークルも活発になっていきます。私が4回生の時には部員が10人にまで増え、チラシの点訳等も行うようになりました。また、サークル員それぞれが視覚障害について調べ、大学や社会における視覚障害を取り巻く環境を考える機会も後輩達が作っています。平成25年には京都大学バリアフリーシンポジウムが開かれ、点訳サークルの過去、現在、未来へのつながりをよりいっそう感じることができ、これからの点訳サークルの役割を考える機会を持ちました。

　現在は昔と違って、視覚障害者に対する点訳等の保障も充実してきており、点訳サークル自体の存在意義も薄れてきている部分があります。昔のように、視覚障害学生の支援を主な仕事としてサークル活動を維持

写真1　点訳サークルの活動風景

するのは難しくなっています。しかし、大学の中で障害について学ぶ場としての役割、そして、障害について発信する役割は今も大きく残っています。少人数のサークルでできることは限られてきますが、これからもサークルの役割を問い直し、存続していくことを願っています。

　私は卒業後、視覚障害教育への道に進むための準備をしていくつもりで、いつかまた視覚障害の学生支援にも関わることができれば嬉しいです。

6

盲学校における視覚障害者の学習
―― 感光器、点字プリンタ、ポリドロン

遠藤　利三
元筑波大学附属盲学校教諭。東京都出身。アマチュア無線がきっかけで高校1年から盲学校の機器製作などを体験。大卒で教員となり、点字プリンタの開発や算数、数学の点字教科書編集などにも協力。

　私は盲学校の数学科教員として39年勤務しましたが、この間視覚障害者の学習環境は大きく変化しました。ここでは私がこれまで経験したことを中心に、盲教育におけるバリアとそれを取り除くための教材開発の歩みを紹介します。

1　新しい技術と素晴らしい人たちとの出会い

●アマチュア無線にのめりこむ――1960年代
　私と技術との出会いは、中学校まで遡ります。その最初はアマチュア無線との出会いでした。
　私が、千葉県市川市にある私立市川中学に入学したのは、1960年のことです。中高一貫で、当時は男子校でした。ある日、掲示板に「アマチュア無線　部員募集」という掲示があったのです。当時はアマチュア無線

のことなど何も知らなかったのですが、「無線」というキーワードに惹かれ、部室を訪ねました。高校生の先輩から、いろいろ説明され、新しくできた初級の資格ならば中学生でも取得できるというので入部を決めました。実際、無線工学と電波法規についての指導を受け、国家試験にも合格しました。その時期は、無線部のクラブ局を開設する準備をしているところで、放課後になると、できたばかりのクラブ局から全国のハム（アマチュア無線をやっている人）との交信を楽しむことができました。無線機の組み立てもできるようになり、親切な先輩の協力もあって、自宅に個人局を開設したのは、3年生になってからでしたが、近隣の無線局を訪問するなど、新しいハムの仲間もできました。

　また、私の人生を大きく変えることとなる林良重先生と出会ったのも中学生の時です。化学を担当する大変熱心な先生で、彼を中心に化学部の活動も盛んになり、私はその一員でもありました。

●盲学校での出会い

　高校に進学してすぐのこと、大きな変化が訪れます。林先生が、盲学校——当時は、東京教育大学教育学部附属盲学校——に転勤されたのです。ある日、偶然通学の電車でお会いした林先生は私に、盲学校にアマチュア無線をやりたい生徒がいると相談されました。それまで盲学校に関する知識はほとんどありませんでしたが、アマチュア無線であれば、教わる側から中学生に教える側に回っていたこともあり、何とかなるかと思い引き受けました。

　初めて盲学校を訪問し、希望者の皆さんと話してみると、私より学年が上の方で、理解も早く、試験が口頭で受けられることも事前に調査されていました。これならば、テキストを読んでいき、それに説明を加えることでやれそうです。テキストは往年の名著、『ハムになる本——アマチュア無線入門テキスト』（日本アマチュア無線連盟、CQ出版、1962年）を用いました。毎週土曜日の午後、市川の高校から文京区の盲学校に通

うことになりました。全盲ですでに開局している人が近所にいることがわかり、訪問したところ、理論だけでなく実技も重要といわれたので、半田付けなども体験してもらいました。いずれにしても、優秀な人ばかりだったので、全員国家試験に合格し、自前のクラブ局を開設するまでお手伝いしました。当時は、ボランティア活動をしているという意識はなく、自分も先輩のお世話になっていたので、無線をやりたい人たちに協力するのは当然のことと思っていました。

また、そのころ附属盲学校で数学を教える全盲の先生がいらっしゃいました。それが本書にコラムを寄せていただいた尾関育三先生です。先生はその後も盲学校で数学を教えながら、数学の研究も続けられ、20年ほど前、全盲で初めて数学分野での理学博士号を京都大学で取得されました。

私が視覚障害者の学習支援に関わるまでには、いくつもの幸運な出会いがあったのです。

2　学習支援の技術史と私 ——感光器からパソコン点訳まで

●感光器を作る——1963年

このようにして、盲学校と関わることになったのですが、この時期は視覚障害者の学習支援に関して、新しい動きが活発になり始めた時期でした。大きな役割を果たしていたのが、前述の林良重先生で、盲学校での理科教育を何とかしなければいけないと、意欲的に研究されていました。

最初にお伺いしたときに見せられましたのが、感光器というものです。光の強弱を音の高さに変換する装置です。写真1は年代順に並べたものですが、光が強く、明るいと音が高くなります。

最初に見たのは林先生の同僚の野口功先生によるもので、木の箱の中

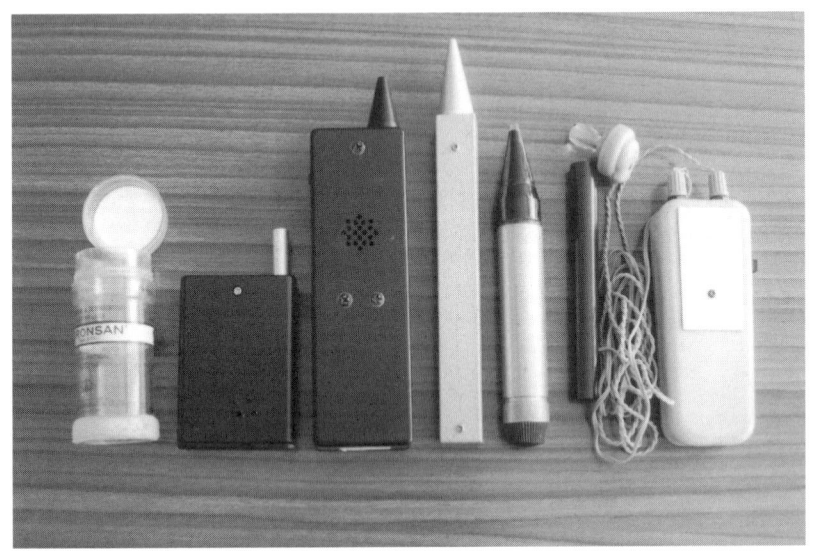

写真1　感光器
右から順に、高校生の時製作したものを参考に製品化された感光器（イヤホンと光センサーが接続されている）、イギリス製のペンシル型の感光器、これを参考にして作られた国産の感光器、改良された国産の感光器、簡易型感光器。一番左は、高校生の時に利用した薬のケース（実際には、これより一回り大きいものが使用され、これは小さいので残っていた）。

につないだ部品が音を発するものでした。「これがあると、色々できる」と言われ、回路図も見せてもらいました。私は「これだったらもっと、小さなコンパクトなものができます。スピーカーでなく、イヤホンを用いるのなら、すぐやれます。」と答え、おそらく翌日だったでしょうか、秋葉原に出かけました。今の秋葉原はだいぶ雰囲気が変わってしまいましたが、その当時は、秋葉原に行けば、電気の部品は何でも揃いました。トランジスタなどの部品を買い集めました。光の強さで電気抵抗が変わるCdS光センサーというパーツを用いるのですが、これは当時高価だったため、中古の部品屋を探して買いました。同じく高価だったプラスチックのケースは、たまたま父親が飲んでいた薬のケースがちょうど手頃で

した。こうして完成したものを持って行きますと、「これはいい、これならすぐに使えるから、たくさん作ってくれないか」と頼まれ、いくつか作ることになりました。化学の実験で、色が変わったりする化学反応などを感光器で確かめるなど、いろいろな利用法がありました。感光器が初めて盲学校の授業で使われるようになったのです。

　感光器のほかにも理科の実験器具の開発のお手伝いもすることになりました。てんびんのバランスを音で確認できるようにすることなど、いろいろと頼まれたのですが、満足できるものは作れませんでした。やがて、感光器を電機メーカーが作るというので期待しましたが、ケースがきれいになっただけで、私が作ったものと大きく変わらないので、少しがっかりしました。実は、感光器という名称も、後から提案されたものです。外国の文献では、ライトプローブとなっていて、それに該当する日本語がなかったのです。なお、当時補聴器のメーカーにおられ、戦後のアマチュア無線の復興に貢献されたハムの大先輩でもある庄野久男氏も同様の、いやもっといい機器を試作されていたのですが、製品化には至りませんでした。

　この感光器は、私が高校を卒業したのちも残されており、電話交換の仕事をしている盲学校の卒業生のもとに職場訪問した際、そのうちの一つが使われていることを知り感激しました。これによって、交換機のランプの点滅が確認できるのです。

　やがて、林先生が富山大学に赴任され、後任の鳥山由子先生が着任された頃、イギリス製のペンシル型の感光器が輸入されてきました。それまでのイヤホンではなく、小型スピーカーが内蔵され、使いやすく、「こういうものが作れたらよかったのに」と感じたのを覚えています。より使いやすくなるにつれ、感光器はより普及し、室内の理科実験のみならず、自然観察などいろいろな場面で使われるようになりました。のちに私も数学の授業で、校舎の高さの測定に使いました。

　鳥山先生の取り組みにより、このタイプの感光器が国内でも生産が始

まり、改良も進められました。全国の盲学校にも普及していきました。しかし、高価で、生徒が手軽に利用することはできませんでした。これを解決したのが、鳥山先生の後任の浜田志津子先生です。7年ほど前、愛知教育大学の小玉康一先生が試作した簡易型の感光器を、市販の電池ケースを利用するなど、工夫をこらして改良したのです。すると、大学の社会貢献活動として部品が提供され、各地の高等専門学校や工業高校の生徒が実習の一環として組み立てに協力するという体制もできました、全国の盲学校の生徒に貸与されるようになり、授業以外の場面でも手軽に感光器が使えるようになりました。

●電子計算機と点字プリンタの衝撃──1964年

　さて、私の高校時代に戻りましょう。同じ時期に、盲学校の理科教育に関する大きな出来事がありました。自宅で盲生徒に理科実験を指導しているアレクサンダー・ウェックスラーという人がオーストラリアにいることがわかり、高校2年生の夏休み、ついに彼が招聘されたのです。京都と東京でセミナーが開催され、私は東京のセミナーに出席しました。高校生で参加したのは、私の他に盲学校のアマチュア無線クラブの3名だけでした。

　このとき一番印象に残っているのが電子計算機との出会いです。実は、この時期より5、6年前に電子計算機による点訳の自動化が研究されており、点字プリンタも試作されていたのです。これは、我が国初（おそらく世界初）の点字プリンタでした。この研究に尾関育三先生も関わっていて、機器類は、附属盲学校に残されていたのですが、変換装置が使用できなくなっていました。これをウェックスラー氏に見せようと、東京大学の計算センターに持っていき、デモンストレーションをすることになったのです。私もセミナーの参加者として同席でき、電子計算機と点字プリンタを見ることができました。もちろん今のコンピュータとはまったく違います。ディスプレイはおろか、フロッピーディスクもあり

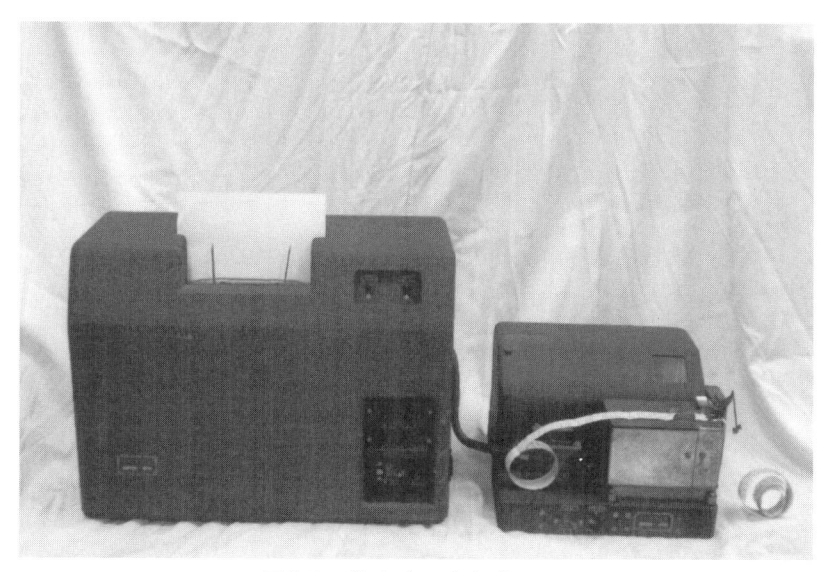

写真2　我が国初の点字プリンタ

ません。データは、鑽孔（さんこう）テープという紙テープに穴を空けて記録されます。この穴の代わりに突起にすれば点字のように利用できます。このように、点字とコンピュータは、原理的に非常に近く、創始の段階から結びつきが深かったのだろうと思います。タイプライターで文字を打っていくと、紙に文字が印字されると同時に、紙テープに穴があけられていきます。その紙テープを電子計算機と接続されている読み取り機で読み取らせます。すぐに別の紙テープに穴があけられて出てきます。この紙テープを点字プリンタと接続されている読み取り機で読み取らせると点字が印字されるのです。写真2は、附属盲学校の資料室に保管されている本体と読み取り機です。動作はしませんが、点字用紙と紙テープがセットされています。

　セミナーが終わってから、電子計算機をもっとゆっくり見学したいと尾関先生にお願いして、後日、1人で見学させてもらうことができました。そのときの説明で印象に残っているのは、電子計算機で天気予報も

できるというものでした。ただし、明日の天気予報の計算結果が完了するのは3日後になってしまうということでした。今日の状況を考えると隔世の感がありますが、ともかくもこのようにして私は、アマチュア無線から電子工学へとその関心を移すことになったのでした。

●盲学校における電子計算機の利用──1973年〜1975年

　大学卒業の年に附属盲学校の公募があり、無事採用され、私はいよいよ視覚障害者支援の世界に本格的に参加することになりました。すぐに取り組んだのは、アマチュア無線クラブの再建と点字プリンタの修理です。

　アマチュア無線クラブは活動休止状態だったのですが、免許を持っている熱心な生徒が入学して活動が再開されました。クラブには、中学生も入り、免許を取得して、無線通信を体験しました。これは盲学校以外の人達との交流の機会にもなりました。やがてパソコンが普及し始めるころには再び活動休止状態になってしまいましたが──。

　点字プリンタの方は、図面も残されていたので、調べていくと故障原因の部品がわかりました。メーカーに問い合わせ、これを入手して修理することができました。

　その後私が取り組んだのが、盲教育への電子計算機の利用です。電子計算機の補助具としての利用や職業などの可能性について、いろいろと構想し始めていました。

　それは時代の動向とも一致していました。そのころ、第5章でも登場した日本ライトハウスでは、プログラマーの職業教育が始まっていました。やがて全盲のプログラマーが就職する事例も出てきました。ちなみに、当時は知らなかったのですが、最初の全盲プログラマーが、現在ソプラノ歌手として活躍されている塩谷靖子氏です。

　就職して3年目に、情報処理の国際会議（IFIP）がフランスのマルセイユであることを知りました。障害教育に関する分科会もあるというの

第6章　盲学校における視覚障害者の学習

写真3　ミュンヘンの盲学校の教室に設置された点字プリンタ

で、参加することにしました。その大きな収穫が、会議の前に訪問したミュンヘンの盲学校（写真3）に、簡易の点字プリンタがあったことです。点字は紙テープに印字されるものでした。しかも驚くべきことに、生徒の机に設置されている教室もあったのです。それまで、何となく頭に描いていた点字の電子黒板がすでに実現していたのです。

　また、会議では、著名な先生方にお会いすることができました。中でも、日本のコンピュータのパイオニアといわれる森口繁一先生と山内二郎先生には、帰国後、様々な支援をしていただきました。東京大学の森口先生の研究室で、コンピュータを自由に使わせていただくことができたので、プログラミングの勉強ができました。当時作成したプログラムが記録されている紙テープは、今でも残っています。簡単な文字変換プログラムで、点字の形をピリオドやカンマ等で表示するものです。当時

171

のプリンタは、活字で印字されるので、そのままでも触ってわかるくらいですが、用紙の下に薄いラバーを置けばさらにはっきりします。前述の塩谷靖子氏もこのような方法でコンピュータを扱っていたそうで、点字プリンタが製品化するまでは、このような方法が使われていました。

なお、私のコンピュータ利用について、連絡役をしていただいた小川貴英先生は、その後津田塾大学教授になられましたが、最近になって附属盲学校の卒業生がお世話になるというご縁もありました。

●プログラム電卓の指導から点字 BASIC の実験——1978年

附属盲学校でも、プログラミングの原理を学習できるプログラム電卓が理科教育振興関係の予算で導入されました。点字には対応しておらず、点字プリンタの必要性は増すばかりでした。ちょうどその折、東京都立工業技術センターの平塚尚一氏がメカトロニクスによる点字プリンタを試作しました。同氏は、以前附属盲学校に来校され、私が修理した点字プリンタを見て、もっと簡単なものができないかと研究を重ねていました。また、同じ時期に山内二郎先生の力添えで研究奨励金を受けることができたことも大きな助けとなりました。

まず、当時発売されていたマイクロコンピュータの製作キットを用いて、簡易 BASIC が使えるものを製作しました。そして、これを試作されたばかりの点字プリンタと接続して、BASIC プログラムが点字で使用できる実験システムを完成させることができました（写真4）。これは、BASIC のシステムプログラムを変更して点字の入出力機器と接続するものでしたが、その作業は、技術指導を受ける形での正式契約もしていたので、学校の夏休み中に技術センターの研究室で行いました。何度も変更を繰り返すうち、ある日、ようやくうまく動作しました。点字タイプライターと同じ配列のキーボードからプログラムを入力すると、結果が点字で出力されます。これで初めて点字使用の生徒にプログラミングを体験させることができました。1978年の夏のことです。

写真4　点字 BASIC の実験システム

　これを単なる研究で終わらせてはならないと、製品化についての模索が続き、ようやく点字データターミナルとして製品化されました（写真5）。これを実現したのは、小規模の精密機器のメーカーでしたが、採算よりも社内の研修のためと、敢えてご協力下さったとのこと。製品名は ESA731 となりました。私（遠藤）と開発者、そして製品化について助言されていた阿佐博先生のイニシャルを使ったとのことでした。大型コンピュータとも接続できるもので、点字プリンタとしても実用性の優れたものでしたが、これを活用するソフトがないため、なかなか普及しませんでした。全国の盲学校に、大々的に新しい時代の機器が配置されたのは、ブレールマスターの登場を待たねばなりません。

● ブレールマスターからパソコン点訳へ

　ブレールマスターは、小型コンピュータに点字キーボード、点字プリ

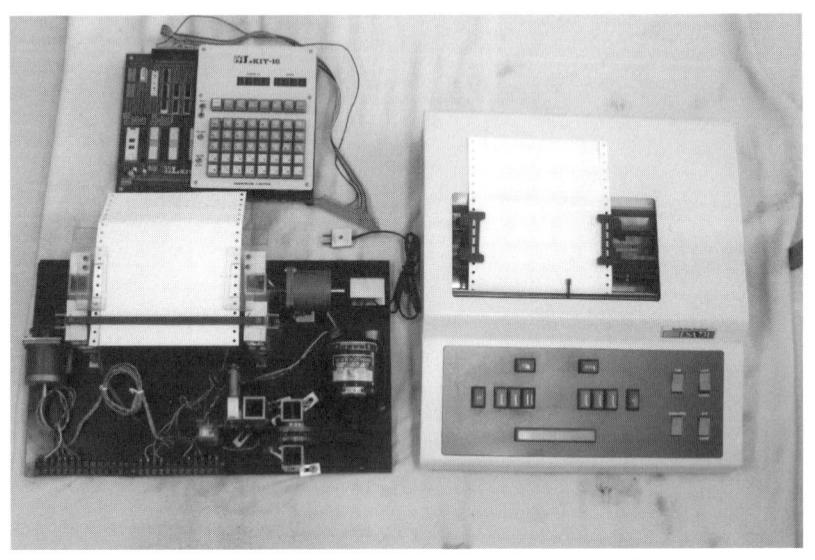

写真5　点字データターミナル、試作機、マイクロコンピュータ
初めて製品化された点字データターミナル ESA731。試作された点字プリンタは、本体だけが残っていて、制御に使われたマイクロコンピュータ、電源部、点字のキーボードは残っていない。マイクロコンピュータ Lkit-16のプログラムは、16進数をキーボードで入力し、それはオーディオテープに保存することができた。簡易 BASIC のシステムプログラムもテープに保存するまでは、すべて16進数で入力しなければならなかった。これを変更することができたので、入出力部分を変更して、試作された点字プリンタと点字キーボードに接続した。

ンタなどが接続されていて、挿入・削除などの編集機能を備えていました。点字データはフロッピーディスクに保存され、精度こそ高くなかったのですが、手書きの点字を光学的に読み取る装置も接続されていました。従来の亜鉛板製版より簡単に点字印刷ができるので、使用頻度が高くなり、複数台ほしいという要望も出てきましたが、1台800万円と高価だったので、文部省（当時）の計画でも全国盲学校に配備されるのに10年かかるというものでした。

　附属盲学校では、ブレールマスターのデータを他のコンピュータで作成する研究に取り組み、尾関先生がそのプログラムを作成していました。

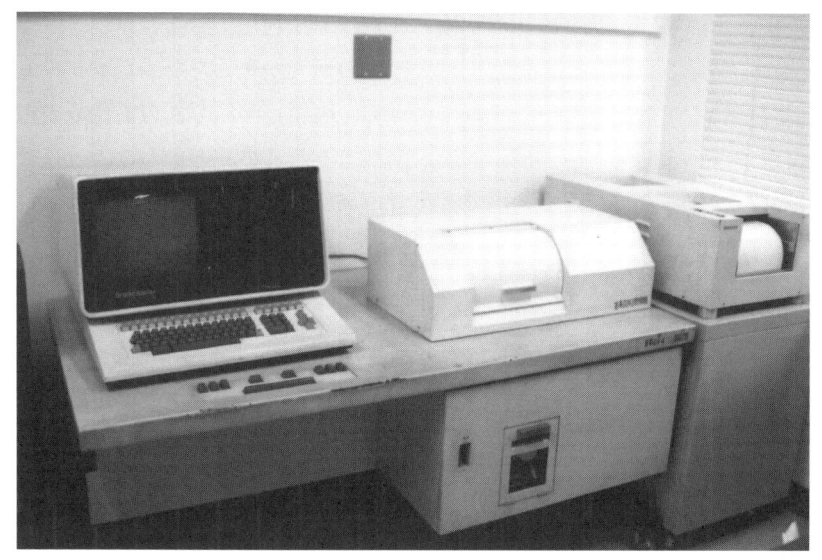

第6章　盲学校における視覚障害者の学習

写真6　ブレールマスター（筑波大学附属盲学校資料室）
右側にロール紙を使用する点字プリンタ、中央に点字読み取り機、その下に、小さなカタカナプリンタがある。

　また、そのころパソコンが普及し始めてきたので、パソコンと点字プリンタを組み合わせてブレールマスターと同様のことを実現しようという発想もありました。いくつかのソフトが開発されましたが、いずれもパソコンのキーボードを点字タイプライターのように同時に押して入力するもので、点字データの作成だけならパソコン本体だけで可能であり、点字タイプが使えれば容易に操作できるので、点訳ボランティアの間ですぐに普及していきました。中には、点訳に使用しているパソコンでワープロができることを後から知ったという人もいました。また、前述の点字データターミナルはプリンタとしての利用が多かったので、その後継機は、点字プリンタの機能だけになり、次々と改良が進められました。このように、パソコン点訳ができるようになるなど、盲学校の教育環境も大きく変わっていきました。

また、点字プリンタに比べ安価にパソコンが利用できる音声ソフトが次々と開発されました。長谷川貞夫先生の研究がもとになったパソコンに音声装置を接続するシステムによって、附属盲学校でも自動代筆の指導が始まりました。広瀬浩二郎氏が卒業するころのことでした。現在では、パソコン本体だけで利用できる音声ソフトが普及しています。

3　学びあいが学びを変える

●和光小学校での教育実習

　このような体験を通じて、さらに初等教育への器具の応用を、より真剣に考えるようになりました。直接的なきっかけは、就職してすぐ、文部省の点字教科書の編集委員を委嘱されたことです。数学のみならず、算数の教科書にも関わることとなり、小学校段階での数学教育の重要性を感じるようになりました。そのような事情から、通信教育で小学校の教員免許を取得し、いよいよ教育実習となりました。
　私が実習先で選んだのは東京の和光小学校でした。ここの平林浩先生が統合教育（共同教育）の実践記録『しのぶちゃん日記』を出され、これを読んでいた鳥山由子先生とともに、当時注目されていた仮説実験授業を見学した折に教育実習をお願いしたところ、快諾していただきました。実際の実習では、もう一人の全盲児童のいる3年生のクラスに入ることになりました。いくつかの教科の授業実習をしましたが、理科は、仮説実験授業です。実験の前に結果を予想させ（選択肢から選ぶ）、どうしてそう思うのか子どもたちが議論し、最後に実験を行います。予想が外れても、得られることがいろいろあり、画期的な授業方法であることもわかりました。ここでの1か月の経験から、小学校での教育だけでなく統合教育についても多くのことを知ることができました。特に、盲学校と普通学校との連携の必要性も、このときの経験で実感することがで

きました。

　その後、附属盲学校で、普通中学に在籍する視覚障害の生徒について、本人の指導や担当教員からの相談に応じるなどの協力関係が始まり、小学部では、通級指導も行われるようになりました。さらには、普通高校に在籍する生徒の支援をするだけではなく、附属盲学校の生徒に筑波大学附属高等学校の授業を受けさせるというプロジェクト研究も行われました。点字使用の生徒が1、2週間、すべての授業を受けるのです。授業で使うプリントの点訳など、どんな支援が必要かを実証することを目標として、1996年から3年間実施され、様々な成果がありましたが、思わぬ副産物もありました。このとき準備した数学の教材の中に、その後盲学校の授業でも使えるものがあったのです。

　また2003年からは、普通中学校に在籍する視覚障害の生徒を対象とするサマースクールを始めました。わずか2日間ではありますが、調理や理科の実験など、普通校ではなかなかやりきれないような内容をプログラムにしました。定員は12名ですが、ほぼ毎年希望者が集まります。同じ障害を持つ仲間と一緒に学習することや、交流することも重要という考えもあります。保護者だけでなく在籍校の先生がいらっしゃることもあり、情報交換の場にもなっています。先ほど述べた、感光器を用いた校舎の高さの測定を初めて中学生を対象に行いました。さらに「科学へジャンプ」というプロジェクトも2008年から始まっています。大学の先生方と盲学校の教員が連携して、理科実験などを通して科学の楽しさを子どもたちに伝えようと現在も各地で実施されています。本書に登場する大野照文氏、嶺重慎氏にも協力していただいています。また、理科以外にも見えないことを前提として企画された様々なプログラムが実施されています。

● **視覚障害教育の重要性**

　視覚に障害のある生徒が盲学校で学習する意義は、そこに蓄積されて

いる視覚障害教育の専門性にあるだけではありません。同じような障害のある生徒が一緒に学習できることも重要です。時には対立することもありますが、競い合ったり、協力しあったりする場面を何度も見てきました。これまで、体験してきたことの多くは、すでに工夫されていたことを学ぶことからはじまりましたが、このように生徒と関わることによってわかったことが少なくありません。盲学校の生徒が少なくなると、教員の授業経験が少なくなってしまうという問題が出てきました。盲学校教員の専門性を向上させるには、生徒と関わる経験が重要であると考えています。そのような意味での盲学校の必要性を感じています。そして、盲学校の経験が蓄積されていくことも重要と考えています。先ほどのプロジェクト研究で盲学校の生徒が、普通高校の授業を無理なく受けられたのは、これまで蓄積された附属盲学校の各教科の専門性が発揮されただけではなく、対象の生徒自身が見えなくても学習できるような基本的な力が身についていたことにもあります。点字の読み書きが正確にできるようなことだけではなく、主体的に学習できる力も必要です。やがて、一般大学でも学んでいくためにも、このような基本的な力が身につくようにすることも盲学校教育の大きな役割です。

　初めて盲学校を訪れた50年前、日本の盲学校では、全盲生の理科実験の授業がようやく本格的に始まったばかりでしたが、先ほどお話ししたウェックスラー氏は、当時オーストラリアに盲学校の高等部がなかったので、普通学校に進学した生徒を自宅に招いて指導していたとのことでした。オーストラリアの現状は知りませんが、最近になって、アメリカなどで、盲学校の必要性が改めて見直されていることを聞いています。「サマースクール」や「科学へジャンプ」が企画された背景には、以上に述べたような事情もありました。

　大学進学で理科系を希望する全盲生は、数学科へ進学するしかなかったのですが、やがて大学で物理や化学を学ぶことも可能になりました。最近では、毎年のように大学の数学科に進学するようになりました。も

ちろん、機器類の開発も目覚ましく、これらが利用できるようなこともありますが、長年蓄積された経験をもとにした盲学校の協力によって、初めて可能になった事例も多いと思います。

　大学受験の交渉などでよく言われることですが、受け入れを断ろうとするときは、あれこれできないことを挙げていきます。これに対しては、できることは何かを示していくことが重要でしょう。

　機器の開発などにより、教育環境が改善され、できないことが減り、できることが増えてきました。就職についてもこれまで一番の問題は文書処理でしたが、パソコンなどを補助機器として活用することでかなり解決されています。収納スペースが大きくなってしまう点字の辞書も、現在では、電子辞書が利用できるようになりました。便利な機器をどう活用するのかということが重要になってきました。また、経験がなくても、やってみて初めて出てくる工夫もあると思います。第1章で佐野氏が論じられている通り、それまで経験がなくても障害者を受け入れた事例が多くなってきました。今後もそのような大学や企業が増えることを願っていますが、一番印象に残っているのは、現東京大学教授の福島智氏の例です。失聴された高等部2年の学級担任だったので、いろいろありますが、ここでは機器に関することを一つだけ紹介します。ドイツに使えるものがあるかもしれないと3年担任の塩谷治先生にも伝え、ミュンヘンの盲学校に問い合わせたりしましたが、実際に使われたのは、ブリスタという点字タイプライターでした。第3章を執筆されている石川氏が大学院進学時にドイツから取り寄せていたのでわかったのです。私が見てきた点字プリンタと同じ紙テープが使われ、軽量で音も静かなので、授業の内容を通訳者がこれを使って伝えることができました。大学での授業にもこれが使われました。なお、ドイツで見てきた設備が盲ろうの生徒の授業に使われていたことがこのときにわかりました。なお、塩谷先生は、福島氏の学校生活や大学進学を支援する体制を整えることに尽力され、これがモデルとなって設立されたのが全国盲ろう者協会で、

退職後事務局長を務められました。

●短期記憶の重要性

　ここまで述べたような新しい機器の開発は、現在もますます進んでおり、点字をピンの上下で表示する点字ディスプレイもすでに実用化されています。さらには、点字のメモが簡単に取れるような小型の機器もあります。

　こうなると、単純に便利であるというだけでは不十分で、これらの機器を学習の場においてどのように使うのかが課題となってきます。一例として数学の学習のことを考えてみましょう。数学の学習においては、短期記憶が非常に重要であると考えます。たとえば、2次方程式や2次関数などの式を読み上げてみましょう。このような短い式でしたら、最近の機械でどんどん記録できます。しかし、その式が頭に残るかといえばどうでしょうか。頭に残らないと、これから式を変形したりすることはできません。もう一度読みながらやればいいかもしれませんが、それでは発展性がありません。記憶されれば、その後の式変形が容易になります。さらに二つの式が記憶されれば、足したり、引いたりが簡単にできる。あるいは、もっと複雑な計算もできるようになっていきます。このような短期記憶が非常に重要だとだんだん気がつき、この点にも配慮した指導を積極的に行うようになってきました。数学を本格的に学習していくために、大変重要な力です。便利なものに頼りすぎると、本来必要な力がかえって身につかなくなってしまうという問題があるのです。

●ポリドロン

　こう考えますと、単に電子機器の開発を進めるだけではなく、単純なものの組み合わせがかえって教材として有用になる場面が出てきます。ここで紹介したいのが、ポリドロンです。20年も前に研究会で配られたパンフレットから入手しました。イギリス製で、当時は小さな輸入業者

写真7　ポリドロンとその他の立体模型

が扱っていたのですが、やがて教科書会社が扱うようになり、現在も普及しています。プラスチックの板で、正方形や正三角形などがあり、それをつなぎ合わせて立体を作ることができます（写真7）。

　これまでも、木製の立体模型も利用しましたし、立体の辺だけを丈夫な鉄線を溶接して作られた教材にも有用なものがありました。しかし、自分で組み立てていくことが、ここでは非常に重要です。もちろん完成品を触ってもいいのですが、自分で組み立てていくという操作を通じて、いろいろな発見ができるのです。最初は正方形からです。1枚だけ渡してゆっくり確かめてもらいます。2枚目を渡して連結を指示します。できるようになったところで3枚目を渡します。長方形ができたり、L字型ができたりします。この段階で、立体を組み立てようとする生徒もいます。三角柱になるものもありますが、立方体を目標として、残りの枚数を渡します。完成したら、面だけではなく、辺や頂点の数を確かめます。そこにどんな関係があるのか、うまく誘導していくと、中学生でも

有名なオイラーの多面体公式を導くことができます。また、平行や垂直の関係を調べることなど、いろいろなことが学習できます。

単に立体を見るよりも触ってやるほうが、理解につながるのではないかということは、先ほどのウェックスラー氏の講演ですでに指摘されていました。実際にやってみると、結構うまくいきます。なるべくヒントを少なくして、自分で発見した喜びを味わってもらいたいということでやっています。

他にもないかと、今も一生懸命、教員の仲間で探しています。新しいタイプのポリドロンのほかにも、デンマーク製のジョボブロックというものがありました。これも良いもので、手を尽くして附属盲学校に導入し、現在では、たくさんのポリドロン、ジョボブロックのセットがあります。高等部の生徒でも大変楽しく作業でき、高校数学の教材としても利用されています。教室の片隅に生徒が自由に作業できるスペースも用意されています。

●触図について

便利な機器は、単に障害者のできることを増やすだけでなく、健常者の教育内容を見直すような働きをすることもあります。このことを考えるのに良いのが、算数・数学の教科書に必ず出てくる、立体の見取り図です。その前にまず触図（点図、口絵を参照のこと）について述べておきましょう。

私が初めて触図を作ったのは、高校生のときです。無線工学の説明に必要な図でした。最近、そのとき作った真空管増幅器の回路図を見つけたのですが、ビニールシートを網が貼られた板（かや板）に重ね、上から点筆などを押しつけて描いたものです。部品の名称などを点字も入れてありましたが、よく見ると間違っているところがあります。

教員になったときには、レーズライターがあり、簡単に図ができるので便利でしたが、これではコピーができません。そのために、口絵にも

あるサーモフォームが使用されていました。触図の原版にビニールシートを重ね、熱を加えてから吸引してコピーするものです。点字プリンタが普及するまでは、手書きの点字のコピーにも使われました。夏の暑い日に、ボランティアに点訳していただいた予備校のテキストをコピーしていた生徒の姿を思い出します。やがて、立体コピーも使えるようになりました。発泡剤をコーティングした用紙に、一般の複写機と同じようにコピーするのですが、これを強力なランプで光線をあてると黒くコピーされた部分だけが発泡し、触図になります。原図が比較的容易にできるのですが、触った感触や用紙のコストなどの問題もあります。

　点字用紙に触図を印刷するには、亜鉛版を使わなければならなかったのですが、やがて描画機能を備えた点字プリンタが製品化され、いくつかのソフトも開発されました。特によく利用したのはエーデルです（第8章）。

　当然、これらの技術は教材開発に応用されています。パソコンのソフトで、関数の式を入力するとそのグラフが表示されるものがありますが、これを利用して点図にすることも可能になっています。ただし、目標を明確にして作図しないと、役に立たない図になってしまう場合もあります。数学の図は、理科などより単純ですが、学習に必要な図となると、何度も描き直したこともありました。

● **見取り図について**

　立体の見取り図に話を戻しましょう。これも触図にすることができますが、数学の学習では使いません。点字の教科書でも使われていません。これはなぜでしょうか。

　見取り図によって立体を理解できるのは、視覚経験の積み重ねによります。立体をあらゆる方向から見るという経験があって、一方向から見た図に過ぎない見取り図によって、立体を理解できるのです。見取り図では、実際に見えていない部分の一部も透視図のように書きますが、触

図でこの部分をわかりやすく表現することは難しいことです。また、もし見取り図そのものの形を理解できたとしても、その形から立体を見た角度を発見してさらに立体を再構成することができるのは、実は視覚的経験を前提としています。

　したがって、展開図、投影図、あるいは断面図で立体を提示することにしています。ただし、それによって立体がわかるようになるまでは、実際の立体で確かめながら学習を積み重ねる必要があります。先ほどのポリドロンはこのような学習にも役立っています。しかし、立体を触って把握することは、実は「健常者」にとっても重要なことではないでしょうか。触ることで見えていないところも確認できるのです。ポリドロンのところで述べたような、触ることで初めて理解できることや発見できることは、実は視覚障害者特有のものではないのです。このことについては、第8章で嶺重氏が詳しく書かれています。

●目的が明確になれば消えるバリア

　この事例が物語っているのは、目的を明確にすることで、バリアに見えたものが実はバリアではないことがありうるということです。立体の見取り図のような複雑な図があって、触図にするのが難しい場合でも、その学習の目的が何かを明確にしていくと、必ずしも必要でない図であることがわかったり、あるいは、もっと単純な図に変更したり、あるいは図（視覚情報）を用いない新たな学びの方法を見つけることができたという経験は、他にもいくつもありました。

　5年ほど前のことです。筑波大学附属高等学校を退職されていた中田庸男先生に非常勤講師をお願いしました。必要な点字教材は触図などを含めて、こちらで準備していました。円錐を平面で切断して、切り口が楕円になる場合の証明に必要な見取り図を示されました。これを触図にするのは無理と答えたところ、ご自身で模型を作製してくださいました。証明に必要な部分だけに簡略化された、とてもわかりやすいものができ

ました。製作の技量に加え、何を示すべきかが明確だったからこそいいものができたのです。なお、中田先生には、附属高等学校在職中に点字教科書の編集にも委員として協力していただいていました。数学教育に実績のある方に加わっていただくことで、学習の目標をより明確にすることができ、よりよい点字教科書の編集ができるようにと、このような体制が以前から続けられていたのです。

　もう一つの例は、附属盲の高村明良教諭（当時）によるものです。だいぶ以前から飛び出す絵本のような教材ができるといいと話し合っていましたが、アート作品作成のための、様々な技法を示す解説書が見つかりました。これを参考にしてもらい、製作をボランティアに依頼すると、ページを開くと立方体や四角錐になる作品ができました。数学の教材となるような改良が進められました。立方体の対角線を学習できるものなど、いろいろなものができました。第7章で大野氏が書かれているように、立体の模型を持ち帰るのは大変ですが、本と同じように扱えるので、生徒が持ち帰り、後で学習することができるようになりました。また、附属盲での研修会でこれを作るワークショップも行われ、最近日本点字図書館から、これを参考にしたものが発売されています。

●入学試験問題の点訳

　これまで、視覚障害の生徒のための教材作成には、経験に基づくいろいろな工夫が必要であることを述べましたが、試験問題も同様です。盲学校で実施する試験であれば、最初から配慮されていますが、大学の入学試験問題を点訳する場合には、いろいろな困難点があります。さらに、秘密の保持や公平性が求められます。受験生に不利にならないようにするためには盲学校の教員が必要となります。秘密の保持のため、試験直前の作業となり、受験生も試験終了まで一般受験生と隔離されます。このような形での点訳は、私が教員になる以前から行われていて、大学進学を希望する生徒も増加傾向にありました。さらに、受験生が増えてい

くと、これまでのように各地の盲学校の教員が大学に依頼に応じて点訳者として派遣される方式では対応が困難になり、入試点訳業務を遂行する専門機関の設置が望まれるようになりました。尾関先生が退職されたとき、先生に全面的に協力していただくことを前提に、準備が始まりました。鳥山由子先生を中心に現職の教員も協力することになり、発足したのが全国高等学校長協会入試点訳事業部です。信頼を得るためと全国の盲学校と連携できるよう全国高等学校長協会の下部組織としたのです。また、優秀な点訳ボランティアに協力者となっていただき、1990年から活動が開始されました。発足に際して文部省の関係部局にも説明していたので、点訳事業部に依頼して点字入試を実施した国立大学には、予算措置もされるようになり、現在は私立大学に対しても同様の経済的支援が行われています。なお、設立時から尾関先生は専務理事として活躍されていましたが、現在は高村先生に引き継がれています。現在の理事長は鳥山先生です。

　私が協力したのは、主に機器に関することでした。発足当時は、パソコン点訳が普及し始めていたころでしたが、これを積極的に利用することになったからです。最初のうちは、点字プリンタなどが故障したら、すぐに代替機を搬入できるよう製造業者に協力をお願いしました。遠隔地では、現場で修理できるように点字プリンタの開発者に同行していただいたこともありました。機器の性能が向上した現在でも、予備機を用意するなど万全の態勢がとられています。

● **盲教育を支える力**

　私は39年間教員を務めましたが、その中で、いつも印象的だったことは、盲学校の教育環境を支えてくれている方々が大勢いるということです。点訳ボランティア、音訳ボランティアをはじめ、たくさんの方々がいて、成り立っているのです。そういうことを知ったのも、教員になってからでした。

新しい技術が発達してきて、いろいろなことができるようになるかもしれませんが、やはりそういう方々の力がなければ成り立たないというのが、今後も続くと思います。現在利用できるようになった点字の電子辞書は、機器の開発を見込んで、かなり前から多くの方々が点訳作業を続けられて実現したものです。私が感光器を作製した際にも感じたように、自分がやったこと、作ったことがいろいろな場面で活かされ、それを使って活躍する人が存在することが、何よりの励みになるのは、多くの人に共通するものと思います。ですので、新しい機器を次々と作って行くことだけでなく、そのようにして出来たものがどう活用されるか、それが非常に重要なことかと思います。

　盲教育について、私が知っていることはわずかですが、いろいろな人がいろいろな形で支えていることを知りました。そういう方々への感謝の意を表して、本稿を了えたいと思います。

Column 6
サークル活動がライフワークに！

岡田　弥

社会福祉法人日本ライトハウス情報文化センターサービス部長。奈良市出身。視覚障害リハビリテーション指導員。視覚障害者向けのバリアフリーグッズの紹介・販売や講演会での啓発活動などをしている。

　大学に入って、本当に何気なく入った点訳サークルでした。小さいときから腎臓が悪かったので運動部は無理、だけど何かやりたいなと思っているときに友人が入っていたので、たまたま行ってみたのが点訳サークルでした。活動を始めると、点訳が性に合っていたのか、点字タイプライタをガチャガチャと打つのがとても面白く、サークル活動にすっかりはまっていきました。しばらくすると、大学には行くけれど、授業には出ずにサークルのメンバーと過ごすというのが日常となっていました。

　京大点訳サークルは学内に点字使用者がいないのに成立したという珍しい点訳サークルでした。点訳をしているだけではなかなか視覚障害者と接することもないのですが、11月祭での研究発表のための取材や、関西スチューデントライブラリー（略称：関西SL　関西圏の視覚障害学生と晴眼学生が一緒に活動するサークル）の活動の中で、徐々に視覚障害者と接することが増えていきました。

　点訳活動を始めた最初の頃こそ「視覚障害で困っている人のために」という気持ちが少なからずあったのですが、実際に関西SLなどで視覚障害学生と接することが増えるにつれ、そんな気持ちもなくなってきました。彼らは良くも悪くも一般の晴眼学生と同じでした。私自身も、視覚障害者のための活動というよりは、ただサークル活動の楽しさにのめり込んでいったというのが現実でした。

そして、私が3回生の時に京大初の点字使用者が入学してきました。それが広瀬浩二郎氏で、その後、かなり多くの時間を彼と過ごすことになりました。彼は大学の吉田キャンパスの近くに下宿を確保していたのですが、ここが当時、奈良の自宅から大学まで通っていた私にとっては、絶好の休憩所となりました。授業の合間（そもそも語学くらいしか出席していないので合間ばかりなのですが）に広瀬部屋で休憩、帰りが遅くなると泊めてもらうというふうになるのにそれほど時間がかかりませんでした。一緒に寝起きし、食事をし、飲み会に行き、ボーリングをして、パチンコに行きという生活をする中で、彼の発想力と行動力は、私に「こいつにはかなわないかもしれない」とさえ思わせました。
　私は文学部の心理学専攻でしたが、サークル活動にのめり込んだ結果、

写真1　点訳サークルメンバーとのスナップ写真
　点訳に限らず、いろんなことで活動を共にしたので、何の時の写真なのか今となっては不明。一番右が広瀬浩二郎、左から2番目が岡田弥、左から3番目が田中恵子（現、岡田恵子）。

卒論の研究テーマに選んだのは「視覚障害児の空間認知の発達」。ここも視覚障害になってしまい、視覚障害にどっぷり浸かった学生生活になりました。
　この学生生活は就職にも影響し、盲学校教員になろうと教員採用試験を受験しましたが不合格で、いろいろ回り道はしたのですが、結局選んだ職場が日本ライトハウスでした。体力に自信のなかった私がいちばん自信を持ってできる仕事でした。そして、その後の仕事の場面でも、サークル活動でのいろいろな経験が大きく役立ったことは言うまでもありません。
　さらに言えば、私の今の奥さんも点訳サークルで知り合った相手でした。
　何気なく始めたサークル活動が私の人生を大きく変えました。「ボランティア」はいろいろなものを提供すると思いがちですが、私はボランティアで仕事も家庭も手に入れたのでした。
　人生何が起こるかわかりません。だからこそ面白いんですよね。

7 博物館とバリアフリー

大野　照文
京都大学総合博物館教授。無脊椎動物の生態や、多細胞動物の爆発的進化の原因の研究を進めると同時に、博物館における生涯学習への動機付けの研究にも携わっている。

　私は、1997年に京都大学総合博物館に赴任しました。京都大学は1897年に開学しましたが、この博物館には、それ以来集められた学術標本資料が260万点も収蔵されています。これらの中には、国宝・重要文化財などの文化史的に重要な資料、あるいは新種を発見したときの証拠標本であるタイプ標本などが含まれており、学術的に貴重なコレクションで、同時に京都大学の研究者の情熱の証でもあります。そこで、総合博物館は、これらの貴重な学術標本資料を保存するとともに、さらに新たな収集活動を行って、未来の教育や研究に役立てるとともに、市民の皆さんには生涯学習をはじめとする知的な活動のために活用してもらおうと作られたものです。

　そして、学術標本資料をもとに京大や京大が立地する京都や周辺地域の皆さんの知的好奇心を徹底的に刺激しようと活動をしており、教員数8名の小さな組織ながら、事務の皆さん、京大や他大学の研究者や学生、大学院生、そして市民の皆さんが支えてくださっているおかげで多様な活動が可能となっています。

1 つながりでバリアを超える

　私たちの博物館は、年間を通じて水曜日から日曜日にかけてオープンしていますから、障害をもった人たちを含む多様な来館者に快適に観覧してもらうための、ある意味物理的なバリアについては多少の配慮をしております。しかし、バリアは、障害のあるなしにかかわらず、人が生きてゆく上で様々な形で生まれ、立ちはだかります。一人一人で解決することも大事ですが、様々な人たちが関わることで解決できることも多いのだと思います。

　さて、私自身は、触察をもとにした学習教材の開発と実践を通じて、視覚に障害をもった人たちと様々なふれあいをもつに至りました。この教材開発やその実践を通じて、視覚のかわりに触覚を手がかりにして世界を探求することの強みに触れるという体験をしました。

　以下、私が博物館において、関連して体験した2つの事例をお話しして、様々な人たちが関わることで解決できるバリアも多くあること、またバリア解決のための共同作業は、参加者全員にポジティブな成果をもたらすのだということを主張したいと思います。

● **『京大日食展』でのバリア克服記**

　2012年5月21日の朝、日本列島では282年ぶりの規模で金環日食が起こり、京都でも観測することができました。そこで、総合博物館では、日食についてより深く知ってもらおうと『京大日食展』を開催するとともに、日食当日に観望会を行いました。展示は伝説から最先端の科学まで、様々なテーマから構成されました。日食や月食の予測には、正確な暦が必要です。そこで、展示のテーマの中には、江戸時代に日本独自の暦を作り、その正確さを日食・月食の予測を的中させて示した渋川春海の業績についても紹介しました。準備を始めた頃、映画界でも映画『天

地明察』制作委員会の手によって渋川春海を主人公とした『天地明察』の撮影が始まっていました。

　総合博物館には京都大学の先生方が多く協力してくださっていますが、この『京大日食展』の展示でも、理学研究科の先生方の協力がありました。とりわけ、天文学関連の先生方とは、2008年に『京の宇宙学』展を開催したことをきっかけに密接なつながりができていました。この中に理学研究科の冨田良雄先生がおられます。その冨田先生が『天地明察』の映画の学術監修をされることになったのです。『京大日食展』の準備を始める頃、冨田先生から連絡がありました。「撮影のために江戸時代の天文観測機器のレプリカを製作するが、もし『京大日食展』において展示する気があるなら、できるだけ精巧で立派なものを制作するようにお願いしますよ」との提案でした。大変ありがたいお申し出なので、是非ともとお願いし、映画の完成の後に送られてくるのを楽しみに待つこととなりました。

　さて、総合博物館は、地元の小学校ともつながりを持っています。とりわけ歩いて５分ほどの距離にある第四錦林小学校は、学習の一環として総合博物館の常設展示を見学されています。また、総合博物館や理学研究科の先生方が出張授業に行かれたりと活発な交流があります。さらに、校区は博物館の近所にある吉田の今宮社の氏子地域にも重なっています。毎年10月第２日曜日には、秋祭りが行われ、地元の男性が担ぐ神輿を中心に、武者行列や剣鉾の巡行などが行われ賑わいます。第四錦林小学校の子どもたちも、稚児行列、子ども神輿、そして子ども剣鉾などに参加します。

　剣鉾というのは、長い棒の上に柔軟性のある金属で作った鉾がつけられたもので、これを地面に垂直に保ちながら練り歩くと、金属部分がゆらゆらと揺れて、そこについている鈴が鳴るようにできています。鈴の音が厄除けになると考えられています。大人用のものは大きく扱いが大変ですが、第四錦林小学校では、課外活動の一環として子ども用に作ら

れた小さな剣鉾の操り方を習います。

　私も第四錦林小学校へ定期的に出張授業に出かけているご縁で、今宮社の祭りに参加するようになりました。ねじり鉢巻きに白の法被、白の地下足袋姿で神輿の行列に加わります。ただし、高齢なので、神輿を担ぐことはせず、写真を撮って歩くことにしています。氏子地域はこぢんまりしていますが、狭い辻々もくまなく練り歩くので、半日で12kmほどの距離となり、良い運動になります。何か所かで休憩をしますが、私も振る舞われる御神酒やおにぎり、お茶、お菓子を手に、担ぎの皆さんと一緒に世間話などして盛り上がります。また、その夜の直会(なおらい)では、神事に参加した全員の人たちと御神酒を飲み、食事をしながら語らいます。何年かこのようなことを繰り返すうちに、多くの人たちと博物館とのつながりを作ることができました。

●つながりでバリアを超える

　さて、先ほどの『京大日食展』の話に戻りましょう。開催直前になって二つの大きな問題が生じました。一つは、『天地明察』で使われた天体観測用レプリカが大きすぎて、エレベーターでは、2階の展示場まで運べないことが判明したのです。もう一つは、日食観望会の会場が使えないかもしれないということです。

　『京大日食展』は、2012年4月25日から日食の前日5月20日までの開催となることが決まりました。そして、解説パネルの準備も整い、後は展示物の配置を決めれば大体の展示企画が固まるところまで来ました。ところが、この段階になって『天地明察』の撮影で使われたレプリカのうち、天体の位置を観測する渾天儀が、あまりにも立派に作ったため直径2m50cm近くになり、2階にある企画展示室に繋がるエレベーターに載らないことが判明したのです。

　困り果てたある日、今宮の祭礼の関係者と会う機会があり、このことを話すと、即断即決、「私たちが神輿を担ぐ要領で階段を使って運びま

しょう」と、協力の申し出をいただきました。長い鉄パイプを組み合わせて担ぐための棒とし、その中央に球型で250 kg 近くの重量のある渾天義を乗せ、無事に階段を上って運び込むことができました。こうして運び込んだ渾天義は、最も迫力ある展示物として人気を博すこととなりました。

　一方、5月21日の日食の観望会については、京大で行うことを早くから決めており、その場所をどこにするかについて検討に入りました。吉田南グラウンド、時計台前広場、農学部グラウンドなどが候補に挙がりました。5月21日の日食については、自分の住んでいる場所からどのように見えるかを簡単にシミュレーションすることのできるソフトが公開されていました。京都大学理学研究科附属花山天文台のスタッフの協力も得て、農学部グラウンドが最適ということがわかりました。

　こんなに便利な日食シミュレーションソフトが流通しているのには、日本の天文学界がアマチュアを大事にする伝統が背景にあります。日本の天文学は、世界をリードしていますが、それはアマチュアの人たちと研究者が強いつながりをもっていて、広い裾野の中から優秀な研究者を育てる土壌ができ上がっているからです。このような伝統を作り上げたのは、京都市山科区の花山に置かれた花山天文台の初代台長だった山本一清の業績だとされています。山本は1920年に日本で一番古い天文同好会「天文同好会」を立ち上げ、アマチュア天文学の普及・育成に努めました。この同好会は、今日では特定非営利活動法人「東亜天文学会」として活発に活動しています。

　さて、農学部グラウンドが最適と決まったのですが、ここでもバリアが立ちはだかりました。このグラウンドは、周辺の住民の皆さんとの協定で、早朝の騒音を避けるため使用開始が7時45分以降と定められているのです。これでは、京都で日食が見られる7時30分には間に合わない。困り果てて学生部に相談したところ、グラウンドを管理している体育会には学生部からの了解を取ってもらえることとなりました。

あとは、周辺住民の皆さんの理解を得られるかどうかが鍵となりました。学生部からは、戸別訪問をしてきちっと事前に説明をすることが条件づけられました。博物館の様々なイベントにボランティアとして協力してくれている情報学研究科の大学院生（当時）の中川千種氏とともに2日にわたって100軒を超えるお宅を個別に訪問し、観望会の趣旨を説明しました。幸い、皆さんは協力的で、趣旨を理解してくださいました。さらに、多くの方が当日の観望会に参加したいと希望してくださいました。こうしてようやく準備が整ったのです。京大日食展を準備した我々関係者は、観望会には1000名程度の参加者があるだろうと予測し、日食を安全に見ることのめがねなども用意し、準備万端整えて当日を迎えました。

　当日早く、私は機材を積んだ公用車を運転して会場に向かいました。5月21日は月曜日なので、周辺から通勤、通学してくる人たちとすれ違って吉田グラウンドへ到着するはずです。しかし、道すがら目撃したのは何人もの人がグループになって吉田グラウンドへ向かう姿でした。そして、グラウンドの入り口の手前には200mほどの入場待ちの人の列ができていました。結局のところ予想を大きく上回る8000人の人たちが吉田グラウンドで日食観望体験を共有することとなりました。日食めがねなどは全く足りませんでしたが、見ず知らず同士の皆さんが貸しあって和気藹々と世紀のイベントを楽しまれたのでした。

　渾天儀の運搬では、地元の神輿を担ぐ人たちの協力、またグラウンドでの観望会では、早朝に行事を行うことに対する地元の人たちの理解が得られたおかげで、バリアを乗り越えて、展示と観望会を成功裏に終わることができたのです。バリアの克服には、皆さんの知恵と力をお借りする必要があること、また皆で協力すれば克服できるバリアもあるということを実感できた体験でした。

2 教材が拓く学びあい

● **視覚に障害をもつ人たち向けの学習教材作り**

　博物館には、たくさんの興味深いものがありますが、もの自体は話をしませんから、その面白さは来館された人が自分で発見するより他ありません。そこで、だれでも博物館で発見の楽しさを体験することのできる力を養う学習プログラムをいくつか開発してきました。学習プログラムは、90分の学習教室を導いてゆくシナリオ、シナリオに沿ったパワーポイントスライド、そして観察や推理を助ける標本や模型、自宅での振り返り学習用の小冊子が一セットになっています。また、参加者が「観察」・「推理」・「確かめ」のサイクルを何度も繰り返すことで、発見の楽しさを体感できるように作り込んでいます。

　最初に作ったのは、子どもたち向けの「三葉虫を調べよう」というプログラムでした。大昔に絶滅した生き物である三葉虫について、観察をもとに質問の答えを推理し、実物の標本で確かめながら、どんな生き物で、どのように生活していたのかを復元するプログラムです。子どもたちの学びについて豊富な経験を持っている博物館生涯学習の専門家である染川香澄氏、たけうちかおる氏らの協力を得ることができました。

　まず本物の三葉虫をじっくり観察してスケッチしてもらいます。子どもたちは、眺めるだけではなく、指で表面を撫でたりして、体全体で三葉虫を感じ、そして絵にしてゆきます。これがヒントになります。その後私があれこれ質問を投げかけます。最初の質問は、「三葉虫はどんな生き物の仲間かな？」というものですが、子どもたちはいとも簡単に「エビ、カニ、カブトムシ、ダンゴムシ」の仲間と正解を言ってくれます。

　おそらく、眼で見るだけでなく、化石になってはいても何億年もの間失われていない、昆虫やダンゴムシとそっくりの体の表面のつやつや感を感じ、自分の体験データベースと引き比べて正しい推論に至るのだと

思います。

● **博物館で学びの起こるとき**
　いくつかの質問をクリアーしてゆくにつれ、子どもたちはプログラムにますます集中してゆきます。そして自分の推理が化石で確かめられたときに深い感動を覚え始めます。たとえば、「三葉虫は、天敵からどうやって身を守っていたのだろうか」という質問には、「体を丸める」と答えるお子さんがいます。なぜと聞くと「三葉虫に似たダンゴムシも体を丸めるから」ときちっとした「推理」ができています。ここで、「確かめ」用にあらかじめ丸まったまま化石になった三葉虫の標本を見せます。
　すると、正しい推理をした子どもたちは全員得意満面の笑みを浮かべてはしゃぎます。と同時に、「えっ、私たちって、なんでこんなことわかるの」と、発見できる自分たちを発見して恍惚感にも似た表情を示したりします。この瞬間を私たちは「博物館で学びが起こるとき」ということばで表現しています。私たちにとっても、学ぶことの面白さを伝えられるのだと実感できる大変うれしい瞬間です。大人の人向けには、ハマグリを題材に同じような体験をしてもらうことができる「貝体新書」というプログラムも開発してあります。

● **触察プログラムの開発——ヒントは盲学校の生徒さんから**
　体験学習プログラムが、参加者の人たちにとって自分の有能感を実感するのに役立っていることがわかり始めた頃、京都府立盲学校の生徒さん達を博物館にお迎えすることがありました。展示物や、収蔵庫から持ち出した標本をさわってもらいながら説明すると、手を精密な計測器として使って丁寧に、そして熱心にモノをさわり、得られた情報を頭の中に刻み込んで行かれました。このとき、ある生徒さんが「ショクサツ」という言葉をしきりと口にされました。そして、「観察＝観る」でなく、さわってモノの状態や特徴を察するという意味だと教えてくれました。

私にはたいへん新鮮なことばでした。モノの本質に迫るのにさわるという有効な方法があるらしいことに気づいた瞬間でした。

　このことがきっかけで、触察を真ん中に据えた学習プログラムを作りたいとの気持ちが生まれました。「触察」・「推理」・「確かめ」の流れをもとにした学習プログラムです。そこで「三葉虫を調べよう」をいっしょに作ったグループのメンバーに加えて工業デザイナーの西谷克司氏、縫製デザイナーの斉藤まき氏、民族学博物館の准教授広瀬浩二郎氏、ベルナール・ビュフェ美術館学芸員の井島真知氏らにお願いしてチームを組み、開発の仕事を開始しました。

　開発したのは、ハマグリを題材とする触察学習プログラム「サワッテミル　カイ」です。まず、ハマグリの殻を触察し、殻の形や殻の内側の様々な構造から、ハマグリが生きていくうえでの様々な工夫を読み取れることに気づいてもらいます。さらに、「身」つまり体の部分を作り込んだぬいぐるみ模型を丁寧に触察してもらい、その体を使ってハマグリがどのようにして生きているのかを推理し、確かめるという流れの学習プログラムを作りました。ぬいぐるみ模型を作ったのには理由があります。それは、身についても実物をさわるのが理想的なのですが、軟体動物であるハマグリの身はまさに柔らかく、さわると形が変わるため触察には全く適しません。そこで、ハマグリの拡大模型の開発が不可欠なのです。模型は、常に手に持って触察してもらう触察用模型と、学習プログラムが終わった後で振り返り用に使うものとの2種類を作りました。

●ぬいぐるみ模型を作る

　触察用の模型では頃合いの大きさを決めるのが大変でした。あまり大きすぎると、全体像がつかめないし、小さすぎると指の分解能を超える。ここで活躍してくださったのが広瀬浩二郎氏です。広瀬氏から、体の幅ぐらいの大きさが一番よいのだと教わりました。これだと、両手を前に伸ばして丁寧に触察するのに確かに都合がよさそうです（写真1）。

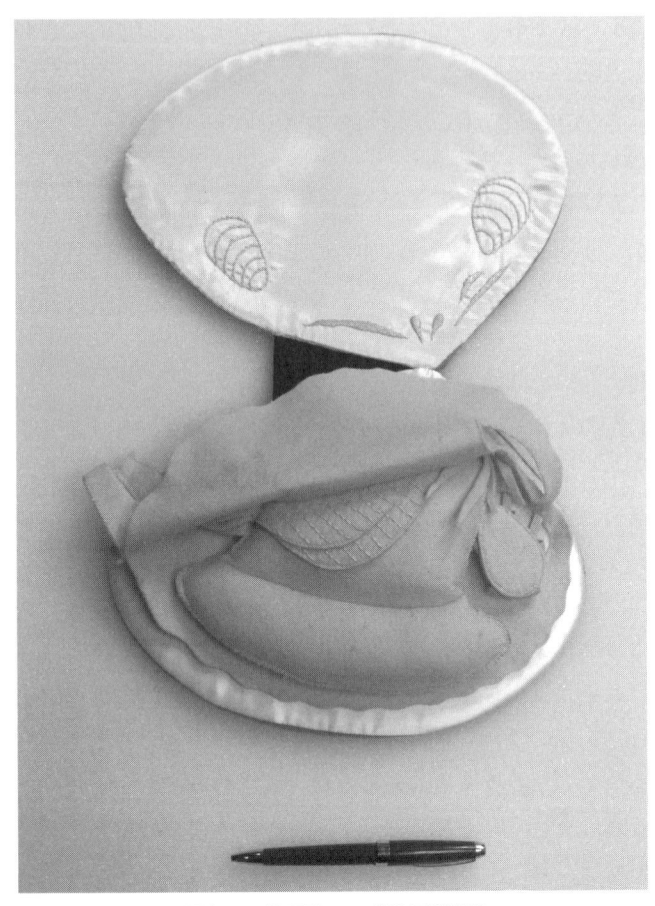

写真1　触察用ハマグリ布製模型

　広瀬氏からのもう一つの重要な指摘は、触察をする人にとっては、凹凸はすべて情報として受け取られるということでした。私たちが見た目で無視する無用な凹凸も、さわって世界を調べる人にとっては、触察の際の大きな妨げになるということです。実際、ハマグリの模型の2枚の殻のつなぎ目は、最初は殻の内側に直接縫い付けていたため凹凸があったのですが、広瀬氏の指摘に基づいて、その上にもう1枚堅い布を張る

第7章　博物館とバリアフリー

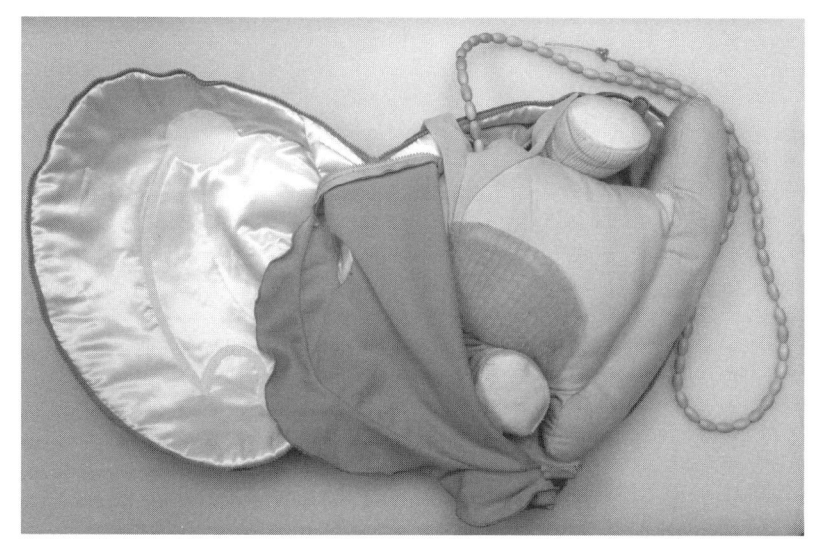

写真2　振り返り用ハマグリ布製模型

ことで、凹凸を消すという改良を加えることができました。

　学習教室の終わりに振り返りをするためのぬいぐるみ模型も作りました。これは、触察用のものより大きく、消化管も、蛇腹状の凹凸のある筒を埋め込んで再現してあります。数珠玉のようなものをひもでつなげて、先端だけをとがらせたものを口から押し込んでゆくと、先端が筒の蛇腹に当たって音を出しますので、貝の身の上に手を当てておくと振動でどの辺にあるかがわかり、最後には肛門から先端が顔を出します。さわりながら数珠玉のひもを押してゆくだけで消化管の様子がわかると好評です（写真2）。さらに、振り返り学習用に持ち帰ってもらうための紙製模型も作ってあります（写真3）。個々の器官の名称が墨字と点字で示されていますが、墨字と点字はお互いに重ならないように配置してあります。これは、点字と墨字がかさなっていると、光が反射したりあるいは影ができたりして字が読みにくくなるという、弱視の人たちの意見を反映して制作しました。

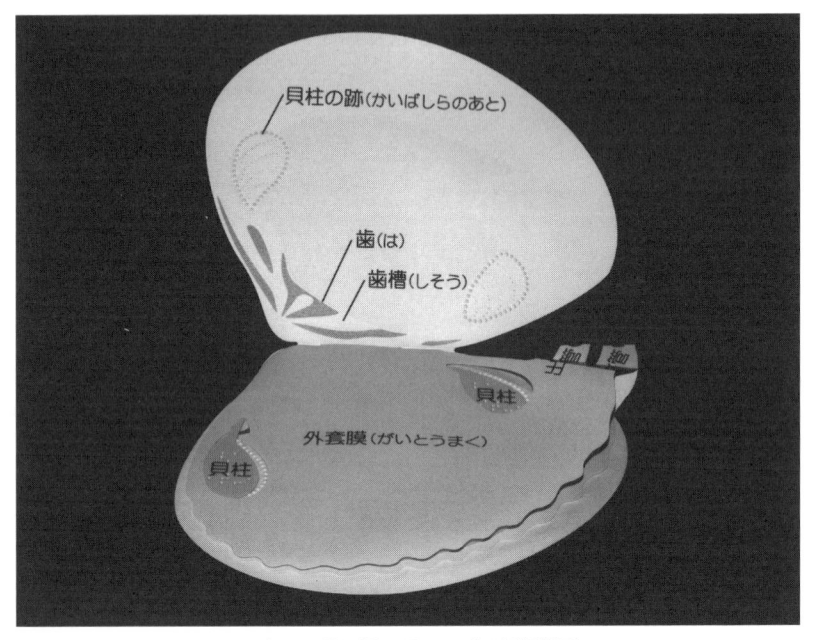

写真3　持ち帰り用ハマグリ紙製模型

● 「サワッテ　ミル　カイ」誌上体験

　こうして作り上げた「サワッテ　ミル　カイ」の学習プログラムは、実際にはどのような流れで行われるのでしょうか、私が2013年の『季刊民族学』に書いた記事[*1]をもとに見てゆきましょう。

　まず、最初にハマグリの殻を2枚ぴったり合わせて片方の手のひらに乗せ、もう一方の手のひらをそっとそのうえにおいてねじってもらいます。力を入れても2枚の殻はびくとも動きません。その後、殻の内側を丁寧にさわると、それぞれの殻の内側に凸凹があり、一方の殻の出っ張りがもう一方の殻のへこみに噛み合っていることから、ねじる力がか

---

　*1　大野照文（2013）「体験学習プログラム「サワッテ ミル カイ」の開発」『季刊民族学』37(1)：pp.95-107.

かってもずれないことがわかります。天敵から身を守るためにハマグリは殻にも工夫をしていることがわかります。

　殻に見られる他の工夫も推理して確かめた後、いよいよハマグリの身の部分についての推理です。まず、ハマグリは海底でどのような姿勢で暮らしているのか問いかけます。調理したときや潮干狩りのときの体験なども思い出してヒントにしながら海底の砂に潜って2本の管をつきだして生きているところまで推理します。ここで、ぬいぐるみの登場です。外に突き出す2本の管や、4枚のエラ、あるいは口の周りにあるゴミとえさをより分ける4枚の花弁状の構造（唇弁といいます）などが作り込んであります。2本の管のうち1本はもう1本の管に比べて細く、4つのエラから4本の管が合流し、そこにさらにもう1本別の管が合流しています。一方の太い方の管は、何にもつながらないで、殻の縁のすぐ内側で終わっています。さあ、ここで質問です。皆さんにも考えてほしいのですが、この2本の管、どちらが入水管で、どちらが出水管でしょうか。

　ぬいぐるみ模型を丁寧に触察したあと、水の出入りの向きについて推定してもらうと、「様々な管が合流している」という根拠をもとに、「細い方の管から水が吸い込まれ、つながっている何本もの管を通じて体内に水が分配され、えさをとったり呼吸したりするのに使われる。だから細い方が入水管」と推理をされるのが普通です。でも、太い管が出水管だとして、これは体のなかのどこともつながっていませんから、ウンチを体の外へ出すことすらできません。

　このようなことを指摘すると、皆さんはもう一度ぬいぐるみ模型をさわり始めます。そして、入水管や出水管とは離れた場所に、えさをより分ける花弁状構造を発見し、「ここに口があるのではないか、そうすると、細い方の管に合流している四本の管は、エラから二酸化炭素を含んだ水を捨てるためのもので、残りの1本は肛門につながる腸に違いない」と推理が180度逆転し、正解に至ります。

●バリアを超えると共有できるもの

　広瀬浩二郎氏は、視覚に障害のある人のことを「触常者」とよんでおられます。これから先では、ショクサツという技をもっておられることに敬意を表して、視覚に障害のある人たちのことを「触常者」と表記させていただきます。また、私たち眼を使う人たちのことを、やはり広瀬氏にならって「見常者」とよばせていただきます。

　ここまでお話したことで「観察」と「触察」とを入れ替えれば、触常者にも「観察＝触察」・「推理」・「確かめ」のプロセスを通じての学びの楽しさを体験していただけることは理解していただけたと思います。ただ、これでは単に私たち見常者が触常者にも使えるプログラムを作ったという自己満足に終わりかねません。私たち見常者のほうが世界についてよく知っていて、触察とは、その世界観を触常者に伝えるとき、目の働きを補うだけのものなのでしょうか。見常者が触常者から学ぶことはないのでしょうか。

　触常者が見常者を暗闇のなかを案内しながら、触覚・聴覚・嗅覚・味覚のもつ大きな可能性を伝える「ダイアログ・イン・ザ・ダーク」という、ドイツ生まれのプログラムがあり、私も参加し、ヒトのもつ視覚以外の感覚を研ぎ澄ますことの面白さ、大切さを体験させてもらいました。ただ、暗闇のなかでは確かに触常者が強みを発揮できるのですが、終わって明るい部屋に戻るとそれが消えてしまうような感じをもったのは私だけでしょうか。イソップ物語の鶴と狐の話のようにも思えて少し落ち着かない気持ちになったことを思い出します。

　同じ土俵で勝負して触常者が見常者にさわる力を見せつける場面を私は何度か経験しています。あるとき、触常者と見常者が同時に参加する形式で「サワッテ　ミル　カイ」の学習教室をおこないました。このとき、どちらが入水管で出水管かを言いあてたのは、参加者中最高齢の全盲の女性の方でした。例の花弁状の構造を見つけて、これは「えさとゴミをより分けるためのものと思う、だから管のいっぱい集まった方が出

水管で、1本合流しているのが腸に違いない」と、見事に推理されたのです。

　触察では、視覚を使って情報を集めるよりも時間がかかります。ただし、触察では情報をさわって集めることと、集めた情報を論理や推理によって補強し、さらにさわって修正しながらハマグリならハマグリのイメージがさらに明瞭に作り上げられてゆくように思います。ですから、途中の推理の迷いもダイナミックに修正、ついに正しい理解へ至るという学びの楽しさを満喫できるようです。これは触察ならでの醍醐味かもしれません。地図を見ながらのドライブのほうが、カーナビを使ったドライブよりも走行した道のりや途中のでき事を何倍も覚えているのと似ていますね。

　このような触察のすごさ、面白さを見常者にも伝えたいと、私たちは大阪にある日本ライトハウス情報文化センターの小原二三夫氏にお願いして、総合博物館で夏休みの催しの一環として、さわることの楽しさを伝える学習教室を数年前からしてもらっています。小原氏は、子どもたちを対象に触察の面白さを伝えるため、様々なワークショップを用意して下さっています。その1つに巻貝を触って調べるプログラムがあります。子どもたちはほとんど同じ大きさなのに重さが違うことを手のひらに乗せることで確かめて、その理由を考えてから断面を見せてもらって、あるいはさわらせてもらって殻の厚さがぜんぜん違うことを確かめて納得したりします。

　子どもたちは、最初は全盲の小原氏が講師であることに戸惑いますが、5分もたつと小原氏の軽妙でツボを押さえた指導でさわって見ることを楽しみ始めます。触常者が見常者対象に「触察」・「推理」・「確かめ」のプロセスを通じた学びの楽しさを伝えられることを実証して下さっています。小原氏のプログラムは光のあたる場所での勝負です。見常者のホームグランドであるはずの場所で、見常者が触常者の指導でさわることであらたな発見に導かれる体験をするのです。広瀬氏がおっしゃる、触常者から見常者へ、さわる文化の伝授ということが実際に起こるのです。

ここで、私は見常者、触常者どちらが強いかを言いたいのではありません。触常者と見常者が双方向的に学びあうことで、私たちは、私たちの周りの世界をより広く深く理解することができるのではないかということを申し上げたいのです。

3 対話を通じてバリアを超える

『京大日食展』の企画・実行、そしてさわって解るハマグリの学習プログラムの開発の二つの事例を紹介しました。いずれの場合も、バリアを下げることに参加した人たちは全員有形無形の成果によって報われているのではないでしょうか。また、いずれの事例でも、参加者の皆さんは、常に積極的な対話によって課題に立ち向かわれたということです。自分の主張を行い、また相手の考えを聞く、このプロセスがやがてバリアを下げることにつながったと思います。立ちはだかるバリアに立ち向かうには、どうやら対話ということが重要なキーワードになるのだと思います。

21世紀、世界中で対話の不調に基づく様々な矛盾が露呈しているとき、対話を強調するのは、やや見当外れに思われるかも知れません。しかし、私たち人類、すなわち Homo sapiens は、地球の歴史からすればごく最近の16万年前にようやく進化してきた、まだまだ未熟な種です。そして、対話の能力を身につけたのはもっと後になってからのことかも知れません。ですから、対話による問題解決という手法は、一方ではまだまだ稚拙と言えるかも知れません。しかし、楽観的に見れば、対話の能力はこれから大きく花開き、私たちの身の回りにある様々なバリアの解消に大きく役立つ可能性があります。そういう意味で、様々な年齢、立場、そして専門性を持った人たちがますます活発に交流してゆく場づくりを私自身も微力ながらこころがけてゆこうと思います。

Column 7
バリアフリーからユニバーサルデザインへ

尾関　育三

名古屋市生まれ。筑波大学附属盲学校元教諭。数学担当の外、進路指導、点字受験の交渉等にあたる。また、大学入試、各種検定等の問題点訳にかかわる。定年退職後、全国高等学校長協会入試点訳事業部専務理事。

　高等教育のバリアフリー化を目指して、現在たいへん大勢の方々がかかわってくださっています。本書にもその最前線で活躍されてきた方が多く寄稿されていますが、その中で、バリアフリーの問題を整理するのに最もふさわしいと思われる事柄は、第7章で大野氏が記された「科学研究」の「観察・推理・討論・確かめ」という4段階です。これは科学研究についてですが、講義を主とする教育の場でも、同様のステップを考えることができます。そして、視覚障害者や聴覚障害者にとってこの段階のどこに、どのような「バリア」が存在するか、それを「いかに排除するか」、これが問題だろうと思います。私は、自身が視覚障害者として生きて来ましたから、その立場からいささか、管見を述べさせていただきます。

● **教育・研究のバリアを取り除く**

　さて、いきなり研究のレベルについて述べるのも唐突ですから、教育・学習のレベルから入ることにします。教育・学習といってもいろいろな形態があります。「講義を聞いてそれを理解する」というものなら、「ことば」が中心になりますが、ことばでは説明しきれない事柄には、それを補うために、「板書」が行われたり、スライドなどの「映像」が用い

られたりします。視覚障害者にとっては、まず、これが問題です。これを解決するには、他人の助けを借りるか、機器の力によらねばなりません。板書についてなら、板書を、そっくりコピーすることのできる装置があるようです。そのコピーが、全て「文字」であれば、それを点字にすればよいことになります。もっとも、現状では、この作業にも他人の力を借りねばなりません。コピーに図が入っていると、それを触図に換える必要がありますが、遠近法を用いた立体の図となると、そのまま触図にしても、一般には理解できません。触覚では奥行きを認識できないからです。したがって、何らかの方法で「立体が想起できる図」に換える必要があります。たとえば「投影図」とか「展開図」などのように。ちなみに申しあげますが、眼の見える方の立体のイメージは遠近法的なもののようですが、全盲の人のそれは手に触れた時の感覚のままの三次元的なものです。

　板書については、以上のような方法で対応できますが、実際の場面ではこの全てが必要というわけではありません。本人の理解力によって、適宜、取捨選択して行えばよいと思います。スライドなど「映像教材」については模型などで対応する他ないでしょう。等高線の入った地形図なども、「立体地図」を考える必要があると思います。三次元プリンタの利用はこうした物の作成を容易にすることになりました。

　このような方法で、ある程度のバリアは解消できますが、視覚障害者、特に全盲にとっては色を感覚として認知させることはできません。また、アナログ的な情報の取り扱い、たとえば、古文書などもその例です。草書などで書かれた手紙などはまず読めません。その内容を知るだけなら、他人に読んで貰ったり、点訳して貰ったりすることで解決できるかも知れませんが、その文字をどう読むかが問われる場合には対応は不可能です。

　以上のように、機器の開発と人々の協力によって、多くのバリアは取り除くことができましょう。また、そうしていただくようお願いします。

しかし原理的に不可能なこともあることを心得ておく必要もあります。
　ところで、教育・学習の場合と、研究の場合とでは、バリア解消の程度は全く異なります。第8章の嶺重氏のお話に登場する天文図などは、教育には大変役立つものではありますが、研究には補助的な役割しか果たせませんでしょう。全盲の人が、みずから天体観測をしたいと思ったら、それなりの機器の開発が必要です。たとえば、天体から来る、光や電波・赤外線・紫外線・X線、その他素粒子等、とらえたものを全て数値化・言語化する装置です。こうした機器があれば、天文学に挑戦しようとする人も必ず現れると思います。ただし、この場合でも、太陽や木星の表面のさまざまな光景を認識することは不可能であることを承知していなければなりません。要するに、観察や検証の段階で、必要な情報が数値化・言語化され得る分野での活動は、視覚障害者にも十分可能であり、各方面のお力添えによって、その領域が拡大されることを願うものです。

●点訳と対面朗読

　次に、教育・研究分野のバリアフリーにとって、大変有益な活動をしてきた公共図書館での「対面朗読サービス」と、点訳ボランティアグループによる「個人対象の点訳活動」とについて述べます。
　私はこの二つには大変お世話になっております。その「ありかた」は、先ず「対面朗読」で関心のある書物を読んでもらい、それでは十分に理解できないものについて、ボランティアグループに点訳をお願いするというふうにしています。
　ご承知の通り、最近の点訳は、まず、パソコンで電子データを作成し、点字プリンタで出力するというやり方で行われます。電子データの作成は人の能力によらねばなりませんが、最近では、印刷物からスキャナで直接コンピュータに取り込み、ソフトで解読させ、電子データに変換することもできるようになりました。もっとも、スキャナの読み取りは必

ずしも正確ではなく、また日本語の場合、点字への変換は、まだまだ不十分です。この不十分な個所には、人がかかわっていかねばなりませんが、それには、利用者の視覚障害者がかかわれます。図や表の点訳には、利用者のかかわりが特に大切です。こうして、文献の電子データが増加することは、視覚障害者の教育・研究分野におけるバリアフリーを推進するものでしょう。作成されたデータを、蓄積・保存するシステムをつくることも検討していただきたいところです。また、対面朗読サービスは、公共図書館だけでなく、大学図書館や各種の資料館にも拡げて欲しいものです。それは、各施設が常に朗読者を備えておく、ということではありません。朗読者は、利用者が連れてくるのでよいのです。音読のできる部屋が欲しいのです。ただ、こうした場所での朗読者は高い読書力を望まれますので、そういう人を供給する組織が欲しいものです。

　バリアフリーの問題は拾い上げると限りがありません。最後に、日本語が、時にはバリアになるということを述べます。

● 漢字のバリア

　『日本書紀』天智紀六年十一月条に以下の記述があります。

　　十一月丁巳朔乙丑、百濟鎭將劉仁願。遣熊津都督府熊山縣令上柱國司馬法聰等、送大山下境部連石積等於筑紫都督府
　　　　　　　　（日本古典文学大系68　岩波書店『日本書紀』下　p.367 L11, 12）

　ここでは、これを次のように読み下しています。

　　しもつきの　ひのとの　みの　朔きのとの　うしのひに　　くだらの　ちんしゃう　りうじんぐゑん、ゆうしんの　ととくふ　ゆうせんの　くゑんのれい　しゃうちうこく　しば　ほうそうらを　まだして、だいせんげ　さかひべの　むらじ　いはつみらを　つくしの　おほみこともちの　つかさにおくる。　　　　　　　　　　　　　　　　　　　　　　（p.366 L11, 12）
　　（原本では、漢字・かな混り文に、よみがなを振ったものですが、「よみ方」

に注意していただくために、原則として、全文かな書きとしました。ただし、「朔」の1字だけにはルビがありませんでしたので漢字のままとしました。かな遣は原文通り、分かち書きは筆者）

　私がここで問題としたいことは、「都督府」という語の読みを、熊津の場合は「ととくふ」とし、筑紫の場合は「おほみこともちの　つかさ」としていることです。これらが点訳された時には、「熊津」と「筑紫」の双方に、「都督府」という共通の3文字がある事は、おそらく認識できなくなってしまうでしょう。これはバリアです。私はここで「筑紫都督府」が、いかなるものであるかについては敢えて論じないことにします。しかし、これを追求すると、7世紀後半、白村江の敗戦後の、わが国の状況が通説とは相当に異なるものになると思われます。日本古代史の研究をしようとする視覚障害者にとっては、漢字や漢文の知識は不可欠なものと思います。私は、すべての視覚障害者に、とは言いませんが、希望する者には、漢字・漢文の教育が十分に与えられるよう希望します（高等部の選択科目で十分でしょう）。そのためには、点字で漢字を表現する方法を工夫する必要があります。現在、8点や6点の漢点字と呼ばれるものがありますが、この目的のためには不充分に思われます。

●障害者と健常者のためのユニバーサルデザインを目指して

　バリアフリーについて、いろいろと書いてきましたが、ここでひとつ、提案したいことがあります。それは、障害学生にとって、有益と思われる条件を整えた体制のもとで、一般学生を雑えて、授業の実験を行う、ということです。その結果を検討して、高等教育のユニバーサルデザインを考えてみよう、と言いたいのです。実験結果は障害者だけではなく、健常者についても、調べたいと思います。というのは、私が学生だった時、友人に、ノートを読んでもらったことがありましたが、彼自身、ノートの内容（数学）が理解できないということがありました。おそらく、ノー

トをとることに必死で、講義の内容を理解する余裕がなかったからでしょう。一方、これとは異なり、一緒に受講していた人の中に、先生が板書された数式の中の「まちがい」を指摘する人もいました。この人は、おそらく、先生の講義をよく聴いており、板上の計算についていくことができる人だったのでしょう。こういうことは、よく予習をしている結果だと思います。私自身を顧ても、予習がよくできた時は講義の内容もよく理解できました。

　最近は、ボランティア・グループの点訳活動が充実しており、参考書の点訳なども、十分にしてもらえるようになっていますので、上で提案した実験授業では、講義の予稿や参考書は、視覚障害者のために、点訳してもらっておきます。

　このようにして行われた実験結果は、障害者のみならず、健常者のための授業の改善に役立つ資料を提供するものと思います。このようにすれば、高等教育のユニバーサルデザインのための、科学的資料が得られると思います。

　バリアフリーの問題は一筋縄では解決できないものばかりですが、各方面のお力により、それがひとつひとつ取り除かれていく日を迎えられたことを喜び、かつ感謝しつつ終りとします。

8

触って楽しむ天文学
―― 宇宙を感じる試み

嶺重　慎
京都大学大学院理学研究科教授。神戸市出身。専門は宇宙物理学、特にブラックホール天文学。一般向け講演や一般書執筆のほか、バリアフリー学習教材（点字版や手話版）製作にも従事している。

　私の所属は理学研究科であり、ふだんは大学で天文学、特にブラックホールの研究と、天文学に関する教育をしています。そういう事情なので、よく「なぜ、バリアフリーの学習教材をつくっているのですか」と聞かれます。恐らく、障害者教育は特殊な分野であり、教材づくりも、その専門家に任せておけばよいという考えが背後にあるのでしょう。

　でもそれは違う、と私は思っています。障害者が、さまざまなことに興味・関心をいだくのは当然のことです。私たちは、障害者教育や福祉のプロではありませんが、各の専門分野に関して、それなりの知識や経験があります。だから、人の興味・関心にできる限り応えるべく、障害当事者や障害者教育のプロと組んで教材づくりをしようというのが、私の活動の原点です。実際、できた教材を使っていろいろな人と会話ができるのは楽しいことです。分野を超えた専門家同士の連携は新たな意欲と発想を生み出し、さらに深い学びへと道を拓きます。

　もう一つ、よく受ける質問が、「(バリアフリーの教材をつくって) いっ

たい、何人の人が読むのですか」です。これも、考えてみれば奇異な問いです。数は問題ではありません。学ぶことの楽しさや時に厳しさを、一人でも多くの方と共有したいと思うのは、専門家として切なる思いです。(でないと、専門家集団は自分たちにしかわからないことばや知識で勝手に盛り上がっている奇妙な団体になってしまいます。)どんな専門知識も囲えばやがて澱みます。オープンにすれば周囲に刺激されて活き活きとし始めます。だからもし学びの過程にバリアが生じるのなら、それをどう乗り越えようかと考えるのは当然のことではないでしょうか。

　理系の学問を学ぶとき、どうしてもバリアが出てきます。例えば、視覚障害者にとっては、図や画像への対応が課題になります。近年のテクノロジーの進化により、文字情報を音声情報などに変換することが比較的容易になりました。しかし、図や写真などの画像情報は後回しにされています。その対応を、障害者教育の専門家に押しつけてしまうのでなく、広い分野の専門家がささやかであってもできる範囲で連携し、共に対応を考えていくことが求められています。それは、専門家自身にとっても、興味深い発見に満ちた経験になるはずです。

　この章では、天文学を素材に、「共に学ぶ」ということを筆者のバリアフリー教材開発の経験をもとに論じます。

1　眼で見えないものを探究する

(1)　現代天文学の課題

　天文学というと、皆さんはどのような印象をお持ちでしょうか。広大な宇宙、悠久の時間を扱う、夢とロマンにあふれる学問ということができるかもしれません[*1]。実際、現代天文学の課題をひとことで言うと、「138億年に渡る宇宙の歴史の解明」ということになるでしょう。そして

そのゴールは、「私たちはどこから来たのか」*²という問いかけに、科学的見地から答えることです。

　私たちの住むこの地球も、遠くからエネルギーを送り地球や私たちを育んでくれる太陽も、あるとき、突然、ここに都合よく現れたのではありません。宇宙が誕生しておよそ90億年、紆余曲折があって、ようやく生まれたのです。また、地球上で生命が誕生してヒトに進化するまで、さらに40億年ほどの月日が必要でした。その歴史を解明することが、天文学の究極の課題です。天文学が発展するにつれ、見えないものの重要性がクローズアップされてきました。

　　世の中、大事なことは目で見えない。実際のところ、見えるものは、宇宙の１％だけ。宇宙を支配するのは、暗黒物質や暗黒エネルギー。つまり見えないものばかりだ。
　宇宙物理学者の嶺重慎さんが、文化人類学者の広瀬浩二郎さんとの共著『さわっておどろく！』（岩波ジュニア新書）で書いている。
＜視覚情報は、人をわかった気にさせる魔法です＞

　これは、東京新聞・中日新聞のコラムに掲載された文章です*³。見えるものだけでものごとを判断すると、とんでもない誤解をしかねないことが、うまく表現されています。
　「現代天文学は、Ｘ線や電波など目に見えない光で宇宙を観ているので、目で見える、見えないは、天文学を学ぶ上でたいした違いはないですね。」これはある視覚障害者のことばですが、言い得て妙です。

＊１　天文学者にそう言うと、きっと「現実は夢とロマンだけではない」と否定するに違いありません。
＊２　画家ゴーギャンの画のタイトル；「わたしたちはどこからきたのか、わたしたちはなにものなのだ、わたしたちはどこへゆくのか」。
＊３　2012年９月８日掲載。

しかし、宇宙や宇宙にある星は直接手で触れることができないのですから、視覚を使わずに実感することは難しいです。そういう意味で、天文学は視覚障害者からは遠い学問ということも言えます[*4]。
　インターネット全盛の時代、美しい天体画像はいくらでもネットからとってこられますが、これも視覚障害者の学びにはバリアとなります。それでも画像情報は、天文学のみならず、理系の学問を修得するのに重要ですから、何らかの形にしないといけません。そこで、点図による学習教材の開発が必要になります。
　点図とは、簡単に言うと、点字の点でつくった図のことです[*5]。大小の点を使い分けて組み合わせることにより、さまざまな図形やパターンで触感を表すことができます。これをもとに、画像を触覚で表現するのです。この点図の世界が、じつに奥深い。決して目で見ているだけでは、そのおもしろさはわかりません。触ってみないと。それも視覚を使わず、10本の指をフルにつかって、繰り返し繰り返し触ってみないと。

(2)　きっかけ？

　宇宙をどうして点図にしようとしたのか、そのきっかけには多くの視覚障害者との出会いがあります。
　学生時代、私は東京都江東区の図書館で、対面朗読のボランティアをしていました。対面朗読とは、図書館の防音室に視覚障害者と二人で入り視覚障害者のリクエストに応えて、本の一節や一章を朗読することを言います。対面朗読とは別に、本をまるまる一冊、テープ録音したこともありました。録音したテープは必ず一度、聞き直す決まりになってい

[*4]　太陽だけは例外で、日が出ていればその暖かさから、ある程度実感することができます。逆に、「宇宙膨張」は、誰にも実感できません。
[*5]　触図ともいいます。ただし厳密には、点図と触図は異なります（第6章参照）。

ます。自分のテープを聞き直すとみごとな関西アクセントでした。全然意識していませんでしたが、意外な発見でした。

　さて講習を終えてボランティアを始めると、毎週のようにリクエストが入ってきます。どうして自分ばかり指名されるのかと怪訝に思いましたが、理系の書物の読み手が少ないことが理由だと合点がいきました。

　朗読体験で痛感したのは、理系の書物を読み上げる難しさと伝える楽しさです。図やグラフをどう読み上げるのか、朗読者の知恵が問われます。講習会では「図や写真は省略してもよろしい」と言われましたが、いやしくも理系の学問を専攻していた私は、省略するなどプライドがゆるしません。画像にあたる度に、その説明を簡潔なことばで一旦書き下し、それを読み上げる作業を繰り返しました。

　画像情報といっても、何から何まで詳しく述べる必要はありません。微に入り細に入る読み方をすれば煩雑になるばかりで、聞き手は混乱します。まずは、図やグラフの概略を示し、次に、著者の意図をくんで、図から読み取るべきポイントのみをメモし、それを読み上げるのです。書物を読み進める上で不要な情報は思い切って割愛します。当然、取捨選択には理系の素養が必要になります。このときの経験は、バリアフリー教材を製作するときに大いに参考になりました。

　余談ですが、私が大学院生の研究発表（プレゼン）指導で一番強調していることが、このことです。短い時間で自分の言いたいことを聞き手に伝えるプレゼンでは、図や表をうまく使うことが肝要で、それをどう簡潔に説明するかで勝負が決まります。

　さて学位を取得した後、米国のテキサス大学オースティン校で研究員をしました。そのとき、忘れがたい出会いがありました。奇しくも1988年の秋、大学院の天文学コースに日本から視覚障害の学生が入学してきたのです。現在、JAXA（宇宙航空研究開発機構）にお勤めの八木陽平氏です。同じ天文学専攻ということですぐに仲良くなり、毎週末に会っては、視覚障害者の生活について、学ぶことができました。このときの経

験も、後に大きく役だっています。

(3) プロジェクトの始動

　天文をテーマにバリアフリー学習教材をつくろう、という話が出てきたのは、2006年ごろです。天文教育普及研究会という組織の中で有志が集まり、ユニバーサルデザイン天文教育ワーキンググループをたちあげたのが、直接のきっかけとなりました。教材作成のプランはワーキンググループのたちあげ当初からありましたが、計画は難航しました。資金のめどが立たなかったからです。何社も出版社まわりをしたのもこのころです。「いいですね、ぜひ書いてください。でも、バリアフリーの本の前にふつうの本を書きませんか。」そういったお話がたくさんありました。こうした状態が1年ほど続いたころ、ひょんなところから話がまとまりました。ワーキンググループのメンバーを介する形で筑波技術大学の長岡英司教授に紹介があり、氏が進めておられたアクセシビリティ改善事業（理系の大学に進む視覚障害学生のための教科書を製作するプロジェクト）の中に加えていただけることになったのです。長岡教授はオリジナルな教材を製作したいと思っておられましたが具体案がなく、一方、私たちは、具体案をもっていましたが資金がありませんでした。両者のニーズがぴたり一致したことが、話がとんとん拍子に進んでいった理由です。こうして、プロジェクトが2007年秋に始動しました。

　長岡教授が製作してこられたマルチモーダル図書とは、同じ内容の情報に複数の手段でアクセスできる図書のことをいいます。われわれは、同じ内容の本を、①活字版（通常の紙印刷の本）、②点字版（点字および点図からなる本）、③音声版（耳で聞く本）、④電子版（パソコン上で読む本）の4形式で同時製作しました。

　活字版は、墨字版ともいいます。活字版と書くと、通常の本と全く同じという風に思われるかもしれませんが、フォントの種類や大きさに工

夫が施されています。明朝体は、漢字の横線などに細い線が使われており、弱視の方には見えにくいのです。すべての線が同じ太さで、線と線がくっついているところ、離れているところがはっきりわかることが、読みやすいフォントの条件です。その方針で、一文字一文字デザインされた特殊なフォントを使用しました。

　点字版は、点字や点図からなる本です。点字と違って、点図の方は予備知識もいらず、初心者でも比較的わかりやすいといえます。でも、見ると触るとは大違い。全く見ずに図形を認識するのは、想像するほど簡単ではありません。次の節で、点図の実例を示します。

　音声版とは、録音した図書のことです。自由に巻き戻しやジャンプができるデイジー（DAISY）形式のものを使いました。さて、朗読ほどプロとアマチュアの違いが顕著に現れるものはありません。そこで、プロのアナウンサー（高山久美子氏）に朗読をお願いしました。

　電子版とは、専用のソフトを使うことによって、パソコン画面上で読む本です[*6]。音声による読み上げが可能なのはもちろんのこと、好きな倍率で拡大したり、背景色を白黒反転したりすることが可能となるので、全盲はもとより弱視や視野狭窄の人にとっても、それぞれの方法で内容を読み取ることができるというメリットがあります。

　こうしたマルチモーダル図書は、まだまだ数が少ないです。その理由には、写真や表を点訳や音訳をすることが困難だとか、費用がかかるとかというだけでなく、著作権の問題が大きく関わっています。しかし、著者が、点字版や音声版の製作にも関われば、著作権の問題は発生しません。それどころか、すべての形式においてわかりやすい表現を練り上げることができます。これは、大きなメリットでした。

[*6] 今回使用した形式は、必ずしも、電子ブックに対応してはいません。電子ブック全盛のこれから、それに対応していくことが課題です。

(4) 天文学習教材――3つのプロジェクト

　私たちは、対象ごとに、大学生版、ジュニア（中高生）版、キッズ版（絵本）の3プロジェクトを進めました（表1）。

　大学生版は、筑波技術大学でのプロジェクトとして手がけたもので、髙橋淳氏（茨城県立水海道一高教諭）との共著です。原稿の書き下ろしから点図作製、編集会議、盲学校での出前授業と評価事業まで、3年に渡るプロジェクトとなりました。内容は大学生向けということで、やや高度なテーマや数式もとりあげ、点字版は5巻本になりました。点図が好評で、これにより初めて、全盲の方が天体画像を具体的に学ぶことが可能になりました。

表1　3つのバリアフリー教材製作プロジェクト

	大学生版	ジュニア（中高生）版	キッズ版（絵本）
経費	文部科学省特別教育研究経費（筑波技術大学）	京都大学全学経費	三菱財団社会福祉助成金
タイトル	『天文学入門』	『天文学入門－ジュニア編』	『ホシオくん　天文台へゆく』
著者	嶺重 慎・髙橋 淳	嶺重 慎・髙橋 淳	髙橋 淳・坂井 治・嶺重 慎
位置づけ	学習補助教材	学習補助教材	科学絵本
図	全部で50枚	全部で22枚	全部でおよそ30枚
期間	2007年11月～2010年3月	2010年7月～2011年3月	2010年10月～2012年3月
備考	2010年に全国の盲学校・視覚特別支援学校に配布。	2011年8月に全国の盲学校・視覚特別支援学校に配布し、市販開始（活字版は読書工房から、点字版、音声版は桜雲会から）（p.232の注＊15参照）。	2012年から市販中（活字版は読書工房から、点字版、音声版は桜雲会から）。安価な点字抜粋版および割安なセットも販売（p.232の注＊15参照）。

しかし、問題点もいくつか浮かび上がりました。技術的なことは後述することにして、多く寄せられた意見は、点図は小学生にもわかりやすいがテキストは難しく、盲学校などの学校現場で使いづらいということでした。そこで、点図を活かしつつ、内容は平易にしたバージョンの製作へと、プロジェクトは展開しました。

それがジュニア（中高生）編です。題材も、太陽や太陽系の惑星を中心に、身近なテーマを選びました。文章を大幅に減らしたこともあり、点字本は1巻本でおさまりました。これも、点図、特に惑星の点図が好評で、最近の盲学校での授業では、こちらをメインに使っています。

こども向けの科学絵本もつくりました。ホシオくんという小学生のキャラクターが天文台に行き、天文台のウチュウ博士の手ほどきで望遠鏡をのぞきながら、星や宇宙について学ぶ内容となっています（図1）。図は、イラストレーターの坂井治氏（株式会社ROBOT）にお願いしました。

キッズ版の執筆は大変でしたが、学ぶところも多くありました。元原稿は、福音館書店の雑誌[*7]に掲載されたものですが、担当編集者の対応の厳しいこと。何度書いても「知識の押し売りはしない」「こどもの想像を引き出すこと」「わくわくさせられたら合格」ということばに、「そう言われても、われわれは知識の押し売りを商売にしているのだけどなぁ」とつぶやきながら、何度も書き直しをしました。そして10作目にしてようやくOKが出たものです。

私たちはプロジェクトを進めるにあたり、「中身はすべて同じ」ということにこだわりました[*8]。また、著者も共に4つの版の製作に、主体的に携わることにしました。音声版録音の高山氏には、「聞いただけで理解するためには、文章は短く、不要な接続詞を省き、論理展開は単純に」との観点で、原稿をチェックしていただきました。点字版製作の方

[*7] 『大きなポケット』2011年2月号。残念ながらこの雑誌は、2011年3月号を最後に休刊中です。すべりこみセーフでした。
[*8] 音声版に図の情報は入らないので、ことばで補足しました。

図1　小学生版のキャラクター、ホシオくん［© ROBOT］。
星好きの小学生ホシオくんが、UFOの形の帽子をかぶり、星の模様がついた服を着て、街にできた天文台に出かけるところ。このキャラクターは坂井治氏のオリジナルで、最近、人気が出てきました。

からも、「水星（惑星）」と「彗星（ほうき星）」を区別するようになど、貴重なコメントをいただきました。点字で「すいせい」と記しても、どちらのことかわからないからです。こうして、読んでも（活字版）、触っても（点字版）、聞いても（音声版）わかりやすいという観点から表現を検討することができました。マルチモーダル出版は、確かに手間はかかりますが、それに見合う大きなメリットがあります。

　点字版作製においては、触察になれた5名の視覚障害者にモニターを務めていただき、わかりやすい点図表現を多方面から討議しました。さすがに5名もモニターがいると、お互いに意見が衝突することがあります。触覚には個人差が大きいことからこれは当然のことで、ご意見を総合的に判断して、いちばんよい表現を選択することができました。

（5） 盲学校で出前授業

　いかにいいものができたとしても、現場で使ってみないと、その真価は理解されません。そこで、国内約10か所の学校や施設で出前授業や出前セミナーを、継続的に行ってきました。「盲学校で出前授業をしている」と言うと、何をどのように教えているのかと、よく聞かれます。特別なことはしていませんが、盲学校独特のやり方もあります。

　まず、盲学校で授業する楽しみを、2点記しておきましょう。

　第一に、天文の本格的な授業を受けるのが初めてという生徒がほとんどという点です。手で触れることのできない対象を扱う天文は、盲学校の授業で省略されることも多いと聞いています。すなわち、盲学校の生徒にとって、天文の話は、何もかも新鮮にうつるということです。「何を話して、どう驚かせようか」といったことを考えながら、授業計画をねりあげる楽しみがあります。

　第二に、盲学校の授業は数人の小人数で行われることが多く、一人ひとりの理解に合わせた、まさに、一人ひとりの魂に向かい合う授業ができるという点です。これは、最初に盲学校の授業を見学させていただいたとき、私がもっとも感銘を受けたことです。特に点字使用の生徒については、該当箇所を開いているか、図の中身を理解しているか、時間をとって確認しました。盲学校の先生に補助をお願いする場合もありました。

　生徒たちの反応には興味深いものがあります。2010年2月に行った東京都立文京盲学校での出前授業では、NHKラジオの取材が入り、授業後に行われたインタビューを聞くことができました[*9]。「おもしろかった」「わかりやすかった」ということばも嬉しいのですが、「明るくなっ

＊9　私は現場にはいなかったのですが、取材スタッフがうまく生徒たちの心をほぐして本音をどんどん出させているようすを後で伺いました。

た」という感想には、正直、心が動きました*10。私が何か教えたというより、私自身が生徒たちから多くのことを教えられた思いです。

　授業の後、10分程度の時間をとってもらって、学習到達度を調べるための簡単な設問をしたり、使い勝手などに関して簡単な感想文を書いてもらい、今後の授業や教材作成のための参考にしています。以下、出前授業に参加した生徒さんの感想を抜き書きします。

- 今回の出前授業では、自分の好きな宇宙についていろいろと貴重なお話を聞けとても有意義な時間を過ごすことができました。特にさまざまな惑星を点図で触りながらその惑星に関する話を聞くのは話だけを聞くより何倍もわかりやすくイメージも容易にすることができました。
- この授業では、改めて惑星の形を感じることができた。今までも模型や図など、惑星の形に触れることはあったが、あんなに細かく地形や気候、ずっと気になっていた宇宙人のことなど、興味のあることを折り込みながら触ったのは初めてだったと思う。

2　点図と手話がひらく宇宙の姿

(1)　宇宙点図の実例

　ここで、いくつか宇宙点図の具体例を紹介します。といっても、点図の実物をはさみこむことはできないので、凸の点を黒の点にして印刷した図（墨点図）で示します。

---

*10　難しい数学や物理の話をして、「明るくなった」とは決して言われないでしょう。逆に、「暗くなる」人がいるかもしれません。

まず月の模様から（図2上段）。月には白黒の模様がついています。「月にはうさぎがいる」と古くから言われていますが、どれがうさぎなのか、知らない人も多いでしょう。写真を見るより、点図（墨点図）を見るほうがわかりやすいですね。写真を見ても、餅つきの臼はよくわかりませんが、点図でははっきりとわかります。これも、点図の効用の一つといえます。実際、盲学校で授業をしたとき、活字版を見ていた弱視生が、隣の生徒の触っていた点図を見て、思わず「点図の方がわかりやすい」と、感想をもらしていました。

授業やセミナーでうさぎを探してもらうときには、図を反時計方向に90度回してもらいます。すると、うさぎの耳が2本、上にくるのでわかりやすいのです。「だったら、最初から回転しておいてください」とアンケートに書いた人がいましたが、これはできない相談です。地球から見た月の向きは決まっていて、人間の都合で回転するわけにいかないのです[*11]。

次に木星です（図2中段）。木星には、縞模様と渦巻き模様があるのが特徴です。（共に、木星大気の雲のつくる模様です。）みごとなできばえの点図で、ここまでくると、芸術作品ということもできます。

授業では、まずどのような模様があるか、言ってもらいます。縞模様はすぐにわかります。縞がわかった人に、縞ごとに触感が違うことを確認してもらいます。これが意外と難しいのです。目で見ると、こんなにはっきりした模様の違いが触察で区別できないかと思われそうですが、実際、難しいのです。最後に、図の左下にある渦巻き模様（大赤斑）を探してもらいます[*12]。点図の大赤斑の周りに、スペースをとっていることに注意してください。これがないと周囲の筋模様と区別することが難しいのです。目で見て明らかな模様も手で触察するのは難しいという典型です。

[*11] 地球のどの位置から観測するかによって、上下は変わってきます。
[*12] この渦巻きは、地球より大きなサイズの低気圧です。

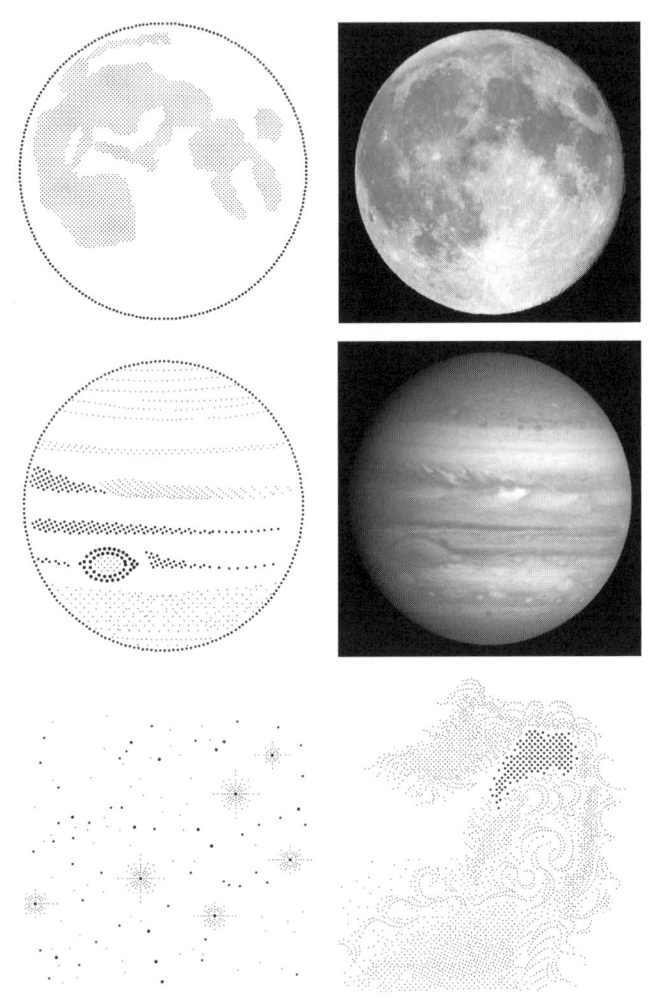

図 2　宇宙点図の例

上段　月の点図（左、嶋川久仁子氏作）と写真（右、藤井徳寿氏撮影）。
　　　黒い部分（「海」とよばれる平地の部分）に点が打ってあります。
中段　木星の点図（左、小松﨑テイ子氏作）と写真（右、NASA/ボイジャー）。縞模様
　　　の縞は一つ一つ模様が異なっています。
下段　星団すばる（左）と馬頭星雲（右）の点図（共に小松﨑テイ子氏作）。星団の図
　　　では明るい星ほど点を大きくしてあります。星雲の図で大きな点のところは、ほ
　　　のかに明るく光っているところです。

最後に、星団（星の集団、図2左下）と星雲（薄いガスの塊、図2右下）の点図例をあげます。どの図も、見て美しく、触ってわかりやすい、点図の力をその極限まで魅せつけてくれる傑作です。特に星雲の図では、細やかな模様が印象深く再現されています。私自身、点図でここまでできるのかと、驚いたものです。

（2） 点図の難しさとおもしろさ

　点図は通常の図に似ているようで異なる点も多いのです。
　第一は、「図の抽象化」という問題です。目は0.1mm離れている二つの点を容易に分解（区別）できますが、触覚の場合、1mm離れた二つの点を二つの点と認識するのがやっとです。原図のもつ情報をすべて表現するのは不可能です。図の中で本当に必要な線や図形はどれか、省略可能なものはどれか、専門知識をもって中身を精選する必要があります。
　「図の抽象化」と書くと、難しく聞こえますが、じつは私たちの身の回りでもよくみかけること、そう、似顔絵表現のことです。似顔絵の特徴は、必ずしもリアルではないのですが、その人の特徴をうまく捉えており、一目でその人のこととわかることです。点図作製の秘訣は、画像の「似顔絵」をつくることにあります。すなわち、特徴をうまく引き出すことです。それがサイエンスの理解にも役立ちます。
　今回の点図を製作してくださった方々は、理系の専門家ではありません。しかし的確に要点を捉えて表現してくださったので、つくり直しをお願いすることはほとんどありませんでした。日頃から対象に見入り、その特徴を捉え、大事な線とそうでない線を直感的に区別する訓練をしておられるのでしょう。住む世界が違ってもプロはプロと感心しました。
　第二に、触覚では、一度に全体像を把握することができないということをあげます。一度に触れるのは、せいぜい両手の手のひらまで、図のほんの一部に過ぎません。そこで一つ一つの図に、やや詳しいキャプショ

ン（解説）を入れることにしました。この図は何が描かれているのか、全体の形はどうなのか、円形をしているのか、全体に広がった模様なのかといった説明から始めて、図の中心に何がある、どちらの方向には何がある、どこに注目して欲しいか、といった情報を載せました。

最後に、そして最大の問題点が立体表現です。残念ながら、点図で、立体を表現するのには限界があります。いや、ほとんど不可能とも思えます。第6章の遠藤氏の文章にも、盲学校で教えた経験から同様の記述があります。いろいろ試しましたが、点図だけでは無理で、立体模型を併用する必要がありそうです。そこで、急速に普及してきた三次元プリンタを用いて、安価な立体模型づくりをすることが課題で、今、土星の環に挑戦しているところです。

なお点図作製には、エーデルというパソコンソフトを用いました。これは、徳島県の元高校の先生、藤野稔寛氏がボランティアでつくられたお絵かきソフトで、大中小の点の組み合わせで驚くほど豊かな表現が可能になります。また、パソコンファイルなので、電子メールに添付して送付できること、点図用のプリンタがあればどこでも印刷できること、PDFファイルにすれば普通のプリンタでも墨字印刷できることなど、じつに使い勝手がよいものです[*13]。

以上まとめると、点図は、工夫も必要ですが、無限の可能性を秘めた手法といえます。現実の写実は禁物です。いかにうまい似顔絵を描くかが勝負どころです。そこでセンスが問われます。一方、言いたいことをストレートに表現できることで、かえって墨字の図より、意図を伝えやすいというメリットもあります。このことを将来的に活用していきたいものです。

[*13] 「エーデル」は、エーデルワイス（ドイツ語で「高貴な白」という意味）からとったものと思っていましたら、日本語の「絵でる」が語源だと知ってがっくりきました。そう本に書きましたら、「いいえ、ドイツ語の意味もあります」と、藤野氏からメールをいただきました。

もう一点強調しておきたいのは、アートとしての点図の魅力です。実用的なアートです。見て楽しみ、触って楽しむ、そういうスタイルのアートがあってよいですね。そして、アートから障害者の学習に関わっていく、そんなアプローチも可能かな、と最近思い始めています。

（3）　手話をベースにした教材づくり

　これまで私たちが進めてきたバリアフリー教材製作プロジェクトは、対象が主として視覚障害者でした。現在、聴覚障害者（ろう者）が対象の、日本手話[*14]をベースにした教材製作を進めています。以下、簡単に紹介します。

　製作のきっかけは、手話による教材のリクエストをいただいたことです。「日本語による教材があるのになぜ？」と思いましたが、それでは十分でないことを教えていただきました。要するに、日本手話を母語（ふだん使うことば）としている生徒たちにとって、日本語でなく、手話による教材の方が、より深い理解ができるということです。このことは、日本人学生が、同じ内容を勉強するのに、英語の教科書より日本語の教科書の方が理解がスムーズにいくことを考えれば、容易に理解できます。しかしながら、日本手話をベースにした理系の学習教材はほとんどないといってよいのです。

　そういう背景があり、手話をベースにした教材づくりを進めています。つくる過程で、日本語による表現と、手話による表現には、いくつか違いがあることに気づかされました。

　まず、日本語表現は多少あいまいでも成り立つ場合も、手話表現では論理をしっかりさせないと成り立たないことがあります。例えば手話では、主語をはっきりさせ、単数と複数を区別する必要があります。星が

＊14　日本には日本手話と日本語対応手話とありますが、両者は似て非なるものです。本稿で単に手話とあった場合には、日本手話を指します。

一個生まれると、数個生まれるとでは表現が異なるのです。

　第二に、手話は音声語に比べ、精確な立体表現が可能だということです。重力崩壊を例にとれば、3次元的に一点に向かって潰れる場合と、平面的に一定の方向に潰れる場合とでは、手の動きが異なります。さらに、時間の経過も大事です。瞬時にどかーんと潰れる場合と、準静的にじわじわ潰れる場合とでは、手を動かす速度が異なるのです。

　こうした事情のため、科学の専門家とろう教育の専門家、そして障害当事者との連携、それも撮影現場での実地の対話が不可欠となります。それはとても楽しい経験でした。今後、盲ろう者も対象として意識し、事業の展開を図りたいと考えています。

3　プロジェクトの今後

　これまで、私の体験を交えながら、障害学習が異なる背景をもつ人々をいかに結びつけるのかについて述べてきました。しかしながら、注意しておきたいことがあります。単なるバリアフリー形式の教材開発だけでは、やがて限界がくるということです。その先を目指さないといけません。それはいったいどういうことか、少し考えてみましょう。

　「バリアフリー」ということばで示されていることを突き詰めると、それは健常者側の一方的な捉え方に過ぎないことがままあります。健常者がバリアを定義し、健常者がイニシアチブをとってそれを除去する、それが世間でしばしばいわれるバリアフリーです。しかしそれではいずれ行き詰まります。本当の問題はもっと別のところにあるからです。障害者が健常者と対等の立場で発信し、健常者がそれに学び、新しい形の学びのスタイルや学問を共に創出していくことこそが、今、求められています。

　障害学習には大きく3つの段階があるように思われます（表2）。今

表2　障害学習3つのステップ

段階	学習プログラム等の進め方
準備段階	障害を全く考慮しない学習
第一段階（ホップ）	健常者の発想でバリアフリーを目指して進める学習
第二段階（ステップ）	第一段階の過程に障害者がモニターとして加わるもの
第三段階（ジャンプ）	障害者の発想で健常者と共に進める普遍的な学習

までなされているバリアフリー活動のほとんどは、第一段階、第二段階のものです。しかし、これから目指すべきは第三段階、すなわち障害者の発想で、しかし障害者に閉じた価値観でなく、健常者も含めた人類共通の普遍的な価値観を生み出していくタイプの学習です。

　決して簡単なことではありません。理由の一つは、障害者が積極的に発言することをあまり歓迎しない空気が（健常者中心の）社会の中に、あるいは健常者の意識の中にあるからです。しかし時代は変わりつつあります。盲学校生徒へのインタビューで聴いたことば、「障害者だって胸をはって生きていけばいいんだ」「いつも健常者に合わせていくことはないんだ」は、今も私の胸の中にずっしりと響いています。障害のある若い人たちが、学びを通して活力を得て、独自の発想をどんどん社会に出してくることを期待しましょう。実際、その機が熟してきたようにも感じます。ちょうど1963年にワシントンでキング牧師が「私には夢がある」と繰り返して人種差別根絶の夢を語った時のように……。

　私も夢を語りましょう。それは「障害学習」が社会を変えていくという夢です。さしあたって障害学習の将来は、障害を切り口にあらゆる学問や学びのスタイルを再構築することといえます。幾分突飛な発想かもしれません。しかしそれが具体的な形をとって現れた一つの姿が「障害学」という学問といえるでしょう。本書は「障害学」の解説書ではないので深入りは避けますが、障害当事者が中心になって生み出した「医学モデル」から「社会モデル」へのパラダイムシフトは、障害に対する見

方を180度変革しました。その変革は何よりも人を元気にするという事実に、心が引かれます。長瀬修氏が「(障害が) 研究、思想の分野として確立しつつあることを知り、魅せられた。心は躍った。」と吐露した通りです (石川准・長瀬修編著『障害学の主張』明石書店)。

「障害学」の生み出したパラダイム変革の影響は、哲学、倫理学、心理学、教育学、社会学といった文系の学問分野に及んでいます。この変革の流れが理系の学問にまで到達するかはわかりません。しかし、勢いのある無視できない動きが姿を現していることだけは言えそうです。その勢いは、やがて「共活 (共に活かす) 社会」の実現へとつながっていくに違いありません (終章へ)[15]。

---

[15] 本章の2節、3節は、広瀬浩二郎・嶺重慎著『さわっておどろく! 一点字・点図がひらく世界』(岩波ジュニア新書、2012年) の4章、5章から抜粋し、加筆したものです。本文で引用した文献は以下の通りです。
[1] 嶺重慎・髙橋淳 (2011)『天文学入門ジュニア編―宇宙と私たち』読書工房 (活字版)、桜雲会 (点字版、音声版・電子版)
[2] 髙橋淳・坂井治・嶺重慎 (2012)『ホシオくん天文台へゆく』読書工房 (活字版)、桜雲会 (点字版、点字抜粋版、音声版)

終章

共活社会を創る

広瀬浩二郎
自称「座頭市流フィールドワーカー」、または「琵琶を持たない琵琶法師」。「ユニバーサル・ミュージアム」（誰もが楽しめる博物館）の実践的研究に従事。"さわる"をテーマとする各種イベントを全国で企画・実施している。

1 「共活」とは何か

　日本では1990年代から「共生」という言葉がしばしば使用されるようになりました。この「ともに生きる」という考え方に対し、僕は「共活」を提案しています。「生きる」と「活かす」の違いはどこにあるのか。そもそも共活とは、誰と誰が「ともに」、何を「活かす」のでしょうか。21世紀の今日では「共生」こそが社会の進むべき方向だとされていますが、この概念の不十分な点を補い、発展させるのが「共活」なのです。共活の特徴を「障害者史」と「盲人史」の二つの視座から明らかにしていきたいと思います。

　僕は中学１年生の時に完全に失明しました。以来30年余、全盲状態で暮らしています。やや誇張表現になりますが、目が見えない現実、視覚

障害の意味について、僕は四半世紀以上、あれこれ思索してきました。もちろん、障害のことばかりに時間とエネルギーを費やしてきたわけではないけれど、現代日本においてマイノリティの立場で生きていくのは、率直に言って楽ではありません。見常者（見ることに依拠して生活する人）中心の社会で視覚障害者が「健康で文化的」な日々を過ごすためには、苦労と工夫が必要です。苦労を克服（軽減）するのが「障害者史」、工夫を積み重ねるのが「盲人史」という発想になります。

　まず導入として、単純な疑問から出発することにしましょう。目が見えない僕は、見常者と同じなのか、違うのか。これは小学生でも理解できる質問ですが、簡単には答えられない本質的な問いかけを内包しています。目が見えない人も毎日ご飯を食べるし、学校にも通うでしょう。ですから、目が見える・見えないに関係なく、同じ人間なのだということができます。一方、僕は普段、点字のメモをさわりながら講演をしていますが、聴衆の方はレジュメを目で見ておられます。視覚障害者とは、「触常者」（さわることに依拠して生活する人）だと定義できるかもしれません。一般に障害者は日常的に用いている感覚が多数派と異なるのも確かです。この違いから苦労と工夫が生まれてきます。

　同じなのか違うのかという問いに関して、すぐに結論を出すことはできませんし、どちらかが正しいというものでもないでしょう。大切なのは「同じ」と「違う」の二つのスタンスをケースバイケース、TPOで使い分けていく柔軟性です。「同じ」を追求する進化が障害者史、「違う」にこだわる深化が盲人史につながっています。みなさんにとって身近な資料から、目が見える人と見えない人は、同じなのか違うのかという問いを掘り下げていくことにしましょう。

2　現在の教科書と視覚障害者

　1996年、「手と心で読む」というエッセーが小学4年生の国語教科書（光村図書出版）に掲載され、今日に至っています。著者は、もう亡くなってしまいましたが、岡山の盲学校で教員をされていた大島健甫という方です。小学校の国語では圧倒的なシェアを持つ光村の教科書に、視覚障害当事者の大島先生の文章が採択されたことにより、さまざまなプラスの影響がありました。たとえば近年、点字の体験学習を行う小中学校が増えています。単に点字の仕組みを学ぶのみでなく、点字ユーザーである視覚障害者の経験を直接聴く特別授業も企画されるようになりました。僕が時々教育委員会などの依頼で小学生向けの講演会に招かれるようになったのも、まさに1996年ごろです。

　「手と心で読む」の趣旨に合うかどうかはさておき、小学校で僕は、あえて不真面目な話をすることにしています。「点字をさわって読むことができたら便利ですよ。机の中に点字のメモを入れておいて、そっと指先で確認すれば、カンニングをしても先生に見つかりません」。こんな話をすると、その小学校からは二度と講演を頼まれなくなります。大島先生には申し訳ないけれど、どうも僕の講演は「教育」的によろしくないようです。

　小学校から締め出されたので（？）、最近は大学での講演に力を入れています。余談になりますが、高校までの試験は知識を問うもの。だから、点字のカンニングペーパーは威力を発揮します。他方、大学の試験は自分なりの人生観・世界観を模索するもの。教科書やノートを持ち込んで、じっくり考えるのが本来の試験なので、カンニングは成立しないでしょう。

　「手と心で読む」の教科書採用以来、他の出版社も点字や盲導犬、手話を取り上げるようになりました。今では小学3・4年生の国語教科書

のほぼすべてで、視覚障害・聴覚障害の話題が何らかの形で登場しています。日本の小学校におけるバリアフリー教育を先導したという点で、「手と心で読む」の歴史的意義はきわめて大きいでしょう。

　小学校時代に「手と心で読む」を勉強した、あるいは「手と心で読む」で勉強した記憶をお持ちの方もおられると思います。また説教臭くなりますが、理想的な学びとは、教材「を」機械的に読むのでなく、教材「で」何かを主体的に探究・会得するものです。「手と心で読む」は小学4年生に優しく語りかけるスタイルで、能動的な学びをもたらす教材として、高く評価されています。

　ここで簡単に内容を紹介しましょう。1940年代、アジア・太平洋戦争の最中に、大島青年は病気のため中途失明しました。目が見えなくなって落ち込んでいる大島青年の心境は、「それまで親しんでいた文字とはなれることは、まるで心のふるさとを失うように思えたのです」という言葉に集約されています。そんな時、母親の勧めで初めて点字に触れました。「かじかむ指をあたためあたため、わたしは、何日もかかって、ようやく一ぺんの詩を読んだのでした」。ここで「かじかむ指をあたためあたため」していては、カンニングなんかできないではないかと突っ込みを入れるのは不謹慎ですね。

　大島青年は苦労して点字をマスターすることにより、読書の楽しみを取り戻します。そして、盲学校教員となって自立・社会参加するのです。目が見えなくなるのは辛く残念ではあるが、点字によって自分の可能性を切り開くことができた。昨今のバリアフリー、ノーマライゼーションの風潮の下、便利な機器も多数開発されている。「手と心で読む」は点字の役割を強調すると同時に、視覚障害者が暮らしやすい環境が徐々に整ってきたことを述べています。著者にとって点字とは、視覚障害者と見常者の平等を保障する「共生」のシンボルとして位置づけることができるものです。同じか違うかという観点で整理すると、「手と心で読む」は、目が見えなくても同じ人間であることを小学生たちにわかりやすく

伝える教材だといえるでしょう。

3　戦前の教科書との比較

　次に戦前の教科書を見てみましょう。偶然にも小学4年生の教科書、尋常小学国語読本に視覚障害に関する文章が掲載されています。1903年〜1945年の日本では国定教科書制度の下、教科ごとに1種類の教科書が編集・発行されていました。戦後の日本では複数の出版社が教科書を作っているので、少なからぬ小学4年生は「手と心で読む」に接する機会がないわけです。戦前の小学4年生は、すべて同じ国語読本を使っていました。ということは、教科書の影響力は今よりもはるかに強大だったでしょう。

　そんな戦前の国語教科書に登場する視覚障害者とは、塙 保己一（はなわ ほ きいち）（1746〜1821）です。おそらく現代の若者は彼の名前をほとんど知りません。高校の日本史の教科書では江戸時代の国学者として塙保己一が紹介されていますが、歴史上の偉人の中ではマイナーな存在です。彼は賀茂真淵（1697〜1769）の最晩年の弟子で、『群書類従』を編纂した盲目の学者として尊敬されています。

　保己一少年は幼い時に病気のため失明しました。当時、目の見えない人の職業は按摩・鍼・灸、もしくは音曲（三味線や箏の演奏）に限られており、保己一も盲人の師匠の下で修業に励みます。ところが、じつは彼は生まれつき不器用でした。鍼灸には向いてないし、音楽のセンスもない。もうどうしようもないと絶望し、自殺を試みたこともあったそうです。最終的に師匠たちの支援を得て、好きな学問の世界で死ぬ気になって頑張り、国学者として大成しました。

　日本点字が考案されるのは1890年ですから、塙保己一の時代の視覚障害者は自力で読み書きできる文字を持っていませんでした。見常者に本

を読んでもらい、頭に刻み込むのが保己一の学習法です。もちろん、ICレコーダーなどもないので、驚異的な集中力と記憶力で書物を読んで（聴いて）いたのでしょう。僕も見常者のボランティアが録音した多種多様な書籍を毎日読んでいます。耳からの読書という点では塙先生と同じですが、僕の場合は漫然と聞き流しているだけで、寝てしまうこともよくあります。デジタル録音技術の進展により、視覚障害者は簡便に本を読めるようになりました。これは歓迎すべきイノベーションですが、塙保己一のような集中力、記憶力を21世紀の視覚障害者に期待することはできないような気がします（などと、自分の怠惰を時代のせいにしてはいけませんね）。

　保己一がライフワークとして取り組んだ群書類従とは、日本の古典籍を校訂・分類した叢書です。群書類従は現在でも日本史・日本文学を研究するための必須文献であり、誰もが読める形で史料集を刊行した先見性は特筆に値します。戦後のGHQによる一連の民主化政策の結果、大日本帝国の教育システムは否定的にとらえられるようになりましたが、塙保己一に注目する国定教科書はなかなか味わい深いものです。

　それでは、戦前の教科書に掲載されていた塙保己一のエピソードとは、どのようなものだったのでしょうか。塙先生は自身の研究や群書類従の編纂事業に加え、私塾を開いて後進の指導にも当たりました。この塾は後に幕府公認の「和学講談所」となります。ある日、塙先生が塾で源氏物語の講義をしていた時の話です。江戸時代には電気はありませんから、弟子たちは蝋燭の明かりを頼りにノートを取っていました。

　すると、風がふうっと吹いてきて、蝋燭が消えてしまった。塙先生は目が見えないので、灯があってもなくても同じです。お得意の講義を平然と続けます。でも、生徒たちは見常者なので、明かりがないと文字が書けません。真っ暗な部屋で滔々と喋る塙先生に対し、弟子の一人が声をかけます。「先生、すみません。風で蝋燭の灯が消えてしまったのでノートを取ることができなくなりました。ちょっと待ってください」。この

依頼を受けて、塙先生はしみじみと「さてさて、目明きとは不便なものだ」と言ったそうです。頭の中（暗闇）で自由自在に文字を操ってきた塙保己一の発言だけに重みがあります。

目明きの反対語は「盲」（めくら）です。今日では「めくら」は差別語とされ、耳にすることがほとんどなくなりました。ここからは教科書の原文を尊重して、あえて「めくら」「目明き」を使うことにします。常識的に考えるなら、目明きが便利で、めくらが不便なのが当たり前です。一人で歩く、テレビを見る、掃除・洗濯などなど、めくらの不便は枚挙に暇がありません。しかし、塙先生によると不便なのは目明きなのです。

塙保己一の示唆に富むエピソードから、僕たちは何を引き出すことができるでしょうか。まず、同じなのか違うのかという冒頭の僕の問いに戻るなら、「目明きは不便だ」と断言する塙保己一の姿勢は、見常者との差異に力点を置いていると思います。もう一つ重要なのは、風が吹いて蝋燭の灯が消えてしまうのは、江戸時代の庶民にとって日常茶飯事だということです。「目明きは便利で、めくらは不便」と決めつけている世間の常識は、ふうっと風が吹いてくるだけで、あっけなく逆転します。常識を盲目的に信じるのでなく、少し立ち止まり疑ってみよう。物事をいろいろな角度からとらえ直そう。こんな声が戦前の国語読本から聞こえてきます。

残念ながら塙保己一のエピソードは「めくら」という差別語が多用されていることもあり、戦後の学校教育では忘れ去られてきました。たしかに、「手と心で読む」も当事者ならではの視点に裏打ちされたすばらしい教材であるのは間違いないでしょう。でも、個人的な趣味かもしれませんが、僕は戦前の塙保己一のエピソードの方に魅力を感じます。小学4年生といえば、自我が芽生え、さまざまなことを自分なりに考え始める時期です。10歳前後の多感な成長期に常識の脆弱性を実感し、「目明きは不便だ」という新たな価値観に出会う。このような刺激的な学び

は各児童、ひいては社会全体の成熟を促す有意義なものではないでしょうか。

4　障害者史＝情報保障の追求

　ここからは、目が見えない人の歴史を二つの切り口で俯瞰したいと思います。大島健甫の「手と心で読む」に代表される「同じ人間」というベクトルを総括するのが「障害者史」です。これに対し、塙保己一のエピソードに象徴される「違うライフスタイル」という部分に着目すれば、「盲人史」を構想することができます。以下、障害者史の画期となる四つの出来事を挙げて概説しましょう。キーワードは「情報保障」です。

1．1878年、京都盲唖院の創立

　日本の特殊教育（盲聾教育）は京都から始まっています。その嚆矢となったのが、1878年に日本初の盲学校として開校した京都盲唖院です。明治・大正期には全国各地に盲学校が設立されますが、その多くの運営を担ったのは視覚障害当事者の先達たちでした。近代学校制度の成立に伴い、江戸時代までは被差別者として幕藩体制に組み込まれていた視覚障害者も、人権を保持する「国民」となったといえるでしょうか。とはいえ、戦前までの盲学校にあっては、鍼灸・音曲などの職業教育が中心で、法的にも通常の学校と区別されていました。近代の視覚障害者の歴史は、「特殊」から「普通」をめざす闘いの連続です。ここでは詳述しませんが、盲学校卒業生たちの地道な努力が、視覚障害者の社会的地位向上につながったことを明記しておきます。

2．1890年、日本点字の制定

　点字を考案したのはフランスのルイ・ブライユ（1809～1852）です。

終章　共活社会を創る

19世紀半ばにはアメリカやイギリスでも普及していた点字が、明治維新の日本に紹介されます。点字の教育的有効性は欧米で実証されていたので、東京盲唖学校の教員・生徒を中心に、アルファベットの点字を日本語の仮名に翻案する作業がすぐにスタートしました。数度の選定会議の後、最終的に石川倉次（1859〜1944）の案が日本点字として採択されたのが1890年11月です。以来120年余、今日でも日本の視覚障害者は、石川倉次が創案した点字を使用しています（図1）。

点字は視覚障害者に「文字による情報伝達」をもたらしました。大正期には『点字大阪毎日』（点字の週刊新聞）が発行されますが、点字新聞が90年以上も継続している例は、他国にはありません。また、日本は普

図1　点字の考案者、ルイ・ブライユの肖像画
彼は15歳の時に6点点字の配列表を完成した
（写真提供：フランス「ルイ・ブライユ記念館」）。

通選挙における点字投票を公認した最初の国です。戦前の日本が「点字先進国」だったのは、意外な史実というべきでしょう（現在でも日本は点字サイン、触知図などの分野で国際的に評価されています）。「手と心で読む」でも語られていたように、点字の発展史と視覚障害者の市民権拡充が密接に関係しているのは確かです。

3．1949年、点字受験を経て全盲の学生が同志社大学に入学

　戦前の日本では、盲学校卒業生は大学入学資格がないため、どんなに優秀でも文字どおり門前払いされていました。入学試験を受けることすらできませんでした。聴講生などとして特別に入学が許可され、後に正式な学生となり卒業したケースはありますが、全盲者が点字受験を経て大学に進学するのは1949年が最初です。戦後のGHQによる教育改革で盲学校・聾学校も義務化され、伝統的な職業教育に加え、普通科教育も少しずつ充実していきます。もちろん、大学進学率のみで教育の質を論じることはできませんが、大学に学んだ視覚障害者が、鍼灸・音曲以外の新職業の開拓に寄与したのは紛れもない事実です。

4．1990年、点字による国家公務員試験の実現

　視覚障害者の大学進学の歴史は、「門戸開放」から「学習環境の整備」へと展開します。戦後になって制度面のバリアは解消されたものの、精神面のバリアは残っていました。点字受験の準備は大学にとって負担となるので、視覚障害者の受け入れに難色を示すのが1950～60年代の一般的な傾向でした。大学の門戸開放を推し進めたのは、盲学校関係者の粘り強い交渉、および大学に進学した視覚障害者たちの真摯な勉学態度です。

　1970年代には点字受験を認める大学も増え、ボランティアの支援で視覚障害学生の学習環境も改善されます。「点訳・録音された専門書はないのが当たり前」という状況下、ボランティアを集め、育てたのは視覚

障害者自身でした。そんな先輩方の恩恵に浴し、僕が大学に入学したのは1987年です。「ボランティアに頼めば、なんとか最低限の教科書、テキストは確保できる」というのが、当時の僕の印象でした。

さらにパソコンの活用により、視覚障害者の学習環境は激変します。従来、視覚障害者が墨字（視覚文字）の情報を得るためには、点訳・音訳という特殊なプロセスが必要でした。しかしパソコンを使えば、視覚障害者も自由にインターネットにアクセスし、見常者とメールのやり取りができます。情報保障の強力なツールであるパソコンが、見常者と視覚障害者の円滑なコミュニケーションを助長したことは間違いないでしょう。僕は10年以上、学部・大学院でうろうろしていましたが、ボランティアの知力とパソコンの威力に支えられて、今の自分があるのだと、いつも感じています。

門戸開放、学習環境の整備に続く最終にして最大の課題は、卒業後の就職です。ようやく1970〜80年代に入り、東京や大阪を皮切りに、各自治体の教員・公務員採用試験で点字受験が認められるようになります。ところが、僕が大学に入学した時には、まだ国家公務員試験を点字受験することはできなかったのです。1990年といえば、今の学生さんにとっては大昔かもしれません。でも、僕からすると、「点字による国家公務員試験の実現」は、記録でなく記憶に残る事件でした。

以上、視覚障害者の近代史を概説しましたが、19〜20世紀に障害者を取り巻く状況がめまぐるしく変化したことは明らかです。僕自身の盲学校入学から今日に至る30年を振り返ってみても、視覚障害者が暮らしやすい社会が到来したことを再確認できます。日本近代の視覚障害者史を要約すると、目が見える・見えないに関係なく、平等に情報を得ることができる社会システムの構築をめざす「進歩」の歴史といえるでしょう。視覚障害者が入手できる情報量を見常者と同じレベルに引き上げたい。こういった切実な願望から情報保障を意図する多様なソフト、ハードが開発されてきました。ここでは大学の講義を事例として、情報保障のエッ

センスを具体的に説明しましょう。

　僕が在籍していたころは、教科書の点訳・音訳さえできれば、大学の授業で困ることはほとんどなかったような気がします。文系科目の受講が大半だったので、板書をする先生もあまりいませんでした。昨今の大学の授業では、多くの教員がパワーポイントを駆使して、画像を見せながら講義をします。点字や録音資料があっても、授業内容を100パーセント理解するのは困難です。電子データをもらい自分のパソコンで音声読み上げする手段はありますが、「目」に訴える授業形式が増えると、視覚障害者のハンディキャップは大きくなります。やはり、どんなに機器が発達しても、ボランティア（人）による支援は不可欠でしょう。

　いうまでもなく、大学の教員・学生の9割以上は見常者であり、授業は多数派の論理で成り立っています。大学は日本の近代化の過程で生まれました。そして、近代化を促進したのも大学です。そんな近代化の申し子ともいえる大学にあって、視覚障害学生は門戸開放、学習環境の整備、卒業後の進路開拓を目標として奮闘しました。その姿は「情報の量の平等」を追求する障害者史の縮図ともいえるのではないでしょうか。

5　盲人史＝情報変換の可能性

　障害者史、すなわち情報保障を推進する流れから「共生」という理念が生まれ、今日では特殊教育に代わって「特別支援教育」「インクルーシブ教育」が提唱されるようになりました。僕は障害者史が達成してきたことを評価する一方で、近代化の「進歩」の中で何かが失われてしまったのではないかとも危惧します。「特殊＝違い」のルーツを探るために、前近代の盲人史を略述することにしましょう。ざっくり四つの時期に分けて考察します。キーワードは「情報変換」です。

1．10〜12世紀、琵琶法師の登場

　琵琶法師といえば盲目の芸能者、平家物語というイメージが定着していますが、そもそも琵琶法師は何をする職能集団だったのでしょうか。10世紀、平安時代中期の貴族の日記に、琵琶法師に関する断片的な記述があります。限られた史料しか残っていないので、彼らの実態を詳しく知ることはできません。僕は、琵琶法師とは「声と音で独自の世界を想像・創造するアーティスト」だと定義しています。琵琶法師は目が見えないので、文字を媒介としない「語り」を得意としていました。文字を「使えない」のではなく、文字を「使わない」というのが適切だと思います。耳で得た情報を声で伝える。平家物語以前にも、琵琶法師はさまざまな語り物を伝承していました。その伴奏楽器として用いられたのが琵琶です。

2．13〜15世紀、平家物語の大流行

　若い人に言っても、ピンとこないかもしれないけれど、ある演歌歌手が地方の酒場などを回り、売れない曲を歌い続ける。やがて苦労が実を結び、ヒット曲に巡り合う。演歌では大ヒット曲が一つあれば、なんとなくその後も生き延びていくことができるものです。紅白歌合戦にも代表曲は唯一無二、「昔の名前で出ています」という歌手がけっこうたくさん出場していますね。琵琶法師も演歌歌手のようなもので、いわば10〜12世紀は修行時代。語り物のレパートリーを増やし、音と声を鍛えていました。

　琵琶法師たちにとっての大ヒット曲、口承文芸の決定版ともいえる平家物語は、どのようにして生成されたのでしょうか。平家物語の起源は「亡魂供養＝見えない世界をみる宗教儀礼」にあります。「耳無し芳一」は江戸時代の伝説を元に、小泉八雲（1850〜1904）が創作した怪談です。芳一の演奏スタイルが琵琶法師の原型をよく示しています。

　芳一は平家一門が眠る墓の前で、亡くなった人々への慰めとして平家

物語を語っていました。怨霊を魅了する演奏は、きっと迫力満点だったことでしょう。12世紀の源平合戦は各地で繰り広げられ、死者が多数出ました。死体がそのまま放置されることも珍しくなかったようです。全国で亡魂供養に従事する芳一のような琵琶法師が活躍します。彼らの語りが集大成され、一大叙事詩となったのが平家物語です。平家物語が成立するのは南北朝期といわれています。

　一般に、死者の霊は目で見ることができないものです。見解が分かれる所ですが、僕たちは「たぶん霊界ってあるんじゃないかな」と漠然と感じています。でも、霊界の有無を科学的に証明することはできません。目に見えない死者たちとダイレクトに交流していたのが琵琶法師です。視覚を使わない彼らは、聴覚や触覚によって「見えない世界をみる」テクニックを修練・体得したといえるでしょう。13～15世紀が、平家物語を語り全国を旅する琵琶法師の全盛期でした。

3．16～18世紀、新たな生業として按摩・鍼・灸を獲得

　14世紀に琵琶法師の同業者組合（ギルド）として結成された「当道座」は、江戸時代に幕府の保護を受けて、強固な全国組織となり発展します。近世社会では琵琶に代わり三味線や箏が流行し、当道座も多くの盲人音楽家を輩出しました。17世紀には按摩・鍼・灸が盲人の新職業となります。現在、按摩・鍼・灸が「手技療法」と称されていることからもわかるように、盲人たちは手（＝触覚）によって治療を行なっていました。按摩・鍼・灸も、目に見えない体内の様子を指先と手のひらで察知するという意味において、「見えない世界をみる」技法だったといえます。江戸時代を通じて、按摩・鍼・灸は盲人の専業となっていくのです。

4．19～20世紀、当道座の解体

　盲人のオリジナリティに立脚する当道座は、明治初期に新政府の近代化政策の一環で解体されます。欧米に追い付け追い越せという文明開化

の風潮の下、当道座のような治外法権的な組織は、前近代の遺物として切り捨てられたのです。文「明」は目明きのもので、目暗（めくら）が疎外されるのは当然と言うとブラックユーモアになりますが、近代化とは「暗から明への転換」、見えないものを見えるようにする可視化の壮大な実験と言い換えることもできます。

　西洋医学の導入で、解剖術やエックス線診断が流布し、体内の様子を視覚的にとらえることができるようになりました。その結果、按摩・鍼・灸の地位は相対的に低下します。イタコや瞽女、地神盲僧など、「見えない世界をみる」宗教・芸能者の活動も、文明化の進展とともに忘却され、21世紀の今日、完全に消滅しました。当道座に属する盲人たちが、明治になって既得権益を喪失したのは事実です。江戸時代には良きにつけ悪しきにつけ、当道座に所属していれば生活することができた盲人たちは、金銭的・精神的な拠り所を失い困窮します。こういった状況下、先述した京都盲唖院を嚆矢とする盲学校教育が始まるのです。（写真１、２）

　ここまで述べてきたように、盲人史にとって10〜18世紀は黄金時代ということができます。目が見えない人は、目が見える人とは違うのだ。文字が見常者のものだとすれば、盲人は音と声、触覚で個性を発揮すればいい。このような盲人たちの自信が「目明きとは不便だ」という塙保己一の金言を醸成したともいえるでしょう。19世紀以降の障害者史が「進歩」の歴史であったのに比して、近現代の盲人史は「衰退」の歴史だったと総括することができます。

　1995年、一連のオウム真理教事件がマスコミをにぎわせました。オウム真理教の教祖・麻原彰晃は視覚障害者（弱視）です。もちろん、麻原を弁護するつもりはありませんが、彼を単なる精神異常者として片づけるだけでは問題は解決しないでしょう。僕流に解釈すると、麻原は「盲人史と障害者史の狭間に落ち込んだ近代化の犠牲者」となります。

　明治以降の障害者史とは、視覚障害者が見常者に追い付こうとして走

写真1　延岡市の浄満寺境内に建立された「最後の琵琶法師」永田法順の像
宮崎県下を中心に地神盲僧として活躍した永田さんは2010年に亡くなった（撮影：広瀬浩二郎）。

り続ける歴史でした。見常者は欧米諸国、視覚障害者は大日本帝国になぞらえることができるかもしれません。近代国民国家の富国強兵路線は、必然的にマイノリティ（社会的弱者）に我慢と頑張りを強いることになります。そのような近代化の潮流から零れ落ちる障害者も少なからずいました。

　麻原彰晃は熊本の盲学校卒業後、東大受験をめざし上京します。盲学校（特殊学校）出身というコンプレックスを日本の最高学府に進学することで払拭しようとしたのです。しかし、学力的ハンディもあり、彼は東大受験をあきらめます。学歴で見常者の上に立つことに挫折した麻原は、次に弱視である自己が強者になるための手段として金儲けを選びます。一時は偽薬販売で荒稼ぎしますが、けっきょく薬事法違反で逮捕・

写真2　昭和40年代、新潟県・高田の街中を歩く瞽女
2005年、「最後の瞽女」と称される小林ハルさんが死亡し、瞽女の姿は日本社会から消えた（写真提供：上越市文化振興課）。

起訴されてしまいました。麻原は近代障害者史のアウトロー、脱落者だったわけです。

　学歴エリート、金持ちになる夢を捨てた麻原が、最終的にたどり着いたのが宗教でした。あらゆる宗教の根底には、現実社会の慣習と対決する「もう一つの世界観」が内包されています。たとえば、明治以降の日本で台頭した新宗教教団の多くは、いわゆる貧・病・争に悩み苦しむ女性の神憑りによって開教されたものです。古今東西、社会的地位の低い

階層から教祖が誕生する例は多数あります。教祖となった麻原も「もう一つの世界観」に基づく教団作りに邁進しますが、ご存知のようにオウム真理教は犯罪集団化し、自己破綻するのです。

江戸時代以前の日本に麻原が生まれていれば、もしかすると優れた琵琶法師、治療師になっていたかもしれません。幸か不幸か、第二次大戦後、高度経済成長期の盲学校に籍を置いた麻原には、琵琶法師になるチョイスは、もはやありませんでした。彼が盲人史をしっかり学び、「見えない世界をみる」現代版の教義を確立できていれば、オウム真理教はユニークな教団として、21世紀の日本で異彩を放っていたでしょう。

盲人史を特徴づけるコンセプトとして「情報変換」を挙げることができます。前述したように、足りない部分を補うという形で、情報の量を重んじるのが情報保障です。これに対し情報変換とは、五感で得た情報を自由に交流・交換させることを意味しています。情報の量ではなく質を重視し、異なる部分を活かす思考法です。平家物語を聴いた見常者たちは、テレビやビデオがなくても、源平合戦の歴史絵巻をありありと思い浮かべることができました。琵琶法師は聴覚情報を視覚情報に変換する演出家だったといえるでしょう。

近代とは視覚優位の時代です。「より速く、より多く」という近代のトレンドが視覚偏重をもたらしたともいえます。視覚に頼る生活が支配的となると、他の感覚は軽視され、情報変換の豊かな可能性は見失われてしまったのです。僕は音痴ですし、塙保己一のような記憶力もないので、平家物語を語ることはできません。でも、「琵琶を持たない琵琶法師」として、情報変換のおもしろさ、奥深さを伝えていきたいと願っています。日頃、画像や映像を使わずに、音と声のみで講演しているのは僕なりのこだわりです（単にパソコンを使えないだけという説もありますが）。

6　21世紀型「共活」理論の実践に向けて

　盲人史と障害者史を統合し、21世紀の人類史を展望する。これが僕の最終目標です。人類の未来を切り開くダイナミズムを秘めた理論として、僕は「共活」が各方面に波及することを切望します。以下では「共活社会を創る」ための課題を四つにまとめて解説しましょう。

1．「障害学習」という新概念の提案
　近年、学内に「障害学生支援室」を設置する大学が増加しています。僕が学生だった1980〜90年代には、基本的に個人がボランティアに依頼し、点字・録音資料を準備していました。現在は大学当局が障害学生の学習環境整備に力を入れ、情報保障に積極的に取り組んでいます。まだ不十分な面もありますが、やはり大学が公的にサポートしてくれる制度は、障害学生にとって有益です。僕自身、素直に羨ましいなあと感じます。
　しかし、支援する（してあげる）のは見常者で、支援を受ける（してもらう）のが視覚障害者という一方向の関係になってしまうのが障害学生支援室の現状です。これは他の障害者の場合も同様だと思います。大学の講義の現場では見常者が情報保障を担当する形にならざるを得ないわけですが、なんとか一方向の支援を双方向の学びに変えていくことができないでしょうか。僕は共活の下位概念として「障害学習」を用いています。障害を通して互いに学びあうという意味です。具体的にどのようにして「障害学習」を大学教育に組み込んでいくのか、まだ僕にも明確なビジョンはありません。でも、きっと盲人史をじっくり再検討すれば、一方向の支援を脱却するヒントが得られるはずです。

2．大学入試方法の抜本的改革

　大学入試をはじめ、一般に各種試験の点字受験者には、1.5倍の時間延長が適用されるのが今日では常識となっています。これは1979年の共通一次試験（現在のセンター試験）の開始時に決められたルールです。点字の触読スピードは個人によって異なりますが、1文字ずつ指で確認するので、見常者が墨字を読むよりも時間がかかります。日程的制約、受験生の体力などを勘案するなら、1.5倍は妥当な延長幅だといえるでしょう。

　さて、常識を疑えというのは塙保己一の教訓でした。ここで僕の実体験から少し考えてみましょう。たとえばセンター試験の国語の問題を点訳すると100ページほどの冊子になります。点字は1ページに入る文字数が限られるので、どうしても分量が増えるわけです。下線部を探し出すのもたいへんだし、そもそも長文を読むだけで疲れてしまいます。全体を見渡すことができる視覚と、点を線・面へと組み立てていく触覚では時間差が生じるのは当然でしょう。国語の試験では1.5倍の時間延長では不十分だというのが僕の実感です。

　それでは、二次試験の数学はどうでしょうか。僕は数学が苦手だったので、あまり思い出したくないのですが、数学の試験では「○○を証明せよ」など、問題文は短く、点字でも数ページに収まります。問題文を読んだ後は、視覚障害者も見常者も、ひたすら考えるわけです。数式などを書くスピードは墨字と点字で大きな差はないので、考える時間が1.5倍もらえるのは有利ということになります。

　ところが、僕は数学が不得意だから、いくら考えても答えがわかりません。2時間の試験が3時間になっても、わからないものはわからない。「うーん……」と悩む時間が1.5倍になるのは、まさに拷問です。解答用紙に何も書かないのは癪なので、「証明不要、自明なり」と書いて提出したこともありました。集中力もなくなり、国語とは違った意味で疲労困憊したことをよく覚えています。

本来ならば、試験の種類によって延長幅を柔軟に変えるのが理想ですが、そこまでの配慮を求めるのは難しいでしょう。もともと大学入試の問題は、見常者の受験生を対象として作られています。それを単純に点訳し、解答時間を延長しても、視覚障害者用の試験にはなりません。視覚に適した試験と、触覚に適した試験は自ずと別の形になるのではないでしょうか。

　余談ですが、従来の点字受験に加え、視覚障害者の音声パソコンによる試験を実施する自治体が最近増えてきました。点字の触読に不慣れな中途失明者にも受験のチャンスを与えるという点で、選択肢の追加には一定の意義があります。しかし、気になるのは音声パソコン試験の時間延長が1.5倍になっていることです。点字が1.5倍だから、視覚障害者用の試験は同じという発想は、あまりにも安易だと思います。問題の形式そのものを音声対応に改めることが先決でしょう。パソコンの音声を聴く行為から、かつての琵琶法師の語りや塙保己一の超人的な記憶術を復活させるような試験ができないものかと、僕は一人で夢想しています。

　見る試験、聴く試験、さわる試験の共存は、言うは易く行うは難い大プロジェクトですが、けっして机上の空論ではありません。小論文・面接・推薦など、これだけ入試の方法が多様化しているのだから、さわることが得意な人、聴くことが得意な人のための試験がアレンジされてもいいのではないでしょうか。小手先の改革に留まるのではなく、障害者に対する入試のあり方を本格的に調査研究していく。共活社会にふさわしい大学入試制度が完成すれば、高等教育全体を根本から改変することができるはずです。

3．「点字」の一般教養科目への導入

　福祉的な文脈でなく、文化として点字をとらえたい。これは僕の年来の主張です。点字については他の著作で論じているので、ここでは深入りしないことにします。手話を第二外国語として位置づける大学はあり

ますが、点字は文字なので、外国語科目に加えることはできません。とはいえ、異文化間コミュニケーション、情報変換のツールとしての役割では、点字と手話に共通する部分も多々あります。点字を通じて「さわる文化」に出会うような授業が一般教養科目の一つとして開講されれば、「障害学習」の実践ともなるでしょう。もちろん、「点字」の授業を担当するのは視覚障害者（＝触常者）の責務です。

4．「障害／健常」の二分法の超克

　お気づきのように、本稿ではあえて「健常者」という用語を使っていません。僕は全盲ですから、世間的には「障害者」に分類されます。でも40歳を過ぎても、20代のころと同じ食欲があるし、風邪もほとんどひきません。周りの中年世代と比べて、かなり健康だと自負しています。世の中、目が見えていても、不健康な人はたくさんいるものです。僕は健康が常なのに、「健常者」でないというのは、どうも納得できません。どこに着目するか、何を基準とするかによって、「健康」の意味合いは変わってきます。

　もう一つ例を挙げましょう。視力が通常の見常者よりも弱い人は、弱視、あるいはロービジョン者と呼ばれるのが一般的です。他方、1970年代初頭まで、盲学校では弱視者のことを「半盲」と称していました。半分「盲」であるというのは、ちょっと不思議な漢字の組み合わせですね。今では不適切な表現だということで、弱視の当事者も盲学校関係者も「半盲」を使わなくなりました。当事者が忌避する言葉を復活させるつもりはないですが、半盲の基準はどこにあるのでしょう。

　弱視、ロービジョンとは、何に対して「弱」「ロー」なのか。いうまでもなく、0.3以上の矯正（裸眼）視力を持つ見常者が基準です。では、半盲とは何に対して「半」なのか。盲学校においては全盲がスタンダードです。70年代初めまでは、「目が見えない」のが標準とされる社会集団が実際に存在していました。やや穿った見方かもしれませんが、半盲

から弱視への呼称の変化の背景には、盲人史から障害者史への移行があるような気がします。

　共活のポイントは、複数の基準を持つことです。「盲＝目が見えない」は現代日本では否定的にとらえられており、少なからぬ盲学校が「視覚特別支援学校」に名称変更しました。公文書等では「盲人」に代わって「視覚障害者」が使用されています。それでは、「盲＝視覚に依拠しないライフスタイル」と定義してみてはどうでしょうか。すると、「盲」のプラスの要素が浮かび上がってきます。本論で列挙してきたように、先人たちは視覚に依拠しないライフスタイルを受容・応用し、独自の盲人文化を育んできたのです。

　「盲」を基準に据えれば、視覚障害者は全盲と半盲に区分することができます。見常者は遠盲（視覚にどっぷり依拠するライフスタイル）、近盲（視覚にあまり依拠しないライフスタイル）の２種に分かれるでしょうか。老眼のあの人は遠盲か近盲かなどと、妄想（盲想）を膨らませるのは楽しいですね。

　基準をシフトすると、物事のとらえ方が変わります。さまざまな文化、価値観が許容され、人々が情報変換（コミュニケーション）のツールをしなやかに、したたかに使い分けて交流するのが共活社会です。21世紀は、マイノリティが共活社会を自らの手で築き、その脱近代的な普遍性を発信すべき時代だと思います。さてさて、塙先生に「めくらとは不勉強なものだ」と叱責される前に、「琵琶を持たない琵琶法師」は盲人文化の復興を希求し、触覚と聴覚を鍛える旅に出ることにしましょうか。

おわりに——"知"のバリアフリーが始まる！

バリアフリーとは、壁を取り除くこと
壁とは、人と人を隔てるもの
壁を創るのも人なら、壊すのもまた人である

バリアフリーとは、人と人をつなぐこと
つなぐとは、他力と自力を駆使する双方向コミュニケーション
バリアがあるから自力が鍛えられ、他力があるからフリーになれる

バリアフリーとは、新たな知の枠組みを創造・開拓すること
人と人がつながれば、独り善がりの常識、固定観念は崩壊する
障害／健常という区別を乗り越えた先に、人類の真の英知が生まれ育つ

今、ここから知のバリアフリーが始まる！

知らないから知りたい
知りたい好奇心が、知ろうとする行動力を引き出す
体験から得た知識が、生きるための知恵となる

真のバリアフリーに立脚する知は、優しく力強い
壁と真剣に向き合うしたたかな理知、壁を軽やかに往なすしなやかな機知
そんな知の沃野を耕す旅へ、みんなで出発しよう

本書刊行に当たっては、京都大学学術出版会の永野祥子さん、渕上皓一朗さんにお世話になりました。二人の若い編集者のサポートにより、本書の内容が親しみやすく魅力的なものになったのは間違いありません。「さわる口絵」の制作・製作では、名古屋ライトハウスの小川真美子さんにご協力いただきました。触図の原版作りは、視覚情報を触覚情報に変換する職人技であり、印刷も 1 枚ずつ手作業で進められます。2 種類のユニークな触図は、膨大な時間と手間をかけて完成されました。小川さん、および点字出版部スタッフの努力とこだわりに敬意を表します。「さわる口絵」が、自分の意思で能動的にページをめくり、行きつ戻りつして「考えながら読む」紙の本の特性を再認識する一助になれば幸いです。

2014 年 9 月
未知なる道が拓かれる高揚感に満ちて！
編者

読書案内

乙武洋匡・武田双雲『だからこそできること』主婦の友社、2012。
金澤貴之・大杉豊（編）、日本聴覚障害学生高等教育支援ネットワーク聴覚障害学生支援システム構築・運営マニュアル作成事業グループ（著）『一歩進んだ聴覚障害学生支援——組織で支える』生活書院、2010。
斎藤清二・西村優紀美・吉永崇史『発達障害大学生支援への挑戦——ナラティブ・アプローチとナレッジ・マネジメント』金剛出版、2010。
佐野（藤田）眞理子・吉原正治（編著）『高等教育のユニバーサルデザイン化——障害のある学生の自立と共存を目指して』大学教育出版、2004。
佐野（藤田）眞理子・吉原正治・山本幹雄（著）、広島大学大学院総合科学研究科（編）『大学教育とアクセシビリティ——教育環境のユニバーサルデザイン化の取組み』丸善出版事業部、2009。
小川喜道・杉野昭博（編著）『よくわかる障害学』ミネルヴァ書房、2014。
高橋知音『発達障害のある大学生のキャンパスライフサポートブック——大学・本人・家族にできること』学研教育出版、2012。
鶴田一郎『障害者学生支援の日米比較——わが国における今後の方向性を探るために』ふくろう出版、2009。
鳥山由子・竹田一則（編）『障害学生支援入門——誰もが輝くキャンパスを』ジアース教育新社、2011。
広瀬浩二郎・嶺重慎『さわっておどろく！——点字・点図がひらく世界』岩波書店、2012。
マーフィー、R.(著)、辻信一（訳）『ボディ・サイレント——病いと障害の人類学』新宿書房、1992。

索引

⟨A-Z⟩
AHEAD　77
AL　→アクセシビリティリーダー
disability（できないこと）　26
DO-IT Japan　98-106
GPS　96
ICT（情報通信技術）　31, 34, 91, 96
iPad　60
Open Course Ware（OCW）　114, 116
PCテイク　57, 117-120　→情報保障、ノートテイク
PDCAサイクル　30
UD　→ユニバーサルデザイン

⟨あ⟩
アクセシビリティ　18, 27, 37, 90-92, 95, 218　→情報
────リーダー（AL）　33, 35
医学モデル　231　→個人モデル、社会モデル
移行支援　65-66　→社会参入支援
石川倉次　241
イタコ　10, 247　→瞽女
インクルーシブ教育　81, 244
インクルーシブデザイン　90　→ユニバーサルデザイン
インクルージョン　87
インペアメント　65　→個人モデル
エーデル　183, 228
エスノグラフィ　124
エンパワー　95
────メント　74, 97
音声認識　109-121
音訳　3, 6, 95, 186, 219, 243

⟨か⟩
カウンセラー　65, 69
価格差保障　152
「科学へジャンプ」　177
学習障害　36, 95, 98, 103
拡大読書器　59
環境整備　33, 73, 84, 89-90　→合理的配慮
感光器　138, 163, 165-168
関西スチューデントライブラリー（関西SL）　146-148, 154-156, 188
「共活」　233, 251
京都盲唖院　14, 240
言語障害　20-21
「見常者」　204-206, 234
合理的配慮　x, 24, 36, 75-76, 82-87, 105-106　→PCテイク、アクセシビリティ、環境整備、字幕付与、手話通訳、情報、対面朗読、点訳、ノートテイク、開かれたケア、ユニバーサルデザイン、要約筆記
個人モデル　65　→インペアメント
コストの壁　74　→情報の壁、縦割りの壁
瞽女　10, 13, 247　→琵琶法師
個別支援　65
固有文化　126-127

⟨さ⟩
サピエ　93
さわる　→触察、「触常者」、「ダイアログ・イン・ザ・ダーク」
────口絵　v
三次元プリンタ　208, 228
支援技術　33-34, 76, 90, 95
視覚障害　20-21, 188, 236

260

——教育　14, 177
　——者　95, 207　→「見常者」
自己決定　88, 99-100, 107　→セルフ・アドボカシー
失読症　103
自閉症スペクトラム障害　104
字幕付与　57, 92, 109, 112-115
社会的障壁　82-84
社会参入支援　65　→移行支援
社会モデル　65, 83, 87, 100, 231　→個人モデル、医学モデル
修学支援　19-22, 28-29, 38, 45, 63, 65-67, 75
手話　53, 58, 83, 229-230, 253-254
　——サークル　53, 57
　——通訳　21, 31, 53
　日本——　229
障害　→学習障害、言語障害、視覚障害、失読症、知的障害、聴覚障害、ディスクレシア、発達障害
　——学　128, 232
　——学習　vii-x, 133, 140, 230-231, 251
　——を持つアメリカ人法（ADA法）　28, 91
障害者　→瞽女、琵琶法師、「不代替物」
　——基本計画　77
　——（の）権利条約　24, 80, 87, 107
　——差別解消法　80-83, 85-86, 105
　——政策　73, 77, 88-89
　——ソーシャルワーク　40
情報
　——アクセシビリティ　73, 89-90
　——公開　75-76, 78
　——の壁　74　→縦割りの壁、コストの壁
　——変換　244, 250, 255
　——保障　12, 21-22, 26, 36-37, 47, 53, 57, 77, 113-114, 240, 243

触察　134, 192, 198-201, 205, 222, 225
「触常者」　204-206, 234
自立　14, 38, 88, 99, 107, 148, 236
自立生活センター　124
スクリーンリーダー　90-91
スティグマ　100
墨字　201, 228, 243
セルフ・アドボカシー　88, 99-100
センター試験　→大学入試センター試験

〈た〉
「ダイアログ・イン・ザ・ダーク」　204
大学入試センター試験　30, 78, 252
対面朗読　80, 149, 151, 209, 216
　——者　25
縦割りの壁　74　→情報の壁、コストの壁
地神盲僧　247
知的障害　20, 41, 95
聴覚障害　25-26, 31, 52, 56, 90, 109, 236
　——者　28, 95, 122, 207, 229
ディスアビリティ　65　→社会モデル
ディスレクシア　103-104
点字　→墨字、点訳、点図
　——携帯端末　91
　——受験　3-4, 14, 79, 149, 207, 242-243, 252
　——プリンタ　163, 168-175, 183, 209
　日本——　237, 240
点図　182, 216, 220-222, 224-229　→触図
点訳（点字訳）　21, 25, 34, 80, 140, 168, 175, 185-186, 209, 242
　——サークル　143-161, 188
　——受験　17
　自動——ソフト　95

261

パソコン──　175
閉じられたケア　26　→開かれたケア

〈な〉
日本学生支援機構　19-20
『日本語話し言葉コーパス』　111, 115
日本手話　→手話
日本点字　→点字
ノートテイク　21, 47, 50, 53, 57, 109, 117-120
ノートテイカー　25-27

〈は〉
配慮の平等　83
パソコン
　──点訳　175, 186
　──文字通訳　50, 53
　──要約筆記　110, 112, 117

発達障害　20, 36, 41, 46, 49, 62-69, 90, 95, 104-105
塙保己一　237
阪神淡路大震災　41
開かれたケア　27　→閉じられたケア
琵琶法師　10, 245　→瞽女
「不代替物」　8
ポリドロン　180-181

〈ま〉
マルチモーダル図書　218

〈や～わ〉
ユニバーサルデザイン　17-18, 90, 207
要約筆記　50　→パソコン──
ルイ・ブライユ　240

執筆者一覧
（五十音順、矢印は担当執筆箇所）

【編者】

広瀬　浩二郎（ひろせ　こうじろう）→終章
国立民族学博物館民族文化研究部准教授。1967年東京都生まれ。13歳の時に失明。筑波大学附属盲学校（現在は視覚特別支援学校）から京都大学に進学。2000年同大学院にて文学博士号取得。専門は日本宗教史、触文化論。2001年より国立民族学博物館に勤務。主な著書に、『障害者の宗教民俗学』（明石書店、1997年）、『さわる文化への招待』（世界思想社、2009年）、『さわって楽しむ博物館─ユニバーサル・ミュージアムの可能性』（編著、青弓社、2012年）、『世界をさわる─新たな身体知の探究』（編著、文理閣、2014年）など。

嶺重　慎（みねしげ　しん）→第8章
京都大学大学院理学研究科教授。神戸市出身、1986年東京大学大学院理学系研究科博士課程修了、理学博士。専門は宇宙物理学、特にブラックホール天文学。一般向け講演や一般書執筆に加え、バリアフリー学習教材（点字版や手話版）製作にも力を入れている。2007年井上学術賞、2008年日本天文学会林忠四郎賞、2012年京都新聞教育社会賞受賞。主な著書に、『天文学入門─星・銀河と私たち』（共編著、岩波書店、2005年）、『さわっておどろく！』（共著、岩波書店、2012年）、『宇宙と生命の起源2─素粒子から細胞へ』（共編著、岩波書店、2014年）など。

【執筆者】

石川　准（いしかわ　じゅん）→第3章
静岡県立大学国際関係学部／大学院国際関係学研究科教授。富山県魚津市出身、1987年東京大学大学院社会学研究科社会学A専攻博士課程単位取得

退学、社会学博士。専門は障害学、アイデンティティ論等。内閣府障害者政策委員会前委員長。2000年通商産業大臣表彰受賞他。主な著書に、『見えないものと見えるもの―社交とアシストの障害学』(医学書院、2004年)、『障害学への招待』(共編著、明石書店、1999年) など。

岩隈　美穂（いわくま　みほ）→ Column 4
京都大学大学院医学研究科准教授。千葉県出身、2002年米国オクラホマ大学コミュニケーション研究科博士課程修了、コミュニケーション学博士。専門はコミュニケーション学、障害学、医療社会学。主な著書に、『多文化社会と異文化コミュニケーション』(共著、三修社、2007年)、『よくわかる障害学』(共著、ミネルヴァ書房、2014年)、『Struggle to Belong』(Hampton Press, in press) など。

植戸　貴子（うえと　たかこ）→ Column 1
神戸女子大学健康福祉学部社会福祉学科教授。神戸市出身、1990年ニューヨーク州立大学オールバニー校大学院社会福祉修士課程修了、Master of Social Work。専門は障害者ソーシャルワーク、特に知的障害者の地域生活支援。社会福祉士・精神保健福祉士、2006年から神戸市障害者施策推進協議会委員。主な著書に、『障害者ソーシャルワーク』(共編著、久美、2002年)、『障害者ソーシャルワークへのアプローチ―その構築と実践におけるジレンマ』(共著、明石書店、2011年) など。

遠藤　利三（えんどう　としぞう）→第6章
元筑波大学附属盲学校教諭（中学・高等部数学）。東京都出身、1973年東京教育大学理学部数学科卒業。1999年「電波の日・情報月間」関東電気通信協会長表彰。主な発表論文等に、「プログラム電卓の指導」(東京教育大学附属盲学校紀要、1977年)、「盲学校における計算機の指導」(共著、情報処理学会第19回全国大会論文集、1978年)、「点字とコンピュータ（点字

制定100周年)」(数学セミナー、1991年3月) など。

大野　照文（おおの　てるふみ）→第7章
京都大学総合博物館教授。京都府出身。1983年、ボン大学で Dr. rer. nat. を取得。専門は層位・古生物学。無脊椎動物の生態や多細胞動物の爆発的進化の原因の研究を進めると同時に、博物館における生涯学習への動機付けの研究にも携わっている。主な著書に、『現代地球科学』(共著、放送大学教育振興会、2011年) など。

岡田　弥（おかだ　あまね）→ Column 6
日本ライトハウス情報文化センターサービス部長。奈良市出身。視覚障害リハビリテーション指導員。1992年日本ライトハウス視覚障害リハビリテーションセンター入職、2001年に情報文化センターに異動。視覚障害者用のグッズや機器の展示・紹介・指導を担当。視覚障害リハビリテーション協会理事。視覚障がい乳幼児研究会幹事。「点字毎日」連載コラム執筆中。

岡森　祐太（おかもり　ゆうた）→第2章2節
京都大学経済学部経済経営学科4年生。日本経済史ゼミに所属。経営学の考え方に経済環境の影響や歴史的な背景をプラスして企業行動を読み解くことに関心がある。

尾関　育三（おぜき　いくぞう）→ Column 7
元筑波大学附属盲学校教諭。1929年名古屋市に生まれる。5歳の時、長野県松本市に転居。11歳で失明。翌年、盲学校に転校。1951年東京教育大学教育学部特殊教育学科入学。1958年同大学院教育学研究科修了、修士。同附属盲学校に勤務。本務のかたわら、コンピュータの点字への応用などを研究。後、京都大学にて佐藤幹夫教授の指導のもと、概均質ベクトル空間の研究に関わる。1990年定年退職後、大学入試問題点訳の専門機関の設立

に加わり専務理事を務める。現在フリー。

河原　達也（かわはら　たつや）→第4章
京都大学学術情報メディアセンター／大学院情報学研究科教授。1987年京都大学大学院工学研究科修士課程情報工学専攻修了。専門はマルチメディア情報処理、特に音声認識および対話システム。音声認識のフリーソフトJuliusの設計、衆議院の会議録作成の音声認識の開発に従事し、講演・講義の字幕付与への展開を図っている。主な著書に、『音声認識システム』（共著、オーム社、2001年）、『音声対話システム』（編著、オーム社、2006年）など。

桑原　暢弘（くわはら　のぶひろ）→第2章2節
株式会社NTTドコモ。京都大学大学院情報学研究科知能情報学専攻修士課程修了。河原達也教授の指導のもと、音声認識に関する研究に従事。修士論文テーマは「音声認識結果の有用性判定に基づく聴覚障がい者のためのリアルタイム字幕付与」。音声認識結果を効率的に編集・提示するために、字幕としての有用性の観点から音声認識結果を自動的に分類する手法、および自動分類に基づく字幕提示法を提案した。

近藤　武夫（こんどう　たけお）→ Column 3
東京大学先端科学技術研究センター准教授。博士（心理学）。DO-IT Japanサブディレクター、米国ワシントン大学 DO-IT Center 連携研究員。広島大学教育学研究科助教、ワシントン大学計算機科学工学部客員研究員を経て現職。専門は特別支援教育（支援技術）、発達神経心理学。主な著書に、『バリアフリー・コンフリクト―争われる身体と共生のゆくえ』（共著、東京大学出版会、2012年）、『発達障害の子を育てる本―ケータイ・パソコン活用編』（監修、講談社、2012年）など。

執筆者一覧

佐野（藤田） 眞理子（さの［ふじた］ まりこ）→第1章
広島大学大学院総合科学研究科教授、アクセシビリティセンター長。東京都出身。1984年スタンフォード大学大学院文化人類学科博士課程修了、Ph.D.。専門は文化人類学。主な著書に、『アメリカ人の老後と生きがい形成―高齢者の文化人類学的研究』（大学教育出版、1999年）、『大学教育とアクセシビリティ―教育環境のユニバーサルデザイン化の取組み』（共著、丸善、2009年）など。

新納 泉（にいろ いずみ）→第5章
岡山大学大学院社会文化科学研究科教授。滋賀県出身、1983年京都大学大学院文学研究科博士課程学修退学、文学修士。専門は考古学、特に古墳や鉄器時代の比較研究など。岡山県を中心に数多くの古墳を発掘。イギリスやアイルランドに留学し、日本の古墳時代社会との違いに注目。世界考古学会議東アジア地区委員や、考古学研究会代表委員などを務め、現在は日本考古学協会理事。2014年山陽新聞社賞（学術功労）受賞。

橋詰 健太（はしづめ けんた）→第2章2節
京都大学理学研究科数学・数理解析専攻数学系修士課程1年。専攻は数学。代数幾何学に関心があり、特に双有理幾何学に力をいれている。

橋本 雄馬（はしもと ゆうま）→ Column 5
京都大学理学部卒業。和歌山県出身。現在、京都府立高校で勤務。学生時代に京都大学点訳サークルに所属し、点訳活動や対面朗読等を通じて、障害学生に関わる。視覚障害児の理数教育に関心がある。

村田 淳（むらた じゅん）→第2章
京都大学学生総合支援センター障害学生支援ルーム助教（チーフコーディネーター）。京都府立大学大学院公共政策学研究科福祉社会学専攻博士前

期課程修了。2007年より京都大学における障害学生支援に従事。新たな視点でのバリアフリーマップ製作、発達障害のある学生の修学支援やグループ活動を早くから実施するなど、支援現場で様々な取り組みを行う一方、組織的な障害学生支援体制の構築を担うなど、大学全体のバリアフリー化に向けた取り組みを実施している。全学共通科目「偏見・差別・人権」「障害とは何か」を担当。

安井　絢子（やすい　あやこ）→第2章2節
京都大学大学院文学研究科倫理学専修博士後期課程3年。倫理学のなかでも、「ケアの倫理」という倫理理論を中心に研究している。現在、博士論文執筆に向けて、ケアの倫理が一つの規範理論として確立しうるか、その体系化について研究中。

山本　斎（やまもと　いつき）→ Column 2
京都大学理学研究科・理学部相談室カウンセラー。京都市出身。2001年京都大学大学院人間・環境学研究科博士前期課程修了（生命科学専攻）、2010年京都大学大学院教育学研究科博士後期課程研究指導認定退学。臨床心理士。2012年に開設された「京都大学理学研究科・理学部相談室」において、学生・教職員・保護者を対象とした相談活動を行うかたわら、構成員同士の交流を目的としてグループ活動も行っている。

【テキストデータ提供のお知らせ】

本書をご購入いただいた読者の方で、視覚障害、肢体不自由などの理由で本書を印刷媒体で利用することが困難な方に、本書のテキストデータを提供いたします。希望される方は、以下の方法に従ってお申し込みください。

・メール添付でのデータ提供をご希望の場合
　お名前・ご住所・電話番号・メールアドレスを明記した用紙と下の引換券（コピー不可）を同封し、以下の住所へお申し込みください。

・メディアへのデータ収録をご希望の場合
　お名前・ご住所・電話番号を明記した用紙、データ収録を希望するメディア（CD-RかUSBメモリ）、205円分の切手、下の引換券（コピー不可）を同封し、以下の住所へお申し込みください。

◎送付先・お問い合わせ先◎
京都大学学術出版会　『知のバリアフリー』係
〒606-8315 京都市左京区吉田近衛町69
京都大学吉田南構内
TEL: 075-761-6182

テキストデータの利用は視覚障害などの理由で印刷媒体の利用が困難な方に限り認めます。内容の改変や流用、転載、その他営利を目的とした利用を禁じます。

テキストデータ
引　換　券
知のバリアフリー
――障害で学びを拡げる
京都大学学術出版会

知のバリアフリー
——「障害」で学びを拡げる

2014年12月5日　初版第一刷発行

編　者	嶺　重　　　慎 広　瀬　浩　二　郎
協　力	京都大学学生総合支援センター 障害学生支援ルーム
発行人	檜　山　爲　次　郎
発行所	京都大学学術出版会 京都市左京区吉田近衛町69 京都大学吉田南構内（〒606-8315） 電話 075(761)6182 ＦＡＸ 075(761)6190 URL http://www.kyoto-up.or.jp/
印刷・製本	亜細亜印刷株式会社

Ⓒ S. Mineshige, K. Hirose 2014　　　　　　　　Printed in Japan
ISBN978-4-87698-542-5　　　　定価はカバーに表示してあります

本書のコピー、スキャン、デジタル化等の無断複製は著作権法上での例外を除き禁じられています。本書を代行業者等の第三者に依頼してスキャンやデジタル化することは、たとえ個人や家庭内での利用でも著作権法違反です。